El Sínodo de Elvira

Primer cristianismo, entorno social e influencia sinodal

Ramon Ollé Ribalta

Prólogo de J. Mª Martí Bonet

El Sínodo de Elvira

Primer cristianismo, entorno social e influencia sinodal

Barcelona - febrero 2026

Fotografía de la portada: Cipo de Cornelia Severina (fragmento). Puede leerse la inscripcion. "Florentini Iliberri D. D." Fotografía del autor

ÍNDICE

Agradecimientos

Deseo expresar mi agradecimiento al Dr. Albert Viciano por su inestimable dirección de este trabajo. Sus sugerencias, ideas y mejoras han sido estudiadas e incorporadas al texto. Agradezco también a la Dra. Cristina Godoy su inestimable revisión del trabajo y las innumerables propuestas de mejora efectuadas, todas ellas han sido estudiadas e incorporadas en el trabajo final con lo que sus sugerencias han representado una gran mejora y comprensión de este trabajo. Agradezco también al Dr. Josep Maria Martí Bonet, por su inestimable corrección y las facilidades en textos y sugerencias que ha tenido a bien ofrecerme. Agradezco a Andrea Pujol el trabajo de clasificación y mecanografia hecho desde la discreción y profesionalidad.

PRÓLOGO

¡Magnífico libro! ¡Espléndida investigación! Confieso que así he exclamado al hojear este volumen que ahora tienes, apreciado e indulgente lector, en tus manos: **El sínodo de Elvira**; trabajo de fin del máster de Mn. Ramon Ollé Ribalta, buen amigo mío y diácono de la catedral de Barcelona, además de director del organismo del Arzobispado de Barcelona denominado "Comunicación diocesana y relaciones institucionales".

En todas sus páginas he palpado algo parecido a lo que anuncia el Génesis (1, 1- 4): "En el principio… el Espíritu aleteaba por encima de las aguas". Efectivamente, unas palabras de Jesús aletean sobre cada una de las páginas de nuestro libro; me refiero al fragmento del evangelio de san Marcos (10 28- 30), en el que Pedro dice: "Pues nosotros lo dejamos todo y te hemos seguido". Jesús respondió: "En verdad os digo que nadie deja casa, hermanos, hermanas, padre y madre, hijos o tierras por mí y por el evangelio sin recibir cien veces más ya en este mundo -con persecuciones- y en el reino venidero, la vida eterna".

Jesús, así, invita a seguirle con radicalidad; aceptar esa invitación, es el equivalente a la frase que concluye la mencionada cita anterior del Génesis: "Dios dijo: haya luz y hubo luz". "Luz eterna" que es la que se nos dará si seguimos a Cristo con radicalidad. En esto consiste -creemos- la solución o el final de toda la problemática del seguir a Jesús con la radicalidad, ya que Jesús es la auténtica luz, y para ello debemos seguirle si es preciso incluso "renunciando" a casa, hermanos, hermanas, padre, madre, hijos o tierras por Él y por su evangelio.

He ejercido durante más de sesenta años profesor de Historia de la Iglesia y cada vez estoy más convencido de que los auténticos "vencedores" son los verdaderos eminentes cristianos; es decir, los que han practicado vivir el seguimiento total a Jesucristo. No en vano a Jesús se le llamaba "El vencedor" (*"Niké"*). Sin embargo, esas palabras de Jesús han provocado aquí en la tierra confrontación e incluso persecución. Esa persecución ya fue anunciada por el mismo Jesucristo al afirmar que él había venido al mundo para implantar la contradicción, e incluso el "fuego" y la "guerra" doméstica, porque algunos estarán radicalmente opuestos a causa del mismo Jesús y de su doctrina (*Lucas* 12, 49- 53).

Hay quien no quiere y le molesta que existamos discípulos de Cristo que lo queremos seguir con radicalidad. Esta postura de seguir a Cristo (que debemos defender siempre, y no claudicar) produce algún malestar, oposición e incluso enfrentamiento. Insiste Jesús que a aquellos que él ama preferentemente: (*"... lo miró y le amo"* (*Marcos* 10, 17- 21), ellos mismos se han impuesto la radicalidad de seguirle: "Si alguno se viene conmigo y no pospone a su padre y a su madre y a su mujer y a sus hijos y a sus hermanos y a sus hermanas, o incluso a sí mismo, no puede ser discípulo mío" (*Lucas* 14, 25- 33). Existen esas contundentes palabras de Jesús y se dan también las interpretaciones prácticas y concretas de ellas según se ve en la Historia de la Iglesia.

Cabe reconocer, por ejemplo, que el denominado celibato en la misma Historia de la Iglesia ha sido un tema muy polémico, como lo fue también la misma propuesta de Jesús a seguirlo con radicalidad. Los mismos apóstoles estaban perplejos. Observamos que el celibato ha tenido interpretaciones variadas y algunas veces contradictorias. Ya las constatamos en el siglo IV en el sínodo de Elvira, según se puede ver en la concreta investigación de nuestro diácono Mn. Ramon Ollé. Reacciones e interpretaciones que duraran en el concilio Trulano II del año 692, en el que el celibato no se impone en Oriente, mientras que en Occidente se exige a todos los religiosos y sacerdotes. En Oriente se admite y se aconseja que la mujer del sacerdote continúe conviviendo con él. En cambio, en Occidente se sanciona a todo sacerdote que tenga relaciones con una mujer. Se acusa al sacerdote de no ser célibe y se le imponen duras penitencias, y nunca faltaba una multa (que en los siglos XIV-XVI eran 60 sueldos). Sin embargo, todo acostumbraba a terminar con un amplio perdón "purgativo" o medicinal. Decinos "purgatio" porque había en muchos casos una especie de proceso llamado "purgatio", que consistía en rezar salmos y cumplir unas penitencias impuestas por un grupo de tres presbíteros elegidos por el mismo obispo para esa "purgatio". Tal problemática perdura hasta la Reforma gregoriana (siglo XII) en la que no sólo se lucha contra las investiduras laicas, sino que se impone (en la Iglesia latina) a los clérigos y especialmente a los sacerdotes el celibato; y a los matrimonios se les niega cualquier tipo de divorcio. Véase el Tratado de Worms (a. 1122) y el Concilio Laterano I (a. 1123); en él estuvo presente nuestro obispo san

Oleguer. Él fue quizá quien más aportó para solucionar el problema de las investiduras laicas. Es evidente que en esas circunstancias la Iglesia con sus papas, cuando éstos centralizan e imponen estas leyes, muchas veces benefician a la misma Iglesia reformándola. Es cierto que se producen mutaciones y evoluciones, sin embargo, la sana y equilibrada Historia -como este libro la presenta- razona estas mutaciones y no se escandaliza ante unos hechos que en la mayoría de los casos -como éste- encontraran justificación en las circunstancias del tiempo y en una eficaz sinodalidad.

Aquella "Reforma gregoriana" -por ejemplo- de los siglos XI- XII representa una de las épocas más sublimes de la historia eclesial; puesto que ante el peligro de que las Iglesias particulares quedaran demasiado sujetas a los caprichos de los señores feudales, los papas reformadores muchas veces defienden a la Iglesia cuando centralizan y controlan el régimen metropolitano y sus sínodos. Algo parecido ocurre con el celibato. Evidentemente los sacerdotes de los siglos XI y XII eran piezas manipuladas por los señores feudales, y con el celibato se intenta una superior y mayor vinculación con Jesús (que es lo mismo que decir con la Iglesia).

La Historia de la Iglesia es vida y constantemente evoluciona como entidad viva y sinodal, y así se adapta -yo diría- milagrosamente, ya que la Iglesia es esencialmente historia y vida; sin embargo, se adapta sin perder el alma de su tradición.

La sinodalidad, la colegialidad y que se hagan cambios en la ley del celibato... sólo puede escandalizar a quienes ignoran los datos de la Teología y de la Historia. Pero por encima de todo hay y ha habido tantos y tantos sacerdotes que han sido fieles, que constituyen ellos un gran éxito de Jesús. Eso no quiere significar, sin embargo, que olvidemos los fracasos de los que quizás no han sido fieles. Tales fracasos los hemos constatado suficientemente en nuestros estudios; por ejemplo, en los de las visitas pastorales de los siglos XIV y XV a las parroquias de la diócesis de Barcelona (en una publicación del Archivo diocesano de Barcelona llamada "Novum Speculum").

Todo forma parte de nuestra historia, la que debemos estudiar científicamente, o sea yendo siempre a sus fuentes fidedignas, como hace el diácono Mn. Ramon Ollé en la presente investigación. Y esto es precisamente su gran mérito: presentar la realidad de los hechos históricos y sus fuentes. Esta notable aportación histórica nos hace recordar lo que escenificábamos cuando éramos estudiantes en las universidades pontificias de Salamanca o en la Gregoriana en Roma: las denominadas "defensas de tesis". Así, en una primera parte se hacía la *explicatio terminorum* o "el estado de la cuestión". Eso es exactamente lo que ha planteado y resuelto nuestro diácono Mn. Ramon Ollé al investigar el famoso Sínodo de Elvira. Es la base para iniciar todo el tema del celibato, que hoy tanto interesa a los estudiosos de la Historia de la Iglesia. Con él -como decíamos al principio- se han cumplido aquellas palabras del Génesis: "Hágase la luz y la luz se ha hecho".

Pero nosotros al leer ese libro hemos recordado también nuestro peculiar seguimiento a Cristo; seguimiento que nos produce a veces perplejidad -como se lo producía a los apóstoles-; aceptar que he de seguir con radicalidad a Jesús, pero sinceramente lo acepto. Aun así, entiendo que la Iglesia, cuando crea conveniente, legitime y una adecuadamente el sacerdocio con el "no casarse". Esas son sus atribuciones. Sin embargo, a mí personalmente me consuelan y me impulsan a seguir a Jesús en la radicalidad, aquellas palabras del mismo Jesús: "Venid a mí todos los que estáis cansados y agobiados, y yo os aliviaré. Tomad mi yugo sobre vosotros y aprended de mí que soy manso y humilde de corazón, y encontrareis descanso para vuestras almas. Porque mi jugo es llevadero y mi carga ligera" (*Mt.* 11, 25- 30).

Así pues, la conclusión a la que he llegado, después de leer esta investigación de Mn. Ramon Ollé, es patente: Se pedía luz y el libro *El sínodo de Elvira* nos ha dado esa luz. Su autor ha penetrado en el mismo núcleo del inicio de una de las cuestiones que hoy en día más se debaten en el estudio de la Historia de nuestra Iglesia. Es un tema, por otra parte, muy íntimo que debe tratarse -como hace Mn. Ollé- con gran respeto y sin vacilación. El libro y el mismo diácono casado, autor de éste, son un claro ejemplo. ¡Léanlo! ¡Seguro que coincidiremos! ¡Gracias!

Mn. J. Mª. Martí Bonet

Precedentes históricos

Desde los más antiguos tiempos del cristianismo, todo lo que atañe a las comunidades en su organización, en su recta doctrina y en praxis se ha discutido a lo largo de los siglos de manera conjunta y colegial. Todo aquello que ha incumbido a las diversas comunidades de bautizados, ha sido el «caminar juntos». Esto es la sinodalidad eclesial. La eclesiología de comunión precisa de la sinodalidad de todos los cristianos y la colegialidad de los obispos en «sin-odo», y no se agota en la sinodalidad, pero sin ella no tendría sentido.

Desde el principio los problemas de la Iglesia, como comunidad de comunidades tuvieron que ser resueltos y dirimidos buscando soluciones de consenso y no solamente imponiendo criterios autoritarios, derivados de la propia jerarquía y resueltos mediante la imposición personal, sino que en un ejercicio de práctica sinodal se tomaron las decisiones y medidas que fueran necesarias tanto en las iglesias locales como en la Iglesia universal, para preservar la unidad de la fe y la disciplina eclesial.

Fue una interesante interacción entre los fieles y los pastores en una escucha atenta, una amplia discusión y en la gestión de unas regulaciones que han mantenido a lo largo de los siglos fe y unidad, cohesión y disciplina.

El dinamismo sinodal, de la Iglesia en sus primeros tiempos ha vivido de dos elementos inseparables: la participación de los bautizados y el ejercicio de la autoridad con la que están revestidos los pastores de la Iglesia: los obispos. Y muy particularmente, cuando sus decisiones han sido tomadas con la participación de todos, en comunión y reguladas mediante la praxis de la colegialidad episcopal en la toma de importantes decisiones que afecten al Pueblo de Dios.

La colegialidad episcopal ha implicado desde siempre la comunión eclesial de los bautizados en un contexto de corresponsabilidad con la vida y la misión de la Iglesia. Esta sinodalidad garantiza la participación de todos sus miembros y permite articular las relaciones entre comunidades garantizando la unidad y la guía del pueblo cristiano.

> La perseverancia en el camino de la unidad a través de la diversidad de lugares y culturas, situaciones y tiempos, es el desafío al que debe responder el pueblo para caminar en la fidelidad al Evangelio, mientras siembra la semilla en la experiencia de diversos pueblos.

> La sinodalidad se manifiesta desde el conocimiento como garantía y fidelidad creativa de la Iglesia en su origen apostólico y a su vocación católica. Ella se expresa de forma unitaria en la sustancia… esta forma conoce diferentes expresiones según los momentos históricos y en el diálogo con las diversas culturas y situaciones sociales.[1]

Ignacio de Antioquía en el siglo II en su carta a la comunidad de Efeso afirma que «todos sus miembros son «compañeros de viaje» (sínodo) en virtud de su dignidad de bautizados».[2]

El colegio presbiteral es el consejo de los obispos[3] y toda la comunidad está llamada a edificarla.[4] Cipriano de Cartago a mitad del siglo III formula el principio episcopal y sinodal que regirá en la Iglesia a nivel local y universal. Nada sin el obispo, (nihil sine episcopo), nada sin el consejo de presbíteros y diáconos sin el consentimiento del pueblo cristiano (nihil sine consilio vestro et sine consensus plebi),[5] con la regla del episcopado único (episcopatus unus et cuius a singulis in solidum pars tenetur).[6]

Los sínodos se celebraron periódicamente a partir del llamado concilio de Jerusalén y decidieron continuar, tanto a nivel local como a nivel más amplio en las provincias romanas donde existían episcopus y comunidades cristiana. Orientados a regular la disciplina, el culto, la liturgia y la doctrina, adoptan sus decisiones de forma sinodal y colegiada.

---

1 COMISIÓN TEOLÓGICA INTERNACIONAL, *La sinodalidad en la vida y en la misión de la Iglesia*, Roma 2 de marzo 2018.

2 Ignacio DE ANTIOQUIA, Ad Ephesios, IX, 2.

3 Ignacio DE ANTIOQUIA, Ad Trallianos, IX, 1.

4 Didajé IX, 4. Cfr. Ignacio DE ANTIOQUIA, Ad Smyrmeos VIII, 1,2.

5 CIPRIANO, *Epistula* 14,4 (CSEL III, 2; p.512)

6 CIPRIANO, *De catholicae ecclesiae unitat*, 5 (CSEL III, p. 214.)

A primeros del siglo IV conocemos el primer sínodo hispano del que disponemos sus actas escritas con los cánones y los nombres y procedencia de sus participantes: es el Sínodo de Elvira.

El primer sínodo documentado: Elvira

El concilio de Elvira constituye un acontecimiento eclesiástico de primer orden para la historia de la Iglesia, muy particularmente para la Iglesia Ibérica en sus orígenes. De la autenticidad de este concilio, celebrado en Hispania, actualmente no existen dudas ya que se conservan los cánones del mismo, disponibles en diversas fuentes documentales,[7] que no presentan grandes variaciones textuales en las fuentes, y, por lo tanto, podemos partir de unos textos aceptados por la comunidad científica como auténticos. Están disponibles en diversos códices medievales y se han efectuado con profundos estudios filológicos y comentarios muy detallados sobre el sentido redaccional y oral de estos textos. Alguno de ellos parezca que no pertenecen realmente a este concilio y puedan haber sido interpolados posteriormente y sobre los que se sigue manteniendo abierto el debate entre los especialistas del tema del que veremos más adelante los puntos más controvertidos. Existen todavía abiertas hoy diferentes tesis basadas en detallados estudios filológicos[8] sobre las dificultades de interpretación que presentan algunos de los cánones, o bien la de algunas lagunas o extrapolaciones que se presenta en las antiguas colecciones disponibles.

La importancia de este concilio[9] radica en ser el primero conocido en Hispania y el primero del que se dispone del conjunto de los cánones aprobados, y que nos permiten conocer de primera mano muchos de los aspectos de las primeras comunidades cristianas hispanas. De su desarrollo y de las normas emanadas para preservar la identidad católica de las mismas; en un momento histórico en la que las comunidades cristianas emergen en el seno de la sociedad y la cultura romana y a las que se intenta fijar la disciplina emanada del mismo en aquel momento de la historia del cristianismo hispano;

---

7 J. SÁENZ DE AGUIRRE, *Collectio màxima conciliorum omnium Hispaniae et novi orbis* I, Roma 1693 – J. TEJADA Y RAMIRO, *Colección de cánones y de todos los concilios de Iglesia de España y América II*, Madrid 1850 – A. C. VEGA, España Sagrada 55, Madrid 1957, 203-222 – J. VIVES, *Concilios visigóticos e hispano - romanos*, Barcelona-Madrid 1963 – F. DE MENDOZA, *De confirmando concilio illiberriano*. De esta obra se ha efectuado una tesis doctoral incorporando todos los cánones con un estudio filológico a cargo de T. BERDUGO VILLENA, *Identdad del Concilio de Elvira*, Granada: Eug 2019 y la traducción de Mendoza con el título: *Granada y el Concilio de Elvira* en Fernando de Mendoza Granada: Eug 2016.

8 Teresa BERDUGO VILLENA, *Identidad del concilio de Elvira*, Granada: Eug 2019.

9 Manuel SOTOMAYOR – José FERNÁNDEZ UBIÑA (coords.), *El concilio de Elvira y su tiempo*, Granada: Universidad de Granada 2005, 8-9.

integrado en las costumbres romanas y a su vez normalizando aquel que es intrínsecamente cristiano. El sínodo – concilio de Elvira – está orientado básicamente a cuestiones disciplinarias y morales que se irán propagando e imponiendo a lo largo de las comunidades cristianas más allá de la Bética a lo largo del siglo IV y V. Muchos de ellos caerán en desuso o no serán aplicados con el rigor que fueron inicialmente formulados.[10]

Si bien sigue siendo un reto para la historia, hay que tener en cuenta que algunos de los cánones los cánones que se desarrollaron en este concilio hispano, fueron reproducidos posteriormente en distintos concilios como el de Nicea o el de Arlés[11] y usados como garantía de tradición en diversos momentos de la historia, mostrando que su influencia ha llegado hasta nuestros tiempos.

Los orígenes del cristianismo hispano: Aspectos sociológicos

«Hemos de aceptar que la cristianización de Hispania se desarrolló en fechas tardías no antes del siglo III y que, en consecuencia, se trataba de una religión ya muy romanizada».[12] Si tenemos en cuenta que durante los siglos I y II el cristianismo era un mosaico de creencias con muy distintas corrientes y comunidades locales, muchas veces mal avenidas y que constituían dentro de la sociedad romana una minoría. Eran comunidades formadas por unas pocas decenas de miles de fieles repartidos por innumerables ciudades y liderados por unos pocos de clérigos. En este periodo, la jerarquía cristiana desempeñaba los diversos cargos específicos de su ministerio, pero esto no implicaba ruptura radical ni con sus carreras políticas, ni con su actividad social, ni con su vida familiar. Puede comprobarse también en este periodo, que ninguna mujer accedió al presbiterado u obispado pero si al diaconado femenino. Tampoco se menciona a las viudas que jugaron en los dos primeros siglos del cristianismo un papel destacado en las iglesias de oriente y occidente.

---

10 M. SOTOMAYOR – J. FERNÁNDEZ UBIÑA (coords.), *El concilio de Elvira y su tiempo* – T. BERDUGO VILLENA, *Valoración de las actas*: Universidad de Granada 2005, 90-115.

11 En el año 314 se celebró el concilio de Arlés al que asistieron algunas personas del concilio de Elvira. Algunos cánones de Arlés corresponden a algunos cánones de Granada. En el primer concilio de Nicea estuvo presente el obispo Osio y en este concilio puede verse la influencia de algunos cánones de los de Granada.

12 José FERNÁNDEZ UBIÑA, «Los orígenes del cristianismo hispánico. Algunas claves sociológicas»: *Hispania Sacra*, (Julio-diciembre 2007), 435.

Los obispos de la época vivían plenamente inmersos en la vida social y religiosa de sus ciudades, sin conflictos en su entorno social, mayoritariamente pagano, manteniendo buenas relaciones, las leyes y las costumbres romanas. Esta situación vino denunciada por Cipriano[13] en otoño del año 254 en su carta número 67 en la que se destaca la facilidad de compartir el cristianismo con la forma de vida romana. El obispo cartaginés apunta en una carta la facilidad de sacrificar a los dioses cuando lo ordenó el emperador Decio el año 250.

La tradición de la Iglesia del momento era que los clérigos y apóstatas abandonaran irrevocablemente sus cargos y cumplieran las penitencias impuestas como si fuesen laicos. Lo que estaba en juego era una concepción del cristianismo incompatible con las ideas puristas y sectarias de los primeros siglos. Los clérigos habían dejado de ser un cargo carismático, reservado históricamente a los fieles virtuosos, para convertirse en un puesto de relevancia social, al que aspiraban personajes cada vez más poderosos, en el mismo nivel de competencia requerido para ocupar importantes cargos del Imperio.

La iglesia del siglo IV. Las dinastías episcopales en Hispania

Existe un lugar común, donde en la Hispania tardo-romana, se cometieron algunos abusos al mantener la dignidad episcopal y consolidarla en el tiempo en una misma familia dentro de una misma ciudad,[14] aparece como un rasgo característico en la primera Iglesia hispana. El autor V. C. Declerq ya expone en su biografía de Osio de Córdoba la idea de que en la antigua Iglesia hispana existía una tendencia a convertir el episcopado en hereditario en el seno de algunas distinguidas familias.[15]

La elección de los obispos de esta época se efectuaba especialmente entre aquellos que procedían de familias poderosas, con lo que se creó un nepotismo episcopal, de forma que en su elección se preferían a los miembros de aquellas familias que por educación o riqueza se le creía más capacitado para proteger a las comunidades cristianas.[16] La práctica de la sucesión hereditaria estuvo activa desde finales del siglo III y durante el siglo IV siendo una práctica extendida tanto en occidente como en oriente. En el ámbito hispánico se han podido describir algunas dinastías epis-

---

13 SANT CEBRIÀ, *Epistolari, Escriptors Cristians*, (II), Barcelona: Fundació Bernat Metge 1931, 81-89.

14 S. MOCHI ONORY, *Vescovi e Citta* (sec. IV-VI), Bologna 1933, 262.

15 V. C. LECLERQ, *Ossius of Cordova*, Washington 1954, 58.

16 Íbid, 61.

copales y su monopolio en algunas sedes.[17] «Las fuentes de que disponemos sobre dinastías episcopales en la Hispania romana son de dos tipos: Valoraciones generales sobre familias episcopales de la época y noticias concretas sobre dinastías más o menos consolidadas en algunas ciudades».[18]

El poeta Prudencio en el himno en honor de los mártires de Zaragoza ensalza al diácono Vicente, mártir de la persecución de Diocleciano que formaba parte del clero de la Iglesia de Zaragoza (Cesaraugusta), sede en la que aparece la familia Valerio como de una familia sacerdotal. En el Peristephanon de Prudencio aparece la siguiente descripción: «Aquí nació, Vicente, la palma de tu victoria; aquí lanzó el clero tan importante triunfo; aquí está la casa sacerdotal de los Valerios coronada de ínfulas (Hic Sacerdotum Domus Infulata Valeriorum)».[19] En este escrito Prudencio está constatando una realidad que se inicia en el pasado y que continua vigente en su época. Las actas del martirio del diacono Vicente detallan que fue ordenado por un obispo de Zaragoza de nombre Valerio.[20] Algunos años más tarde encontramos la firma de un obispo de Zaragoza también de nombre Valerio en las actas del sínodo de Elvira, si bien no podemos asegurar que se trate del mismo obispo, pero dada la proximidad de fechas puede pensarse que nos hallamos ante dos obispos de la misma familia. Los encontramos también en el año 380 entre los obispos asistentes al concilio de Zaragoza donde uno de los firmantes también se llama Valerio. Todos los indicios indican que desde finales del siglo III y a lo largo de todo el IV la sede episcopal de Zaragoza estuvo controlada por la familia perteneciente a la Gens Valeria, aunque esta tradición se interrumpe en el año 343 en el concilio de Sárdica donde está presente un obispo de Zaragoza de nombre Castus.

De forma similar en Sevilla se hallan a los Sabinos que conocemos gracias a las fuentes que nos informan de esta situación, de forma correcta en las actas de las santas Justa y Rufina que sufrían el martirio en época de Diocleciano y firmadas por un obispo llamado Sabino y este mismo obispo de Hispalis firma también las actas del concilio de Elvira.

---

17 Ralph W. MATHISEN, *Ecclesiastical Factionalism and Religious Controversy in Fifth-Century Gaul*, Washington DC 1989, 7.

18 Ramón TEJA, *Emperadores, obispos, monjes y mujeres. Protagonistas del cristianismo antiguo*: Editorial Trotta 1999, 137.

19 PRUDENCIO, *Peristephanon* 4, 77-89.

20 A. FABREGA GRAU, *Pasionario hispánico*, (I), Madrid-Barcelona 1953, 68-75.

La situación de grupos familiares en las diócesis podemos verificarla también en el siglo IV en Astorga, donde el obispo Simposio ordena a su hijo Dictinio a finales del siglo IV. También encontramos una situación parecida en la sucesión del obispo de Barcelona Nundinario por el obispo Irineo deducido de las cartas cruzadas de Hilario dirigidas a Ascanio, donde de alguna manera se reconoce que Nundinario debido a su pobreza, lo único que pudo transmitir a Irineo, como acto de su última voluntad, fue la sede episcopal con lo que nos encontraríamos ante un legado hereditario del que se puede deducir que Irineo era hijo de Nundinario.[21]

De la carta 67 de Cipriano, se deduce que ve en estas actitudes un signo evidente del final de los tiempos: «*Los obispos y los fieles que practicaban su religión sin rupturas con el entorno pagano debieron de ser, sino mayoría un porcentaje muy elevado tanto en Hispania como en otras provincias romanas*».[22]

El concilio de Elvira, que se celebra en los primeros años del siglo IV, confirma la armonía entre la jerarquía y el pueblo cristiano en la sociedad hispana de la época, y consolidando el cristianismo desde finales del siglo III. A pesar de que Elvira no habla de casos extremos de apostasía de los obispos, puede observarse a través de su actuación que la jerarquía clerical está más cercana del comportamiento de una magistratura romana que de los primeros misioneros cristianos. Los cánones de Elvira nos ilustran, asimismo, sobre las actitudes clericales que confirman su compenetración con el mundo gentil romano: los clérigos se casan y lo hacen al modo romano sin ninguna connotación sacramental y como acuerdo social como era común entre los romanos. En este orden de cosas, también el concilio, permite a los clérigos que sigan con sus actividades comerciales, fijando ciertos límites: que los ejerzan en la provincia mediante parientes o que se hiciese por terceras personas (canon 19).

Esta forma de cristianización sin rupturas, con una profunda romanización puede observarse igualmente en los comportamientos religiosos del pueblo. Lo testimonia la misma conversión de los flamines que no renunciaron a sus hábitos religiosos y la de los catecúmenos, que no frecuentaban la iglesia. Para esta sociedad, convertirse al cristianismo significaba una decisión trascendental y a la vez un cambio radical en su vida. El hecho de que las oligarquías urbanas deseasen la conversión, prueba el prestigio de la Iglesia, de manera que el curso honorario municipal y el eclesiástico

---

21 HILARIO DE PÓITIERS, *Epistolas XIV, XVII, XIV y VII y VIII.* – Ramón TEJA, *Emperadores, obispos, monjes y mujeres*, 138-145.

22 J. FERNÁNDEZ UBIÑA, *Los orígenes del cristianismo hispánico*, 440.

no eran incompatibles, tal como lo ratifica el canon 56, en el que se permite a los bautizados ejercer magistraturas ciudadanas, a sabiendas de que en estas actividades se participaba en rituales y fiestas politeístas como una más de sus «anteriores» costumbres.

En este clima sincretista nace la prohibición de las pinturas de imágenes, para evitar la repetición de acontecimientos graves como los vividos con Justa y Rufina, que destrozaron el ídolo que la gente llevaba en procesión en ocasión de las fiestas Adonias,[23] con el consiguiente enfado de los participantes.

Los cánones del concilio de Elvira, ratifican lo que era la nueva fe a inicios del siglo IV, particularmente en esta zona de Hispania, en su momento y configurado desde algunas décadas atrás en la Bética. Una religión difundida sobre todo en las ciudades. Compartida por ciudadanos romanos acomodados que disponían de tierras y ocupaban magistraturas. Una sociedad que asumió el cristianismo como una parte de su cultura espiritual clásica, sin oposición ni ruptura con las instituciones del imperio, como lo hacían ya desde mucho antes las influyentes minorías judías en Hispania. Y que sirvieron de base para una primera expansión del cristianismo. A este espíritu sincretista y conciliador se debieron unir con el tiempo una multitud de esclavos y libertos o arrendatarios a los que el concilio de Elvira asigna una atención como un sector marginal ya que la vida que intentan regular los padres sinodales es la de los sectores hegemónicos, convertida, ajustándolos a los principios indecisos de su propia fe.

La fecha de su celebración

Existen todavía dificultades para fijar exactamente el momento en que este concilio se inicia.[24] La mayor dificultad estriba en que el único dato cronológico que figura en las actas del concilio es el día 15 de mayo, indicado en las mismas como «*Die iduum maiarum*». Con ello, el análisis que han ido manejando los expertos en historia para averiguar la época de su celebración, se ha basado esencialmente en los contenidos de las actas y las circunstancias históricas del momento para poder estimar su inicio.

---

23 Un estudio sobre este acontecimiento se encuentra en F. CUMON, «Les Syriens en Espagne et les Adonies à Séville», *Revista Syria* 8 (1927) 330, 41.

24 M. SOTOMAYOR, *La Iglesia en la España romana y visigoda* (ss. I- VIII). Historia de la Iglesia en España 1979, 86.

Se pueden fijar algunos datos para encuadrarlo en un espacio temporal:

- Primero: la celebración de un concilio a nivel de Hispania en un lugar como Elvira, presupone libertad de viajes y de reuniones. Esto sería muy difícil en una época de persecución.

- Segundo: la presencia del obispo Osio de Córdoba cuyo pontificado se inicia alrededor del año 295, lo que nos daría un término «*A quo*». Por otro lado, las actividades de este obispo junto a Constantino, desde inicios del imperio del mismo, nos llevarían hacia un término «*ante quem*».

- Tercero: la conciliación del concilio de Arlés que se efectúa en el año 314 y a la que asisten varios clérigos hispanos, que también estuvieron presentes en el concilio de Elvira, nos darían así mismo un término «*ante quem*» en el año 314.

Tomando estas consideraciones y teniendo en cuenta que el concilio debió tener lugar en un periodo de paz, que se extiende desde el año 295 hasta el año 303. Es probable, por tanto, que tras la abdicación de Diocleciano, en el año 306 y el inicio en el año 314 del concilio de Arlés, se hubiese realizado el concilio en Elvira, y es justamente este momento histórico del cristianismo hispánico donde se reflejarán en los cánones el ambiente propio de un periodo anterior y posterior a una persecución. No obstante, esta apreciación de Manuel Sotomayor existen otras posiciones como la de A.C. Vega, citado por el autor y que añade la presencia en Elvira del obispo Melancio de Toledo, lo cual situaría el inicio del sínodo alrededor del año 314.

También existen argumentos basados en los propios cánones y que defienden la posición de la celebración del concilio después de la persecución[25] de Diocleciano, ya que en distintos cánones se hace referencia a los delatores, al fraude, al título de confesores y a aquellos cánones que prohíben que figuren como mártires los destructores de divinidades paganas (Canon 73, 25 y 60).[26]

Existen otras obras críticas que aportan una visión de los cánones referente a gente frívola y ligera y no necesariamente referida a los apóstatas de una persecución, proponiendo algunas teorías basadas en el análisis de algunos cánones para interpretarlos en sentido restrictivo respecto a la apostasía, y dándoles una orientación de obediencia a la autoridad.

---

25 J. GALISTEO LEIVA, *El Concilio de Elvira*, Granada: Almuzara 2019.

26 C. J. HEFELE - H LECLERCQ, *Histoire des conciles*, (I), Paris 1907, 212.

En base a estos argumentos, Manuel Sotomayor se inclina por datarlo entre los años 300 y 302. Autores en textos más modernos, como Jesús Galisteo, lo sitúan en las mismas fechas. Aún con ciertas discrepancias entre autores y en un margen muy pequeño el período entre el 300 y el 304 suscita un amplio consenso.[27]

El lugar del concilio

Para situarlo geográficamente, existe un consenso generalizado de que este concilio se celebró en la Bética en la ciudad Iliberri, la que sería actualmente el barrio de Elvira en la ciudad de Granada.

Fue precisamente Sotomayor Muro[28] quien, tras décadas de investigación, pudo refutar distintas tesis por contraste, que han ido surgiendo entorno al concilio de Elvira al paso del tiempo. En cuanto a si su situación fue la Granada actual o junto a la Sierra de Elvira se decantó por emplazarlo en la zona de la actual Granada, identificada como *Iliberri* y con el Elvira de los visigodos y posteriormente de los árabes.

Ya M. Gómez Moreno[29] despejó en su momento también las dudas de su ubicación al situar Elvira dentro del barrio granadino de Albaicín y en la colina situada a la derecha del rio Darro donde se halla la ciudad ibero-romana de *Iliberri*, afirmando en su momento:

> Una verdad comprobada documental y arqueológicamente es que Iliberri fue población Túrdula se llamó también Florencia y cuya designación oficial bajo los romanos era de Municipio Florentino Iliberitano, existió en el mismo lugar de Granada ocupando su barrio desde la alcazaba vieja.[30]

Ubicación del concilio según los estudios modernos de arqueología

En los modernos estudios de arqueología[31] se ha podido llegar a la conclusión de que Iliberri fue un oppidum ibérico que llegó a ser un centro territorial posterior-

27 M. SOTOMAYOR, *La Iglesia en la España romana y visigoda* (ss. I- VIII) 1979, 25-70

28 M. SOTOMAYOR, *La Iglesia en la España romana y visigoda* (ss. I- VIII) 1979, 84,85.

29 M. GÓMEZ-MORENO, *De Iliberri a Granada*, en M. SOTOMAYOR, La *Iglesia en la España romana y visigoda (ss. I- VIII)*, 86.

30 M. GÓMEZ-MORENO, *De Iliberri a Granada*, 85.

31 EL HOUSIN HELAL OURIACHEN, "Antes, durante y después de la Granada tardoantigua", *Publicación digital de Historia y Ciencias Sociales*, n. 218, 15 de septiembre de 2011, 1-55.

mente romanizado e integrado en la Hispania Ulterior. Asumiendo estatus municipal y con la reforma de Augusto le dará una inclusión administrativa a la provincia de la Bética.[32] Debido a su privilegiada situación, fue un nudo de comunicación importante para los mercados regionales, siendo capital administrativa de su área y sede del culto religioso actuó como centro defensivo hasta el siglo VII. Los visigodos la considerarán sede episcopal y *civitas fortissimae*.

Iliberri fue una ciudad importante dentro de la provincia más romanizada de Hispania, la jerarquía urbana residió en el municipio, así como su nobleza senatorial durante la etapa Alto Imperial. Gracias a sus recursos agrícolas distribuidos en el campo, las minas de oro de la zona y la fabricación y acuñación de moneda.[33] Es precisamente en este período tardorromano cuando se registra la celebración del concilio entre los años 300 y 304. La ciudad de Iliberri es una pionera en el origen y desarrollo del cristianismo. A partir de ese desarrollo, se generan diferentes dinámicas que condicionaron también a la parte occidental y oriental de Hispania con los procesos y regulaciones cuyo origen está en el concilio que tuvo lugar en dicha ciudad.

El espacio ciudadano, donde probablemente se celebró este primer concilio cristiano en Iliberri debió realizarse en una villa suburbana, cuyo propietario aristócrata cristiano muy bien pudo ser el obispo Flavianus,[34] o bien en una gran *domus* a extramuros de la ciudad, probablemente cercana a la poderosa comunidad judía que ya disponía de sinagoga en tiempos altoimperiales. Probablemente desde este emplazamiento fue arraigando el cristianismo a partir del siglo II y consolidándose como iglesia local entre los años 258 al 303, período en el que, al incrementarse la comunidad cristiana, también esta disponía de bienes e inmuebles, entre ellos el edificio que ejerció de *domus ecclesiae*.

El ambiente social del concilio de Iliberri

En el Bajo Imperio, la ciudad de Iliberri del siglo IV evoluciona como consecuencia de la transformación ciudadana que se origina ya desde mediados del siglo III: la

---

32 Salvador VENTURA FRANCISCO, «El poblamiento de la provincia de Granada durante los s. VI y VII», *Antigüedad y Cristianismo*, 5 (1988) 341-344.

33 Margarita, ORFILA PONS, *Iliberri-Elvira (Granada), ciudad romana y cristiana*, en M. SOTOMAYOR y M. FERNÁNDEZ UBIÑA, *El Concilio de Elvira y su tiempo*, Granada 2005, 137-160.

34 M. SOTOMAYOR, *La Iglesia en la España romana y visigoda* (ss. I- VIII) 1979, 81-94.

inestabilidad política, la reducción de la aristocracia, la ruralización y la reconversión de la propia economía, así como el afianzamiento de las comunidades cristianas durante el período de la Pequeña Paz de la Iglesia.[35]

En este período de transformación se mantiene la arquitectura de los templos paganos a cargo de los flamines hasta que el edicto de *Mediolanum* legalizó en el año 313 el culto cristiano, favoreciendo el ascenso y difusión del cristianismo y particularmente el rango de la figura episcopal. Prueba de ello es la prohibición del culto a los dioses, el decomiso de propiedades paganas y la clausura de los templos entre los años 341 y 357, lo cual manifiesta la pérdida progresiva de influencia de la antigua religión, la disolución de las magistraturas clásicas y la incapacidad de la aristocracia pagana para gestionar esta nueva situación. Situación que empieza a cambiar desde primero de siglo.

Asimismo, destaca en este período el barrio judío de Iliberri que tenía su propio lugar de oración, enseñanza y beneficencia en su propio edificio sinagogal,[36] y que debido a su posición dominante, actuaba como núcleo de poder de las áreas productivas y residenciales. En esta época se acentuará un antijudaísmo iniciado en el siglo III, que se incrementará a mediados del IV, cuando la comunidad judía se convierta en una rival socioeconómica, para la cada vez más desarrollada comunidad cristiana.

En este ambiente ciudadano se desarrollará el concilio de Iliberri y a través de sus cánones podremos observar los diferentes conflictos sociales que se derivan de este momento histórico, y consecuentemente la normativa establecida para m antener una pureza en las comunidades cristianas en medio de ello.

Representación en el concilio

La importancia de este concilio estriba también en el número de comunidades cristianas representadas en el mismo.[37] Los distintos asistentes vienen, no solo de las zonas más cercanas a Elvira (Iliberri), por tanto, de la Bética y de la Cartaginensis, sino que provienen también de Calagurris, Asturica y Legio, así como de Elvora y de Toletum.

---

35 Luis GARCÍA MORENO, *El Cristianismo en las Españas: Los orígenes*, en M. SOTOMAYOR y M. FERNÁNDEZ UBIÑA, *El Concilio de Elvira y su tiempo*, Granada 2005, 170-180.

36 Robert THOUVENOT, «Chrétiens et juives à Grénade au IV siècle après J.C.», *Hesperis XXX* 1943, 201-211, - EL HOUSIN HELAL OURIACHEN, p. 35.

37 J. GALISTEO LEIVA, *El Concilio de Elvira*, 187.

Según los datos disponibles se encuentran representadas siete comunidades de la Bética, ocho comunidades de la Cartaginense, tres de la Tarraconense, tres de la Lusitania y una comunidad de Galaecia, lo que hace que en las actas figuren 19 obispos y 24 presbíteros.[38]

Los obispos y los presbíteros forman parte del grupo de discusión del concilio al que asisten los diáconos y el pueblo.

La mayoría de los presbíteros procede de localidades próximas a la sede. Conocemos la presencia diaconal reforzada por la descripción en el canon 77, que describe de la siguiente forma la situación: «*Si algún diacono rige una comunidad sin obispo o presbítero y bautiza a algunos, un obispo deberá completar la acción con su bendición*».

Las actas conciliares, por tanto, nos permiten conocer de forma directa la existencia de 37 comunidades organizadas en Hispania a finales del siglo III y muy a primeros del IV. Las comunidades enumeradas en las actas nos dan a entender el carácter de participación de las diversas iglesias ubicadas en la península, ya que asisten las cinco provincias romanas peninsulares y también nos permite conocer la gran presencia de comunidades en el sud-este de la península, en las zonas más circundantes a la sede de Elvira.

En las siguientes páginas se desarrollan en detalle algunos aspectos históricos sobre el concilio con una exposición amplia de la fecha, el lugar y los participantes del concilio recogidas en el capítulo segundo poniendo un especial cuidado en los aspectos arqueológicos de la ciudad de Iliberri que desde el siglo XVII con algunas prospecciones arqueológicas acopian los primeros elementos arqueológicos especialmente de tipo epigráfico que nos permiten apuntar a la ciudad romana en la zona del Albaicín. En el siglo XX se han podido prospeccionar y encontrar en muy distintas partes de Granada, restos arqueológicos que nos confirman la presencia en esta ciudad de la antigua ciudad de Iliberri y por tanto lugar del concilio. En cuanto a los participantes en el Concilio se ha puesto un especial foco en la participación del obispo Osio de Córdoba y la posterior influencia del mismo en otros concilios a partir de los cánones del sínodo de Elvira.

Para una mejor comprensión del ambiente político y sociológico del Imperio romano en Hispania y la evolución del primer cristianismo, se ha desarrollado en el capí-

---

38 Existen algunas omisiones de los nombres de los presbíteros en algunos códices, sin embargo, el autor de la Colección Hispana indica la asistencia de 26 presbíteros además de los obispos. CF A. C. Vega *ESPSAGR*. 54, página 334.

tulo III una visión general abarca desde la primera tetrarquía hasta la formación de la Diócesis Hispana así como el desarrollo del cristianismo en Hispania y, especialmente, en la Bética, así como las relaciones entre las religiones a los dioses clásicos romanos y cristianismo naciente.

Para conocer también el sentido de algunos cánones, el capítulo cuarto desarrolla los aspectos propios de la vida rural y ciudadana en la Bética a principios del siglo IV, así como las situaciones de propiedad y explotaciones, la minería y la cultura, el sistema económico y social del momento y las características del derecho de propiedad y la crisis esclavista. Con este capítulo se completa un primer aspecto de conocimiento del «medio» en el que se desarrolla el concilio.

El capítulo quinto está dedicado al análisis de la importancia de las actas de Elvira, así como de sus aportaciones partiendo de un primer análisis textual para adentrarnos en los cánones como reflejo de una forma de sociedad y sus costumbres al análisis de algunos de los puntos más relevantes de dichos cánones que afectan a aspectos de la vida sacerdotal, de la vida del clero y del matrimonio, de la idolatría, de la situación de las imágenes, su efecto futuro y del rigorismo penitencial.

Finalmente, el capítulo sexto con algunas conclusiones que pueden ayudar a comprender mejor el sentido de la sinodalidad eclesial ya a partir de este concilio.

EL CONCILIO DE ELVIRA:

FECHA, LUGAR Y PARTICIPANTES

Una primera visión a la historiografía

Resulta de una cierta complejidad situar el Concilio de Elvira en un lugar y una fecha. Existe una larga historiografía que nos acerca a la controversia generada para esclarecer la época y el lugar en que fue celebrado. Pero es importante para captar la importancia del mismo, ambientar en un adecuado marco temporal y en un lugar determinado, para comprender las distintas facetas que nos aportan sus actas para reconocer el cristianismo del momento y llegar a ponderar el valor de sus actas para el posterior desarrollo de la propia historia de los concilios en España.

Reconocemos en las actas de este concilio la forma de vida de las comunidades cristianas del momento, plenamente integradas en la sociedad romana de su tiempo, que nos provee de una fuente de información única, que no solo afecta a la provincia Bética donde se celebró, sino que nos permite entender la sociedad romano cristiana de la península Ibérica a través de las distintas zonas de procedencia de los obispos que asistieron al mismo, acompañados de presbíteros y diáconos. Son una importante fuente para conocer las relaciones de este grupo de cristianos con los paganos, los judíos y los herejes del momento, que nos ayudan a conocer el primer cristianismo y sus orígenes.[39]

Los cánones emanados de dicho concilio nos presentan una temática viva aun careciendo de un orden o distribución de problemas, así como la severidad de las penas que imponen para entender el rigorismo[40] de aquellos primeros pastores con «su grey».

---

39 R. TEJA, *Exterae Gentes, Relaciones con paganos, judíos y herejes en los cánones de* En M. SOTOMAYOR - J.F. UBIÑA (coord.) *El Concilio de Elvira y su tiempo*, Granada: Universidad de Granada 2005, 197-228.

40 L. A. GARCÍA MORENO, *El cristianismo en las Españas. Los orígenes*, 89-114

Es por esa misma compleja situación, que a lo largo de la historia de la Iglesia, surgirá una gran variedad de opiniones y de interpretaciones, no solo en los cánones que analizaremos más adelante, sino por la relación existente entre los diversos aspectos de este concilio, que afectan a su territorialidad, a su posicionamiento en el tiempo, al análisis filológico de los cánones, al análisis temático y a las consecuencias de sus penas, así como el efecto del mismo en la posterior evolución de la Iglesia.

Se dispone hoy día de una amplia bibliografía sobre este tema, algunos de los textos resultan de una extraordinaria lucidez y sabiduría, como el tratado de Fernando de Mendoza escrito en el siglo XVI, recientemente traducido al castellano y que resulta una obra de excepcional interés ya que aborda el tema con una gran profundidad y precisión fruto, de su amplia y cuidada formación en el campo del derecho y la jurisprudencia, así como en las humanidades.

> Se mueve con holgura y facilidad en cualquier tema tocando a la historia de la Iglesia con un perfecto dominio del latín y en su obra de confirmando Concilio Iliberitano aborda los temas de una forma concatenada tratando con detalle cada uno de los temas. Esta obra supuso ya en su momento una gran clarificación de las dudas y discusiones existentes y sentó la base de los estudios posteriores, siendo una obra de obligada consulta y referencia.[41]

De las ediciones más antiguas que se conservan cabe destacar la de M. González Tellez,

«Betustissimum et novilissimmum concilium Illiberritanum», escrito en 1665 en Lion. Es una versión enriquecida con aportaciones a final de cada capítulo. Otro autor J. Sáez de Aguirre,

«Concilium Elliberitanum en la Collectio Maxima Conciliorum Omnium Hispaniae et Novi Orbis», escrito en Roma en 1693 y es una transcripción íntegra de la obra de Fernando de Mendoza que sigue el esquema de González Téllez. E. Florez aportó a la *España Sagrada* el volumen número 12 de la colección dedicado a este concilio y que fue escrito en Madrid en 1754 J. D. Mansi,

«Sacrorum Concillorum Nova et amplisima collectio», escrito en Florencia en 1759. J. Tejada Ramiro en su «Colección de cánones y de todos los concilios de la Iglesia de

---

41 Teresa BERDUGO VILLENA, *Granada y el Concilio de Elvira en Fernando de Mendoza*, Granada: Eug 2016, 113-114.

España y América», Tomo 2 editado en Madrid en 1850, «La Historia Eclesiástica de España» de García Villoslada, publicada en Madrid en 1929, y muchos otros textos que han ido sucediéndose hasta el día de hoy.[42]

Conocemos hoy día que el Concilio de Iliberri se celebró en Granada muy a inicios del siglo IV cuando la ciudad conservaba aun el topónimo de Iliberri que ya figuraba integrado en la denominación del municipio como «Municipio Florentino Iliberitano».[43]

Una amplia polémica, muy antigua, llegó a hacer circular la idea de que la ciudad en la que se celebró el concilio hubiese sido en la Iliberri Narbonense y no en la Bética. La clarificación de la ciudad Bética, se desarrolló de una forma magistral en la obra de Fernando de Mendoza en el siglo XVI, donde realiza una muy detallada exposición en su capítulo primero y en la cual llega a una afirmación concluyente:

> Si realmente hubiera existido un episcopado en Colliure, ¿acaso no hubieran intervenido sus representantes al menos alguna vez al menos en los Concilios de Agde, de Lyón, en los Valentinos de la Galia, en los de Matisco, los de Araúsio, o los de Arlés, puesto que es sabido que participaron en ellos no solo los procedentes de territorios cercanos como la Tarraconense o la Narbonense, sino incluso de los últimos confines de la Bética y de la Provincia Lusitana.

Agustín cita al obispo Liberio y al diácono Florentino, procedentes de Mérida; al presbítero Najal y al diácono Ceterio de la ciudad de Orcellis; al presbítero Salino, de la bética y aun sin nombrar a Osio de Córdoba y otros de distintas provincias, que estuvieron presentes en el primer Concilio de Arlés.[44]

Por consiguiente, son todos los vetustos testimonios de la antigüedad, los que deniegan sin la menor duda el honor de este concilio o la autoridad de ser episcopal a la Iliberri Narbonense, en tanto que son ellos mismos, los que, con toda claridad y certeza, proclaman, otorgan, conceden y confirman amplios privilegios a la Iliberri bética.[45] Los modernos hallazgos arqueológicos en Granada nos ayudan a comprender mejor y satisfacer los requisitos esenciales para situar a la antigua ciudad de Iliberri, la Elvira del concilio de fuera bien documentada arqueológicamente.

---

42 Teresa BERDUGO VILLENA, *Identidad del Concilio de Elvira*, 19.

43 T. BERDUGO VILLENA, *Identidad del Concilio de Elvira*, 20.

44 SAN AGUSTÍN, *Libro I Contra la Epístola de Parmén*. Capítulo 4

45 BERDUGO VILLENA, *Granada y el Concilio de Elvira en Fernando de Mendoza*, 217

Los participantes del Sínodo de Elvira

En las distintas ediciones críticas disponibles hoy con las actas del concilio y sus participantes, particularmente las que corresponden a la Colección Canónica Hispana y el Epitome Hispánico.[46]

La lista oficial de los obispos asistentes al sínodo es la siguiente:[47]

1. Felix, Acci [Guadiz],
2. Hosius, Corduba [Cordoba],
3. Sabinus Hispalis [Seville],
4. Camerinus, Tucci [Martos],
5. Synagius, Egabra [Cabra],
6. Secundinus, Castulo [Cazorla],
7. Pardus, Mentesa [Guardia],
8. Flavianus, Illiberris [Granada],
9. Cantonius, Urci [Vera],
10. Liberius, Emerita [Mérida],
11. Valerius, Caesaraugusta [Zaragoza].
12. Dedentius, Legio [León],
13. Melantius, Toleto [Toledo],
14. Januarius de Fibularia [Loarre y Santa Engracia ?],(dudoso)
15. Vincentius, Ossonoba [Villanova]
16. Quintianus Elbora [Tavalera? Elvora?].
17. Successus, Eliocroca [Lorca]
18. Eutyehianus, Basti [Baza],
19. Patricius, Malaca [Málaga].

---

46 Se han utilizado los resúmenes y traducciones de:
   - F. RODRÍGUEZ, *Colección Canónica Hispana: Concilios Galos y primeros Hispanos*, Madrid: CSI 2012.
   - Juan José AYÁN, Manuel CRESPO, Jesús POLO y Pilar GONZÁLEZ, *Osio de Cordoba. Un siglo de la historia del cristianismo*, Madrid: BAC 2013. (Incluye la traducción de la Colección Canónica Hispana)
   - M. SOTOMAYOR – J. FERNÁNDEZ UBIÑA (coords.), *El concilio de Elvira y su tiempo* – T. BERDUGO VILLENA, *Valoración de las actas*, 34-52.

47 Alfred William W. DALE, *The Synod of Elvira and Christian life in the fourth century*: Editorial Macmillan and Company 1882

Otros presentes y acompañantes de los obispos: presbíteros

1. Restitutus, de Epora [Montoro], En la Bética,

2. Natalis, de Ursona [Ossuna], En la Bética,

3. Maurus, de Illiturgi [Andugas], probablemente de la diócesis Tucci,

4. Lamponianus de Karula [Caronil], probablemente de la provincia de la Bética,

5. Barbatus de Astigi, probablemente de la diócesis de Basti,

6. Felicissimus, de Teva (en Teva) [Teva], en la diócesis de Málaga,

7. Leo, de Acinippo [?], en la Bética, en la diócesis de Sevilla,

8. Liberalis, de Eliocroca [Lorca], en la Bética, acompañando al obispo de la diócesis,

9. Januarius, de Laurum [Alaura], cerca de Munda, en la Bética,

10. Januarius, de Barbe [Barbesula] en la Bética, acompañando al Obispo de Tucci,

11. Victorinus, de Epagra [Cabra], en la Bética, acompañando al obispo de la diócesis,

12. Titus, de Ajune [Villa Arjona], en la Bética, probablemente diócesis de Tucci,

13. Eucharius. Una denominación conferida por Vespasiano I a remotas ciudades conferida por la lealtad de su población.

14. Silvanus, de Segalvinia [Salobrenna], en la Bética,

15. Victor, de Ulia [Montemayo], en la diócesis de Egabra,

16. Leo de Gemella [Martos Tucci], en la Bética, acompañando a su obispo diocesano,

17. Januarius, de Urci [Vera], acompañando al obispo de esta diócesis,

18. Turrinus, de Castulo [Cazlona], acompañando al obispo de esta diócesis,

19. Luxurius, de Brana (?),

20. Emeritus, de Baria, en la diócesis de Urci,

21. Eumantius, de Solia, en la diócesis de Sevilla,

22. Clementianus, de Ossigi , en la Bética, diócesis de Tucci

23. Eutyches, de Carthagena, acompañando al obispo Eliocroca,

24. Julianus, de Corduba [Cordova], acompaña al obispo Osio de Córdoba,

En esta lista no existe ninguna mención a presbíteros de Elvira.

Al analizar estas listas deducimos de ellas que participaron 37 de las comunidades cristianas extendidas en la provincia de Hispania, con una mayor participación de la Bética y la Cartaginense, y en cuyo epicentro geográfico destaca la ciudad de Iliberri, que debía estar conectada con todas estas ciudades de una forma eficiente.

De la Bética participan siete comunidades, de la Cartaginense ocho, de Lusitania tres, de la Tarraconense tres y de Galaecia uno.

Se desprende de ello la variedad de comunidades y representantes, así como una mayor concentración de las diócesis más próximas y de comunidades que debían tener al frente un presbítero, siendo más numerosas las más próximas a Iliberri. La participación de comunidades muy diversas, prueba que los problemas planteados en el Concilio, a pesar de su diversidad, debían ser muy comunes en la vida ordinaria de aquellas primeras comunidades inmersas en el mundo romano.

La arqueología del lugar: Iliberri, Elvira, Granada

Introducimos ahora un apartado dedicado a la arqueología de la ciudad de Iliberri, Elvira, Granada, con un objetivo muy claro: dar a conocer a través de sus restos arqueológicos la que, desde época ibérica, fue una ciudad en un cruce de caminos, y en época romana, una pequeña ciudad que se adaptó a las costumbres romanas en todas sus facetas y de las que, a pesar de los pocos restos fragmentarios hallados hasta la fecha, podemos identificar ahora en la actual Granada. Hemos extraído algunas notas históricas que abarcan un largo periodo de descubrimientos y que nos permiten conocer la organización del espacio urbano de esta ciudad o bien a través de su epigrafía obtener preciosas informaciones referidas a sus habitantes o a sus gobernadores. Y a través de esta epigrafía, descubrir la existencia de esta ciudad romana. Con ello tendremos una visión objetiva de esta ciudad y la seguridad de su emplazamiento, hoy, sin lugar a discusión.

La evolución del conocimiento arqueológico ha permitido desde el siglo XVII hacerse con algunas epigrafías que han ido proporcionando algunos datos muy significativos sobre la ciudad de Iliberri. La moderna arqueología sigue haciendo acopio de investigaciones sobre el terreno para ubicar la ciudad romana y la certeza sé que allá en Granada se encuentra la antigua ciudad de Iliberri. También la arqueología está permitiendo analizar la forma de continuidad en la historia de dicha ciudad desde las épocas más pretéritas hasta nuestros días.

El Municipio Florentino Iliberitano tuvo su época de mayor esplendor desde el siglo II hasta mediados del siglo IV y corresponden a este periodo los principales testimonios arqueológicos de los que disponemos hasta hoy.

Es importante hacer notar que la existencia y conocimiento de la ciudad romana viene provista por las mayores excavaciones efectuadas en el actual Albaicín y que han sido en estas excavaciones donde la presencia de restos inmuebles y edificios pertenecientes a construcciones públicas y domesticas a las que se encuentran adosados algunos centros de producción industrial, así como las necesarias estructuras de abastecimiento de aguas y alcantarillados, permiten que hoy día no existan dudas de que la ciudad de Iliberri está en la base del actual Albaicín y que en esa ciudad romana se contaban con todos los sistemas de urbanización propios de una ciudad de la Hispania romana.

Gracias a las informaciones obtenidas a través de las excavaciones de la antigua Iliberri no hay duda alguna de que ya desde época ibérica y posteriormente en época romana, la antigua ciudad de Iliberri se encontraba dónde hoy está situada la actual ciudad de Granada y el barrio de Elvira. Han llegado a nuestros días importantes restos de sus murallas y la existencia de restos ibéricos sobre los que se creó la nueva ciudad romana, pudiéndose encontrar en los estratos arqueológicos las adaptaciones propias del tránsito entre la ciudad ibérica y la ciudad romana y así disponemos hoy de vestigios propios de la estatutaria de personajes ilustres, así como de inscripciones de pedestales que ilustran la pertenencia y el rango de los personajes que representan.

Ha sido desde primeros del siglo XX que en Granada se inició una sistemática actividad arqueológica para, aprovechando la reestructuración moderna de la ciudad, hacer diversas catas y excavaciones sistemáticas, de forma que han permitido construir memorias de trabajo sobre las ruinas romanas, lo que ha ido permitiendo incrementar el conocimiento sobre la zona.

Fueron hallados los restos de algunos lugares ocupados por una numerosa comunidad de judíos y algunas ruinas que muestran la existencia de una sede episcopal de inicios del siglo IV. Conocemos la existencia de obispo en los documentos del concilio de Elvira y posteriormente la relación documental en los escritos de la época de Gregorio de Elvira a finales del siglo IV, así como los testimonios escritos de las listas de los obispos iliberitanos asistentes a los sínodos en la época visigoda mostrando una continuidad episcopal. Encontramos la mención de algunas noticias en el calendario de Recemundo del año 961, en ese periodo se señala la conmemoración de la fiesta de Gregorio de Elvira el día 24 de abril en Granada: «In ipso est cetum Sancti Gregorii in civitate Granada». También el Martirologio de Usuardo del 865 se indica la misma conmemoración «Item, civitate Heliberri, Sancti Gregorii Episcopi et confesoris».[48]

---

48 Manuel SOTOMAYOR MURO, *¿Dónde estuvo Iliberri? Granada en época romana*, Florentia Iliberritana: Museo Arqueológico y Etnológico de Granada diciembre de 2008.

La existencia de una ciudad pre-romana hizo posible el avance militar romano en las zonas de mejor desarrollo que se encontraban en la costa mediterránea y en el sur peninsular. Roma avanzaba tomando las ciudades que disponían de infraestructuras básicas y lugares para atender existencias de tipo religioso, político y económico. Bajo el efecto de la conquista romana se produjeron importantes modificaciones urbanísticas en el sur de Hispania.

La forma de construcción romana concedía singular importancia al centro de la ciudad donde se ubicaba el foro que era en su momento el corazón y la plaza principal, referencia de las ciudades, y la organización ciudadana se efectuaba la distribución de los espacios urbanos entre el cardo máximo y el decumano. Una disposición rectangular que delimitaba los espacios urbanos y procedía a la construcción de los foros como un espacio porticado en uno de cuyos lados se disponía de un templo religioso con la fachada principal, mirando a la plaza y colocada de tal forma que el templo ejercía un claro dominio del espacio. Enfrentado en el otro lado se construían los edificios de administración de la justicia y algunos espacios comerciales, y en ese mismo foro se ocupaban la curia de la ciudad y el tabularium, destinado al archivo.

Los baños públicos constituían elementos fundamentales para la vida de la ciudad y ofrecían facilidades a los ciudadanos y particularmente a las clases sociales altas para el aseo el juego y la reunión.

Teatros anfiteatros y circos también ocuparon espacios ciudadanos ocupados particularmente al ocio. Finalmente, las insulae agrupaban las áreas residenciales de la ciudad. A extramuros el paisaje urbano delimitaba con las necrópolis al lado de las vías de acceso a la ciudad, así como los acueductos y otros monumentos. Estos espacios de diversión disfrutaron de una larga presencia en las ciudades.

Precisamente Granada estaba ajustada a este tipo de patrón en el que se unían una parte de la población pre-romana y la población romana asentada,[49] esta situación venia ya reflejada desde el siglo II antes de Cristo y conocido a través de las monedas como la ciudad de Illiturri que a partir del siglo I daría lugar al topónimo Iliberri.

---

49 J. L. JIMÉNEZ SALVADOR – M. ORFILA PONS, *La estructura de la ciudad: su funcionamiento. Granada Romana*: Florentia Illiberritanta, Museo Arqueológico y Etnológico de Granada abril 2009, 49.

Conocemos de la época romana republicana[50] las monedas del siglo I antes de Jesucristo con la leyenda Iliberri[51] a la que más tarde se añadió Florentia.[52]

De las múltiples referencias a la arqueología obtenidas a través de la exposición que se efectuó en Granada entre diciembre de 2008 y abril de 2009 organizados por la Junta de Andalucía, me gustaría destacar la importancia de los hallazgos arqueológicos a fin de dar validez a la utilización de la arqueología como fuente de información de Iliberri:

> La evidencia arqueológica denota que la ciudad romana heredó el emplazamiento del oppidum ibérico en el hoy denominado Albaicín, enclave sobre el que sigue librándose una lucha secular por vencer las dificultades derivadas de la escasa solidez de su sustrato geológico (gravas de la "formación alhambra"), adaptándolo para solventar las necesidades de carácter estratégico y defensivo. En razón de esta peculiaridad del terreno no cabe formarse la imagen de una trama urbana ortogonal, rasgo característico de las fundaciones ex novo, sino de un urbanismo supeditado a las curvas de nivel, sumándose a los innumerables ejemplos de urbanismo con terraza que se prodigan por la amplia geografía mediterránea. Por esa misma razón tampoco puede hablarse de una ruptura total con la arquitectura preexistente, sino de un reaprovechamiento de todo aquello que se considerase útil, llegando a darse una continuidad en el uso y función de estructuras, empezando por la muralla ibérica que siguió utilizándose durante el dominio romano con algunas reformas, llegando hasta la época medieval con la construcción de la muralla zirí sobre el antiguo trazado, como se constata en la excavación del Carmen de la Muralla.[53]

En el largo periodo de investigación y descubrimientos que ocurren a partir de los primeros hallazgos del siglo XVI, podríamos hacer algunos repasos procedentes de distintos momentos que abarcarían desde la época imperial romana hasta mediados del siglo IV, lo que nos permitiría contextualizar la presencia de Iliberri en

---

50 M. ORFILA PONS, *La arqueología en Granada hoy: Análisis de los datos de la época romana*, Granada 2002 (Discurso en su recepción en la Real Academia de Bellas Artes de Granada)

51 L. VILLARONGA – José A. HERRERO (ed.), *Corpus nummum Hispaniae ante Augusti aetatem*, Madrid 1994

52 M. ORFILA PONS - P. P. RIPOLLÈS, «La emisión con leyenda florentina y el tesoro de Albaicín», *Florentia Iliberritana*, 15, (2004) 367-388.

53 SOTOMAYOR 1984 – ROCA 1988 *y en el lienzo NE del solar en la calle Espaldas de San Nicolás (actual mezquita)* (CASADO et al., 1999)

la actual Granada. El espacio urbano de la ciudad romana está organizado como hemos dicho anteriormente, a través de un centro que era el escenario de la vida política y lugar de la asamblea ciudadana, también lugar de la administración municipal y de justicia, en uno de cuyos espacios más relevantes emergía el templo. De este periodo se disponen de fuentes epigráficas en un conjunto cercano a 30 inscripciones que han ido apareciendo en el barrio del Albaicín actual. A partir de ellos se pueden extraer algunas informaciones referidas a la toponimia de la ciudad y la importancia de la misma desde el siglo I al siglo IV y especialmente en la época de su máximo apogeo en el siglo III de donde proceden muchas de las epigrafías disponibles dedicadas particularmente a la familia imperial.[54] De estas informaciones procedentes de la epigrafía se puede destacar que la ciudad romana apareció sobre la primera trama ibérica de forma que la pequeña ciudad de Iliberri fue tomando su estructura bajo el impacto directo de la civilización romana a partir de finales del siglo I. Un espacio singular es el foro del que se dispone una inscripción hallada en la Alcazaba de la Alhambra reutilizada en la torre del homenaje en el siglo XVI. En esta piedra se muestra que Publio Valerio Urcano ofreció a su mujer como regalo la escultura que estuvo sobre este pedestal y que debió estar ubicada en un lugar público tal como reza la inscripción: L(oco) D(ato). D(ecurionum). D(ecreto) mencionado por Pastor y Mendoza en 1987 y fechada a principios del siglo III.[55]

Se disponen de parecidas inscripciones con dedicaciones que se remontan al siglo III entre ellas la dedicada a Publio Cornelio Alullino o la que pudo estar dedicada a Severo, Alejandro, Galieno o Póstumo. Se erigieron monumentos al emperador Probo. Con inscripciones recogidas en su momento y hoy perdidas. En el año 2003 se hicieron algunos hallazgos epigráficos que aportan inscripciones que mencionan específicamente a instituciones iliberitanas como sería la de *Patronus Municipio*, oficio propio de un protector de la ciudad que pudo realizar como evergeta algunas obras publicas. Existen dos inscripciones reflejadas en las fuentes documentales antiguas en las que explícitamente se cita el foro y la basílica, ambas procedentes de las cercanías del aljibe del rey. La primera tiene la siguiente transcripción: Fori Et Basilicae, Baeclis et Postimus, la segunda más amplia que esta muestra claramente el evergetismo existente en la ciudad de Iliberri, en él se puede leer en un texto traducido lo siguiente: «Perseus, Liberto de. [.] de la Tribu Sergia, con motivo de

---

54 PASTOR Y MENDOZA, *Corpus e inscripciones latinas de Andalucía*, (volumen IV), Granada: Consejería de cultura Sevilla, 2002

55 M. ORFILA PONS, *Florentia Iliberritana*: Universidad de Granada 2011

haber sido elegido Seviro, costeó de su dinero las exedras del foro y de la basílica, adornadas con verjas, balaústres y jambas».[56]

En otros descubrimientos arqueológicos aparecidos en la calle María de la Miel solar 11 se han encontrado entre varios epígrafes, uno de ellos que documenta la existencia de un patrono de la ciudad, con la autorización del Ordo decurional para poder situar la estatua en un lugar público. Se conocen también por las excavaciones llevadas a cabo por Juan de Flores entre 1754 y 1763 en la parte alta del Albaicín, algunas estructuras arquitectónicas que enmarcan un amplio espacio enlosado, recogidas en un dibujo de Diego de Sánchez Sarábia en 1768 que en el día de hoy puede situarse en la actual Carmen de la Concepción.[57]

Aunque estos antiguos descubrimientos han estado bajo la sospecha del fraude cometido por Juan de Flores, algunos nuevos descubrimientos arqueológicos recientes han esclarecido las aportaciones a la arqueología romana hechas en su momento por Juan de Flores.

A pesar de todas las vivencias de don Juan de Flores es interesante observar las menciones efectuadas en su tratado XVIII de la iglesia Iliberitana donde encontramos menciones muy claras de las excavaciones efectuadas por el canónigo que dan a entender el preciso conocimiento que se tenía de la ubicación de la ciudad y que a continuación transcribo:

En el lance presente tenemos textos mas firmes sobre la voz legitima, que usaba la Ciudad en tiempo de los Romanos, como se vé en Inscripciones conservadas en Granada con expression del pueblo, donde se nombra y escribe ILIBERRITANO. Una de ellas dice assi:

FVRIAE. SABINAE. TRANQVILLI

NAE.   AVG.

CONIVGI. IMP. CAES. M. ANTONI

GORDIANI. PII. FEL. AVG. ORDO. M. FLOR. ILLIVER

RITANI. DEVOTVS. NVMINI. MAIESTATI QVE

SVMPTV. PVBLICO. POSVIT.

D.D.

---

56 PASTOR Y MENDOZA, *La diosa romana Stata Mater en Iliberris. Único testimonio epigráfico en Hispania. Cuadernos de prehistoria de Granada*: Universidad de Granada, 237-250.

57 M. SOTOMAYOR – M. ORFILA, «Un paso decisivo en el conocimiento de la Granada romana (Municipium Florentina Iliberritanum)», (Madrid), *Archivo Español de Arqueología*, 77, (2004) 1-17.

En esta conformidad la tengo entre mis Inscripciones, copiada por un Anticuario sobre la misma piedra original en Granada. Pedraza dice, que es coluna de casi dos varas de alto, sobre la qual estaba el busto de la Emperatriz Furia Sabina Tranquilina, que otros escriben: Sabinia. El sitio donde se encontró, fue en lo mas alto de la Ciudad, en el Varrio llamado el Alcazaba, al abrir los cimientos de una casa de donde se bajó á las casas del Cabildo.

Otras piedras refiere Pedraza en las quales se lee:

MVNICIPII. FLORENTINI ILLIBERRITANI

Segun las quales resulta, que el nombre de la Ciudad se escribía con dos LL. y dos RR. y que la primera letra era I. no E. Pero como se ha dicho, insistimos en el uso vulgar, escribiendo Eliberi, conforme el estylo de las Medallas citadas de los Godos.[58]

Actualmente se ha intentado efectuar una nueva excavación en la zona señalada como «El Carmen de la Concepción» que permitiría conocer la situación actual de los restos romanos identificados por Juan de Flores en su época y probablemente permitiría el hallazgo de otros vestigios de otros periodos, pero es difícil hacerlo ya que se encuentra en un terreno de propiedad privada. De esta finca han quedado todavía 18 fragmentos escultóricos que se consideran auténticos y fueron salvados de la destrucción a la que fueron sometidas en su momento las falsificaciones. Se hace difícil una identificación de estas piezas ya que en su momento dispusieron de una deficiente catalogación que se compone de varios fragmentos de una estatua icónica femenina, de unos fragmentos de estatua masculina y de algunos otros elementos de difícil evaluación estilística, aunque se propone una datación que abarcaría el periodo imperial preferentemente entre los siglos I y II después de Cristo.[59]

Fechas del Concilio de Elvira

La fecha en que tuvo lugar el Concilio de Elvira ha sido objeto de múltiples estudios y aproximaciones para poder determinar en qué momento se produjo tal concilio. Deseamos detenernos en la forma en la que reconstruye don Fernando de Mendoza la fecha probable de dicho concilio, que aún estudiada en el siglo XVII presen-

---

58 E. FLOREZ, *Theatro geophráfico histórico de la Iglesia de España* (Tomo 12), Madrid 1754, 78-80,

59 Santiago MORENO PÉREZ, *Fragmentos escultoricos de Florentia Illiberritana de las excavaciones del siglo XVIII en la Alcazaba* – ORFILIA PONS, M. (ed.), *Florentia Illiberritana.*

ta una aproximación hoy validada por modernos estudios que no dejan de utilizar como referencia a este autor ya que su aproximación está soportada de un amplio aparato histórico y una gran erudición. La conclusión del capítulo que cierra el estudio de Mendoza acerca de la fecha del concilio se encuentra en el penúltimo párrafo que a continuación cito:

> Lo cual, pienso yo, que ha de referirse más probablemente a ese año. Por lo consiguiente, dado que este Concilio se celebró antes de la persecución de Diocleciano y Maximiano, hubo de celebrarse en el año del Señor de 300 o 301; puesto que no hubiera podido reunirse en época posterior a Diocleciano y Maximiano o, lo que es menos probable aún, en la de Constancio y Galerio, sucesores suyos en el mando, como sostiene César Baronio[60]; tampoco antes de la paz que Constantino devolvió a la Iglesia y bajo su mandato, como parece que piensan Antonio Beuter y el notario del Concilio de Soisson en S. Medardo, según sus propias Actas[61]. La narración misma de los acontecimientos ocurridos anteriormente, la enorme crueldad del Presidente Daciano, el martirio del diácono Vicente, el destierro y la muerte de Valerio, la confesión y los estigmas de Osio y finalmente, los cánones y decretos del propio Concilio de Elvira, parecen oponerse radicalmente a ello. Esta es mi conclusión acerca del año en que se celebró el Concilio.[62]

Como se verá en esta conclusión, solo podemos conocer aproximadamente el año. No puede hacerse una aproximación al mes ya que los códices editados no nos lo indican. Asimismo acontece con el día de su celebración a la que podemos aproximarnos gracias al Vetusto de la iglesia de Urgell en la que se indica que se celebró el día 15 de mayo. Este dato, único mencionado en los antiguos códices, guarda una congruencia con lo que se prescribió en posteriores concilios, particularmente en el cuarto Concilio de Toledo, en el que se da una pauta de celebración para los futuros concilios provinciales, aunque ya en esa época se habían celebrado numerosos concilios en España. La cita textual del Concilio de Toledo dice: «En el día dieciocho de Mayo (dicen), ha de reunirse el Sínodo en cada provincia, cerca ya de la estación de primavera, cuando la tierra se viste de hiervas y empiezan a aparecer los retoños de las semillas».[63]

---

60 Cés. Baron. 2. Tomo Anal. Ecles.

61 Ant. Beut.5 par. Hist. Esp. C.25.

62 BERDUGO VILLENA, *Granada y el Concilio de Elvira en Fernando de Mendoza*, 271

63 *V Concilio de Toledo*, Canon III

Para llegar a tales conclusiones Fernando de Mendoza sigue un procedimiento de raciocinio que me ha parecido muy interesante seguir en sus puntos más esenciales a fin de dar razón de su conclusión de fecha, particularmente del año en que probablemente se realizó.

En primer lugar hay que descartar que se pudiese efectuar un concilio en medio de la persecución de Diocleciano que fue la que Maximiano efectuó en África y en Numídia ya que es el propio Optato de Milevi que en su Libro Primero contra los Paganos, da una fecha aproximada de unos trescientos años desde que el cristianismo empezó a existir.[64]

El autor señala también para situar las fechas de esta persecución, debe recurrirse a san Agustín que indica que la persecución del consulado de Diocleciano VIII y de Maximiano VII,[65] en el momento en que la festividad del domingo de Pasión estaba a punto de celebrarse y que otros autores como Eusebio[66] y Casiodoro[67] indican que en ese año cayó en el Año del Señor del 306 indicado por Cuspidiano,[68] pero el autor menciona al cónsul Onufrio situado hacia el año 303, después de la venida de Cristo.

Otro argumento importante para la datación es el momento en que se convoca el Concilio de Arlés. El primer Sínodo en Arlés es idéntico al que Constantino el Grande reunió en la Galia para redimir la causa de Ceciliano y de Donato. A través de Eusebio[69] conocemos que fue convocado el día 1 de agosto, un año después de la sentencia de Milcíades cuando eran cónsules Amiano y Volusiano, que lo fueron en el año 314.[70]

Por tanto, sabemos que el Concilio de Elvira había precedido al Concilio de Nicea y también al primer Sínodo de Arlés, ya que conocemos que Osio, obispo de Córdoba y Liberio obispo de Mérida, trasladaron algunas disposiciones del Concilio de Elvira al primer Concilio de Arlés, de la misma manera como Osio lo trasladó al de Sárdica.

---

64 OPTATO DE MILEVIT. Lib. 1 *Contra los paganos*

65 SAN AGUSTÍN. Lib. 3 *Contra Cresconio*

66 EUSEBIO. Lib. 8 cap. 2

67 CASIODORO. Tripart Lib. Dieste Ultim

68 CUSPIDIANO contra los cónsules de Casiodoro

69 EUSEBIO Lib. 10 cap. 5

70 Papirio Masso en la vida de Silvestre

Dado que en el Concilio de Elvira asistieron Osio y Valerio, deduciendo el autor que debió celebrarse antes que el de Arlés e incluso antes de la persecución de Diocleciano y Maximiano, puesto que se sabe con certeza que en ella pereció Valerio. Hay que tener en cuenta que el Concilio primero de Arlés se celebró diez o más años antes que el de Nicea, puesto que aquel se había convocado para resolver la causa de Ceciliano y Donato y dado que la causa de Ceciliano y Donato fue apelada en el Concilio de Nicea y así mismo en el Concilio de Arlés en el año 316, y que se concluye diez años antes que se convocara el de Nicea.

Por lo que respecta a la fecha:

> Con todo, no me sería fácil decir si fue esta causa por la que se omitió la fecha de este concilio, o si hay que atribuirlo, más bien, a la negligencia de los obispos, del notario, del secretario, o del copista. O quizá se atendió a un prudente acuerdo para evitar que por la indicación de la fecha, llegara a conocimiento de los Emperadores paganos —que prohibían incluso la celebración de estas sagradas reuniones so pena de un grave castigo-, que tales decretos no eran antiguos, sino que se habían publicado recientemente.[71]

Concilio de Arlés

Nos indica Parmeniano, obispo de Cartago

> No obstante, Constantino, quizás con la intención de que una vez terminada la contienda se le devolviera la paz a la Iglesia, decidió que se celebrara un concilio en la ciudad de Arlés; a ella acudieron alrededor de doscientos obispos o incluso más: españoles, franceses e italianos, junto con los obispos africanos que seguían las facciones de Donato y Ceciliano y a los que el Emperador Constantino les había ordenado asistir al concilio. He tomado estos datos de Agustín en el libro I, Contra la epístola de Parmeniano*,[72] cap. IV.

---

71 S. AGUSTÍN refiere en el libro primero a los Donatistas después de la colación. Ca. 15 que en algunos Códices de los Concilios, se echa de menos el día y los Cónsules, más bien por negligencia de los copistas que de los obispos.
   - TERESA BERDUGO VILLENA, *Granada y el Concilio de Elvira en Fernando de Mendoza*, 221

72 PARMENIANO, sucesor de Donato el Grande (c. 325), como obispo de Cartago. Por esa fecha publica un trabajo dividido en cinco partes, en defensa del donatismo, por lo que es desterrado en el año 358. Retorna en 362 por decreto de Juliano el Apóstata

Sobre la fecha del concilio a través de las actas, diversas opciones

No disponemos en las actas del concilio de una fecha clara y es por ello que han tenido una gran proliferación las diversas opiniones sobre las fechas en que se celebró este concilio. A pesar de no existir una fecha «definitiva», sí que podemos llegar a alguna solida conclusión que nos permita situar en un margen verídico la fecha de su realización. Seguiré por ello el recorrido por distintos caminos, un método que no permite acercarnos a esta valoración, si bien queremos dejar acentuado que ya desde la fechación de Don Fernando de Mendoza en el siglo XVII existe una datación clara, con un margen de precisión razonable,[73] y que más recientes estudios han situado en una franja de su realización entre los años 302 y 306.

Por una cronología de la colección Hispana

En la colección de los Textos Conciliares de la Hispana disponibles actualmente sobre el Concilio de Elvira, se afirma en el epígrafe introductorio de la colección canónica, que el mismo se celebró:

«En los tiempos de Constantino, en la misma época que se celebró el Sínodo de Nicea».

Esta afirmación es una añadidura posterior que no tiene relación con los hechos. Lo que sí sabemos de esta colección, es que, siendo cronológica, sitúa el Concilio de Elvira como el más antiguo de los Concilios hispanos, por esta razón se mencionan sus cánones en primer lugar. Al no constar la fecha de su celebración en los manuscritos disponibles, ni conocida por ningún otro documento, situó una fecha aproximada por su antigüedad. Lo mismo ocurrió al situar en la serie de los concilios galos al primer concilio de Arlés, del cual tampoco se conocía su fecha de celebración y solo en la referencia de que los obispos reunidos en el mismo se dirigían al «santísimo» obispo Silvestre que fue obispo de Roma entre el año 314 y 337, y con esto se basó para atribuir una datación en los tiempos de Constantino, de una forma vaga, añadiendo, además, que en este tiempo tuvo lugar el Concilio de Nicea.

Solo se conoce por el obispo de Elvira, que asistió al mismo, el obispo de Córdoba, Osio de quien se conocía su proximidad como consejero al emperador Constantino, y fue ese mismo obispo el protagonista más importante del Concilio de Nicea,

---

73 J. ORLANDIS - D. RAMOS-LISSÓN, *Historia de los concilios de España romana y visigoda*, Pamplona: Universidad de Navarra 1986, 25-31.

por ambas razones se hace la atribución a una misma franja temporal, sin tener en cuenta el conocimiento del que hoy disponemos ya que sabemos con total precisión que el Concilio Primero de Arlés se celebró en el año 314 y que el concilio de Nicea se celebró en el año 325.

En los códices G y U existen dos noticias procedentes de otra colección y de otra recensión de las actas de Elvira que el compilador de la Hispana no tuvo en cuenta. En una de estas noticias se da la lista de los 25 presbíteros asistentes, en otra se da un dato sobre el día que comenzó el concilio:

«Día de los idus de mayo, junto a Iliberri» es decir el día 15 de mayo y no se acompaña ninguna mención al año. Se pretende deducir de este dato que la celebración del concilio de Elvira tuvo lugar en el año 309 o bien en el 298 ya que, si los concilios debían iniciarse en domingo, el 15 de mayo cayó en domingo en ambos años, pero conocemos también que no era estrictamente aplicable ni prescrito que los concilios necesariamente se iniciasen en domingo.[74]

Es por ello que los datos cronológicos del epígrafe no aportan ningún valor a una investigación de la fecha del concilio más allá de situarlo con anterioridad a ambos, es por ello que podemos concluir que los datos cronológicos del concilio de Elvira de la colección crítica de la Hispana son imprecisos y vagos y no nos aportan claridad para poder situar la fecha de su celebración.

Debido a la presencia del obispo Osio de Córdoba, las fechas probables

Una aproximación cronológica la podemos hacer a partir de la presencia del obispo Osio de Córdoba en el concilio de Elvira ya que sabemos que él estuvo presente en el concilio de Nicea en el año 325 y el concilio de Sárdica en el año 343. En la lista de los obispos asistentes Osio aparece en segundo lugar[75] sin entrar en el hecho de que el obispo Félix de Guadix aparece el primero de la lista, no podemos afirmar con total seguridad que el orden de asistentes haya seguido el criterio de su antigüedad en la ordenación episcopal, y dado que en las actas del concilio de Elvira estamos ante las actas más antiguas de un concilio, no tienen porque reflejar las prácticas y costumbres que conocemos de épocas posteriores. Si bien no se puede excluir que

---

74 CH. J. HEFELE - H. LECLERCQ, *Histoire des Conciles*, (1), París 1907, 218-219.

75 MANUEL SOTOMAYOR MURO, *Sobre la fecha del Concilio* en M. SOTOMAYOR - J. FERNANDEZ UBIÑA (Coords.), *El concilio de Elvira y su tiempo*, 139.

el obispo Félix ocupe el primer puesto por razones de edad o porque su sede Acci sea la diócesis más antigua presente en Elvira.

Si tenemos en cuenta que Osio comenzó a ser obispo alrededor del año 295 habrá que añadir a esta fecha los años necesarios para que corresponda a su presencia en Granada. Será Ramos - Lissón quien aportará alguna luz a la datación del concilio de Elvira, tomando como línea argumental la cronología del obispo Osio:[76] excluye toda fecha anterior al año 324 basándose en el hecho de que en este año Osio no podía estar presente en Hispania ya que consta que en este mismo año Osio estaba en Alejandría, comisionado por el emperador Constantino, buscando soluciones al problema teológico planteado por Arrio y fue este año también cuando Osio sugirió al emperador que se convocase un concilio con el mismo fin. El año 325 supone a Osio ocupado en la preparación y el desarrollo muy cercano del concilio de Nicea. La datación más adecuada para el concilio de Elvira con Osio presente en él debería ser el año 326, suponiendo además que fue en este año cuando terminó la presencia de este en la corte y que por tanto una vez terminado el concilio de Nicea, Osio volvería a su sede episcopal. Esta fecha tardía permitiría poder explicar mejor las conexiones existentes entre algunos cánones de Elvira y los de otros concilios. Pero lo que sorprende de este razonamiento es que, si Osio estuvo presente en el concilio de Nicea con la importancia del mismo y como gran protagonista, no se tratase en Elvira ningún tema doctrinal y también es muy curioso observar que con Osio presente en Nicea, en cuyo canon 13 se acababa de prohibir la pena de excomunión definitiva, sin perdón ni aun al final de la vida,[77] se pudiese decretar tal tipo de pena en el concilio de Elvira, de manera que si esto se produjo, el concilio de Elvira debería forzosamente celebrarse con anterioridad, como así ocurrió.

Los personajes asistentes a Elvira y su cronología

Hay que tener presente también, para poder obtener una aproximación a la fecha de celebración, la relación de personajes eclesiásticos presentes en Elvira. Podemos ver dos casos como son el del obispo de Mérida, presente en Elvira, está también presente en el año 314 en el concilio de Arlés, y Natalis que es presbítero de Osuna,

---

76 RAMOS - LISSÓN, «Osio de Córdoba, la fecha del concilio de Elvira y los posibles influjos de otros concilios contemporáneos», en *Historiam Prescrutari Miscellanea di Studi Offerti* al prof. OTORRINO PASCUATO, Roma: L. A. C. 2002, 343-355

77 CONCILIO DE NICEA, CANON 13: «...si alguien está a punto de morir, de ninguna manera se le prive del último y necesario viático»

participa en Elvira y posteriormente en Arlés. Lo que nos da una aproximación a la estimación de fechas.

Por la correlación de cánones conciliares y su influencia posterior

Llama la atención, al analizar la historia de los primeros concilios, las semejanzas de las disposiciones canónicas con el concilio de Arlés, lo cual hace pensar a muchos autores la influencia que tuvieron los cánones de Elvira en posteriores concilios.

En la convención sobre el concilio de Elvira como el más antiguo de los conocidos puede verse su relación con varios cánones del concilio de Arlés muy semejantes, pero esta semejanza puede hacer pensar que la solución es a la inversa y que en lugar de pasar de Elvira a Arlés han tenido esa influencia de Arlés a Elvira.[78] Este aspecto es de una gran complejidad pero sobre el que los modernos autores dan una visión para poder construir adecuadamente el origen de los textos, para ello Manuel Sotomayor recuerda con acierto las consideraciones de M. Meigne que a continuación reproduzco:

> Fuera de algunos casos privilegiados, en general es muy difícil establecer la dependencia entre dos decretos semejantes. Se supone, salvo pruebas en contra, que la decisión de un concilio precede al decreto de una colección salida de las mismas regiones. Si se trata de dos colecciones, el problema se transforma en enigma. Es posible que Iglesias de regiones diferentes, ante problemas parecidos hayan influido en la otra. Igualmente, cada Iglesia puede inspirarse en lo que se hace en otras y resolver sus propias dificultades. Los casos de dependencia deberán ser estudiados separadamente.[79]

La presencia del concilio de Elvira en posteriores sínodos

Analizaremos ahora aquellos concilios en los que estuvieron presentes obispos o presbíteros que participaron en Elvira, ya que en estos casos se comprende más fácilmente la relación de dependencia de unos cánones con otros. Y la primacía en el tiempo del Sínodo de Elvira.

---

78 D. RAMOS - LISSÓN, *Historiam Prescrutari Miscellanea di Studi Offerti*, 343-355.

79 Manuel SOTOMAYOR recuerda con acierto las consideraciones de M. MEIGNE.

El Concilio de Sárdica del año 343 nos ofrece un ejemplo en el que no hay duda de que es el concilio de Elvira, el que influye en los cánones de Sárdica y no al revés y lo está porque el obispo Osio dice en Sárdica:

> Recuerdo que en el pasado, nuestros hermanos decidieron que si un laico que vive en la ciudad no participa en las reuniones de los fieles tres domingos durante tres semanas, sea apartado de la comunión. Por tanto si esto se ha determinado sobre los laicos, no es lícito ni decente que el obispo se ausente por largo tiempo, con descontento del pueblo.[80]

Fue también Osio, quien propuso en el Concilio de Sárdica que todo excomulgado debe ser admitido a la comunión por el mismo obispo que lo excomulgó y no algún obispo ajeno, utilizando el canon 53 del concilio de Elvira y esta misma prescripción se utilizará con distintas formulaciones en otros concilios: como el de Arlés cánones 17, el canon 5 de Zaragoza de finales del siglo IV en el del año 379 y el canon 6, del Sínodo de Antioquía del año 341 generalizando una disposición disciplinar.

Conocemos también que en el Concilio de Arlés del año 314 se encuentran presentes dos obispos que asistiero n al de Elvira: Liberio obispo de Mérida y Natales presbítero de Urso (Osuna) que fue acompañado por el diácono Citerio. De algunas ciudades como Cesaraugusta, Basti no acudieron sus obispos sino que asistieron al mismo, presbíteros y clérigos en ausencia de sus obispos y la sede de Tarragona no estuvo presente en Elvira. Existen extensas semejanzas entre algunos cánones de Elvira y los de Arlés, si bien se observa que el rigor establecido en los cánones de Elvira se suaviza en los cánones de Arlés.

Existen, por otro lado, cánones del concilio de Arlés que son síntesis de los correspondientes en Elvira, por ejemplo el canon 6 de Arlés coincide con el 39 de Elvira. Son cánones prácticamente idénticos si bien el de Arlés es más breve, y se suavizan las penas en adelante. Podemos observar tras posibles influencias entre cánones para ayudar a situar las dependencias entre ellos de manera que pudiese situar la época del concilio de Arlés. Sin poder llegar a conclusiones definitivas la opinión de Manuel Sotomayor Muro es que la comparación de los cánones de Elvira con los de Arlés «favorece la anterioridad del concilio de Elvira». Y también podemos deducir que la rigurosidad de los cánones de Elvira aplican penas más benignas en los sucesivos concilios lo que nos hace pensar que a mayor antigüedad del concilio, más

---

80 CONCILIO DE ELVIRA, CANON 21: «Si alguien, que vive en la ciudad, no acude a la iglesia durante tres domingos, se abstenga (de la comunión) por un poco de tiempo, para que se vea que ha sido corregido»

rigor en las penas. Tenemos además para validar esta evidencia de que el mayor rigor es signo de más antigüedad en el testimonio del papa Inocencio I que tuvo su pontificado entre el año 401 y 417 con sus respuestas a Exuperio obispo de Tolouse quien le había sometido a su consideración algunas preguntas. Bastará una de ellas para hacernos ver esta relación:

Exuperio pregunta: «Qué hay que hacer con los ya bautizados que se entregan todo el tiempo a las inclinaciones de la incontinencia y al final de sus vidas solicitan la penitencia y ser redimidos en la comunión».

Inocencio I responde:

> Antes se trataba a éstos más duramente. Por misericordia, posteriormente se procede con mayor suavidad. La costumbre anterior era conceder la penitencia, pero no admitirlos en la comunión. Es que en esos tiempos eran frecuentes las persecuciones. Por eso, justamente se les negaba la comunión, no fuera que la fácil concesión de la comunión impidiese huir de la caída a quienes tenían segura la reconciliación. Se les concedía la penitencia para no negarles absolutamente todo. Las circunstancia temporales hicieron más dura la remisión. Pero desde que nuestro Señor devolvió la paz a sus Iglesias, una vez excluido el terror, pareció bien aceptar en la comunión a los moribundos, por la misericordia del Señor, como viático para los que parten y para que no parezca que practicamos la aspereza y la dureza de los noviciados que niegan el perdón. Concédase, pues, la comunión con la penitencia final, para que tales personas en sus últimos momentos, con la venia de nuestro Salvador, se salven de la perdición perpetua.[81]

Por el contenido de los cánones como aproximación a la datación

Si mantenemos la horquilla temporal para la celebración del concilio de Elvira entre el probable inicio del episcopado de Osio en el año 295 y la del año 314 en que se celebra el concilio de Arlés, tendremos un pequeño espacio de tiempo de 19 años en el que se suceden situaciones diversas: primero la época llamada de la pequeña paz iniciada por Galieno en el año 260 y que se acaba en el 303, fecha en la que comienza la persecución de Diocleciano que duró hasta el 305. Esta persecución fue lo suficientemente dura en occidente como para impedir que se celebrase el

---

81 INOCENCIO I, *Exuperio de Toulouse*, (col. 20), 498.

concilio de Elvira ya que el propio Osio sufrió en carne propia la persecución y lo que le valió la consideración de confesor de la fe.[82] Segundo tras la persecución de Diocleciano se inicia una nueva época de paz con Constantino en el año 313 y por ello difícilmente el concilio de Elvira pudo celebrarse en medio de la persecución y debió tener lugar durante el periodo de la pequeña paz o bien tras la persecución de Diocleciano.

Solamente, si ocurrió antes o después de la persecución, se puede dilucidar con un detenido análisis de los cánones; pero de los diferentes estudios, los autores llegan a conclusiones opuestas, con lo cual ante estas contradicciones, debemos atenernos a que los cánones no ofrecen suficientes argumentos para decantarnos por alguna de las dos soluciones y además al no haber un término medio posible una de las dos interpretaciones será acertada y la otra no. Historiadores relevantes como Harnack, Görres, Duchesne y de Leclercq deducen por el texto de los cánones que el de Elvira debió celebrarse antes de la persecución de Diocleciano, avalado por los indicios de un ambiente anterior a la persecución, son más convincentes que los argumentos en sentido contrario. Muy difícilmente se podría conceder un concilio disciplinar tras la persecución de Diocleciano sin que se tratase en dicho concilio de forma explícita el tema de los «traditores» o de los «lapsi», cuestiones muy calientes en periodos posteriores a las persecuciones y que fueron causa de graves disputas entre comprensivos e intransigentes. Para los que fueron débiles en la confesión de su fe ante la presión ejercida por el poder, es suficiente observar que la idolatría castigada en los cánones de Elvira nada tiene que ver con la idolatría forzada por una persecución. Fue L. Duchesne quien puso de relieve estas consideraciones:

> El Concilio de Elvira tiene sin duda algunos cánones sobre la idolatría propiamente dicha y sobre algunas faltas a las que se podría estar expuesto en las relaciones con los paganos; pero en ninguna parte el concilio contempla una persecución reciente, en ninguna parte se ven trazas de esas distinciones entre apóstatas y apóstatas que se hacen en todos los sitios que no podían dejar de hacerse tras las grandes persecuciones de Decio y de Diocleciano.[83]

Duchesne, mediante el análisis de los cánones conciliares, llega a la conclusión de que no se menciona en ninguna parte la apostasía como un hecho cometido para

---

82 En Manuel SOTOMAYOR MURO, *El concilio de Elvira y su tiempo*, 50.

83 L. DUCHESNE, *Le concile d'Elvire et les flamines chrétiens*; Mélanges RENIER, París: Bibliotèque de l'École des Hautes Études, Sciences Philologiques et Historiques 1887, 73.

obedecer a la autoridad. Que el paganismo era todavía dominante y oficial y que sabemos no era perseguidor. La situación de los flamines y a las costumbres heredadas en función de sus cargos. El gobierno se muestra tolerante y cierra muchas veces los ojos ante la infidelidad de los flamines y las obligaciones a su cargo y se siguen nombrando en este periodo, gobernadores de las provincias cristianas dispensadores de ofrecer sacrificios. En los altares del templo es ya un mundo lleno de cristianos en la administración pública y en las propias familias imperiales. Es por ello que Duchesne sitúa el concilio de Elvira en un periodo anterior a la persecución de Diocleciano alrededor del año 300.

El concilio de Elvira dibuja una sociedad donde los cristianos están en minoría pero que viven en estrecha convivencia con la sociedad de su tiempo, una condición propia del siglo III y que encaja en la época de la pequeña paz iniciada por Galieno en 260 e interrumpida por la persecución de Diocleciano del 303.

Fue A. Harnack[84] quien afirma que, de haberse celebrado el concilio sucesivamente a la persecución de Diocleciano, los cánones habrían estado escritos de forma distinta y que la casuística sobre los apostatas habría ocupado un amplio espacio en las actas de dicho concilio. Existen otros aspectos que nos llevan a pensar que la celebración fue anterior a esta persecución: uno de ellos es la presencia del obispo de Zaragoza, Valerio. Si seguimos la pasión de san Vicente, diácono de Zaragoza y mártir, podemos comprobar que con su obispo Valerio sufrió persecución y destierro, aunque no podemos garantizar la autenticidad histórica de este acontecimiento.

Otro aspecto a tener en cuenta es la lista de obispos presentes en Elvira y la relación con la «Passio» de las mártires Justa y Rufina en la que existen referencias a un tal Sabino obispo de Sevilla.[85] Justamente este obispo ocupa el tercer lugar entre los asistentes al concilio y es justamente Sabino, quien mandó rescatar a Rufina y Justa del pozo donde habían sido arrojadas y llevarlas al cementerio hispalense. Este dato tiene un interés adicional, si tenemos en cuenta que el canon numero 60 de Elvira puede muy bien relacionarse con esta situación narrada por el obispo Sabino ya que este canon menciona claramente que una ejecución debida al destrozo de ídolos no incluya, a quien lo efectúa entre los mártires. Ha sido Pedro Castillo Maldonado quien ha visto en la «Passio Yuste et Rufine» un valor como elemento de datación externa del concilio de Elvira ya que se hace difícil

---

84 J. C. Hinrichs, Leipzig (ed.), *Die Chronologie der altchristlichen Litteratur*, II, 1904, 451-452.

85 Manuel SOTOMAYOR MURO, Sobre la fecha del Concilio en M. SOTOMAYOR - J. FERNANDEZ UBIÑA (Coords.), *El concilio de Elvira y su tiempo*, 153.

comprender la prudencia en Sabino una vez concluidas las persecuciones, es por ello que el autor piensa que dicho sínodo bien se habría podido desarrollar con un término *ad quem* en el año 303.[86]

Aproximación a la fecha de celebración del concilio-sínodo de Elvira: Conclusiones

A pesar de que la horquilla de fechas para situar el Sínodo de Elvira nos da una aproximación muy ajustada, la fecha exacta del mismo se desconoce y por tanto queda abierta la discusión a futuros estudios o nuevos documentos que puedan aportar luz a este tema.

El Concilio de Elvira es el más antiguo del que se conservan los cánones, va justo detrás de una persecución y que después de la misma se ve necesitada de unificar y definir sus formas de vidas frente a una sociedad todavía pagana y compleja. Elvira es un concilio en el que su teología no está ni formulada ni suficientemente desarrollada y su normativa tiene un carácter muy severo para mantener en la pureza a las comunidades cristianas, lo que hará que su normativa sea de una dureza excepcional que se irá relajando a través de los futuros cánones.

No son fiables los datos cronológicos de la colección hispana ya que son añadidos muy posteriores a los hechos basados en conjeturas y las traducciones aproximadas de los documentos por parte de los copistas en las distintas épocas.

La presencia de Osio en el Sínodo de Elvira no aclara la fecha de su celebración y solo podemos hacer una aproximación, calculando por la antigüedad de los obispos asistentes ya que Osio ocupa el segundo lugar y podemos atribuirle una antigüedad en el episcopado, lo que retrasaría la fecha del concilio a momentos en los que muy difícilmente podría realizarse. No existen por ello razones suficientes para que basados en el orden establecido, Osio hubiese estado en función de su antigüedad en el episcopado.

Las semejanzas existentes ente algunos cánones de Elvira y otros sucesivos sínodos hace difícil establecer la influencia entre ellos, si bien parece ser que fue el Sínodo de Elvira el que influyó en el de Arlés y sucesivos y no al contrario.

---

86 P. CASTILLO MALDONADO, *Los mártires hispanoromanos y su culto en la Hispania de la antigüedad tardía*, Granada 1999, 411.

El mayor rigor de los castigos es una señal que apoyaría la mayor antigüedad del mismo ya que la posterior evolución de la Iglesia suavizó las penas como queda patente en cánones similares a los de Elvira de posteriores concilios.

Los términos relativos post-quem y ante-quem, donde deberemos situar el Sínodo de Elvira se mueven entre el año 295 –inicio del episcopado de Osio– y el año 314 en que se celebró el concilio de Arlés.

Si revisamos cuidadosamente el contenido de los cánones y la sociología del momento, estos encajan en un ambiente de paz previo a la persecución de Diocleciano, entre el año 303 y 305, y que a tenor de sus textos, no puede haberse celebrado en la época de Constantino. Es por ello que una datación entre el año 300 y 302 pueda ser la más factible.

Es importante observar que la conclusión a la que llega ya en el siglo XVII don Fernando de Mendoza, le parece que la fecha más probable fuese hacia el año 303.[87]

Participantes en el concilio

Osio de Córdoba: participante singular del concilio

La biografía de Osio de Córdoba que se ha ido formando a lo largo del tiempo llegará hasta nosotros con lagunas importantes por lo que, para trazar su perfil, debemos recurrir directamente a las fuentes que hablen de él.

En primer lugar, Osio es conocido con diversas grafías sobre su nombre: H. Osis, Osius, Ossius. Son las formas a referirse a este personaje con un nombre poco frecuente[88] esta diferenciación la encontramos en algunos autores griegos como Atanasio.

Para poder fijar el nacimiento de Osio deberá recurrirse al testimonio de san Atanasio, que lo considera centenario en el momento en el que fue retenido en Sirmio por el emperador romano en el año 356,[89] también este mismo autor lo llamó «anciano Abrahámico» al relacionarlo con el capitulo del Génesis (Gn 21,5) donde se afirma que Abraham tenía 100 años cuando nació su hijo Isaac. Sulpicio Severo

---

87 Teresa BERDUGO VILLENA, *Granada y el Concilio de Elvira en Fernando de Mendoza*, 269.

88 La patrología griega en los textos de autores griegos como Atanasio, Relasio, Socrates, Sozimeno, Teodoreto, Zofio, opta por la grafía *Hosius* mientras que la patrología latina se utiliza preferentemente la grafía *Osius*.

89 Atanasio DE ALEJANDRÍA, *Historia de los Arrianos*, 45, [4].

apoyándose en las cartas de Hilario lo considera más que centenario[90] y también es mencionado por Isidoro de Sevilla en su «De viris illustribus» en la que afirma que tenía 101 años cuando se celebró el concilio de Sirmio en el año 357.[91] De estas fuentes podemos discernir que la vida de Osio, transcurre aproximadamente entre el año de su nacimiento en el 256 y el año de su muerte el 357.

Por la información disponible indirectamente parece que hubiese pertenecido a una familia importante de la época, acomodada y cristiana.

Osio no dejó grandes obras escritas ni parece que tuvo demasiado interés por escribir. De él se conservan tan solo tres escritos, la carta que dirigió a Julio Obispo de Roma en el año 343, firmada también por Protógenes de Sárdica, y una carta que remitió al emperador Constancio hacia el año 355. Conocemos por Isidoro de Sevilla que escribió una carta alabando la virginidad, dedicada a la hermana de éste, pero de este escrito no existe constancia que haya llegado hasta nosotros, asimismo según el «De viris Illustribus» dejó un texto sobre la forma de interpretar las vestiduras sacerdotales en el Antiguo Testamento, pero tampoco se conserva dicho escrito.

Osio recibiría una buena educación en el conocimiento del griego y sobre temas teológicos y doctrinales ya que su presencia en distintos concilios hacía obligatorio tanto el conocimiento de la lengua como un profundo conocimiento teológico-doctrinal.

Algunas afirmaciones tardías le presentan como monje,[92] otros también tardíamente han intentado situarle como el patriarca de la vida eremítica en Hispania.[93]

Probablemente hacia el año 295 es ordenado obispo de Córdoba.[94] Podemos deducir esta fecha a través de la Historia Arianorum de Atanasio, que en la misma se nos dice que Osio llevaba ya en el episcopado más de 60 años. Si tomamos en consideración la fecha de que esta obra fue escrita en invierno del 357/358 podemos retroceder con poco margen de error al año de su ordenación.[95]

---

90 Sulpicio SEVERO, *Crónica* II, 40, [2].

91 Isidoro DE SEVILLA, *De viris illustribus* 7, PL 83, 10 86,

92 Menologio del emperador BASILIO, CF. 117, 608-609.

93 Justo PÉREZ URBEL, criticado por V. C. DE CLERCQ, *Osius Of Córdoba*,113-114.

94 Atanasio DE ALEJANDRÍA, *Historia de los Arrianos,* 42, [1].

95 Josep VILELLA MASSANA, *Biografia de Osio de Córdoba*, (Col·lecció Instrumenta n.70): Universitat de Barcelona.

Durante la persecución de la primera tetrarquía (293-305), al parecer en el verano u otoño del año 303 bajo el gobierno de Augusto Maximiano, Osio debe confesar públicamente su fe siendo castigado por ello, pero se desconoce cuál fue el castigo. Conocemos este hecho por el propio testimonio de Osio cuya presencia que parece derivar del segundo o tercer edicto de Diocleciano en contra de los cristianos y citado por Eusebio de Cesarea al aplicarlo a Osio. Las penas de persecución que el segundo de estos decretos establecía, era el encarcelamiento de los clérigos, mientras que el tercero mandaba sacrificar a los dioses estipulando para los que se negasen a hacerlo la tortura.

Se desconoce el lugar de nacimiento de Osio. Su referencia de nacimiento en Córdoba viene testimoniada por san Atanasio, que nos habla de los esfuerzos hechos por los arrianos para ganarle para su causa. El emperador Constancio lo hizo llamar a Milán el año 355; pero convencido de que no se podía obtener ninguna satisfacción del mismo, dejándolo en paz, el anciano obispo volvió a su «patria y a su Iglesia». Sabemos por este texto que volvió a su Hispania y a su Iglesia de Córdoba; pero no se aclara documentalmente si el nacimiento de Osio fuese en la ciudad de Córdoba. Ello hace pensar que, aun sin ser hijo de Córdoba y por tanto no fue su ciudad natal, había sido asignada a esta al haber sido obispo de la misma durante muchos años. Algunos autores sugieren que esta «gloria de Osio» que se menciona al ser obispo del lugar podría también ser su lugar de nacimiento.[96]

Osio confesor de la fe

Conocemos la confesión de fe de Osio porque fue él mismo quien lo escribe en su carta dirigida al emperador Constancio II, le dice: «Yo confesé ya alguna vez la fe bajo tu abuelo Maximiano».

Es san Atanasio quien más veces le da el título de confesor, por tanto, Osio ostentaba este título glorioso entre aquellos que habían sufrido persecución y tormento durante la persecución de Diocleciano. Sin dudarlo Osio era ya obispo de Córdoba cuando debió confesar su fe cristiana ya que la persecución en España se inicia en el año 295 y hasta el 303, cuando esta se hizo general. Es probable que su perseguidor hubiese sido Daciano pero se ignora en qué consistieron los tormentos y cuáles fueron las razones por las que no llegó a morir.

---

96 Hilario YABEN, *Osio obispo de Córdoba* 1945.

Respecto a la cuestión de Datianus, hemos de referirnos al artículo publicado por G. Bravo, titulado: Hagiografía y método prosopográfico a propósito de las actas *martyrum*.[97]

El Datianus del pasaje agustiniano pasa por ser el responsable de la persecución y muerte del diácono de Caesaraugusta en Valentia el año 304, que podría ser identificado con el homónimo praeses P. Datianus de H(ispania) C(iterior) en torno al 305, mencionado en una inscripción de Ebora, en Lusitania? La discutida veracidad de este texto epigráfico y, sobre todo, la atribución indiscriminada a Dacianus de la autoría en la mayor parte de los casos de martirios hispánicos,[98] han hecho que la historiografía haya rechazado no sólo la autenticidad de estos relatos hagiográficos sino incluso la historicidad de los personajes imperiales, nombres y funciones administrativas referidos en ellos.[99] Conforme a la lista aportada por Barnes, 7 de estos nomina son dudosos, entre los que figura Darianus, y sólo 12 son genuinos, por lo que los resultados son realmente desconcertantes: tan sólo un 13'9% de los nombres es considerado auténtico, mientras que el 77,9% es rechazado y el 8,1% es también dudoso.

No se conoce a ningún personaje llamado "Dacianus" en relación con la persecución de cristianos en la Bética. Sin embargo, es posible que te refieras a Lucius Licinius Dacianus, un gobernador romano que sirvió en África en el siglo III. Durante el reinado del emperador Decio, en el año 250 d.C., Dacianus fue nombrado gobernador de la provincia romana de África. Se sabe que en ese momento se produjo una persecución generalizada de los cristianos en todo el Imperio, y es posible que Dacianus haya sido responsable de algunos de los arrestos y ejecuciones de cristianos en sobre la provincia.[100]

Por otro lado la misma carta de Osio al emperador Constancio clarifica que la persecución tuvo lugar en tiempos de Maximiano y no bajo Constancio Cloro como algunas fuentes llegan a mencionar.

Osio debió llegar al episcopado entorno a los 40 años de edad siguiendo el testimonio de Atanasio.

---

97 Cristianismo y aculturación en tiempos del Imperio Romano, Antig. Crist (Murcia) VII, 1990

98 Cf. B. DE GAIFFIER, «Sub Daciano Praeside. Etude de quelques passions espagnoles», *AnBoll*, 72 (1954), 378-396.

99 G. BRAVO, «Hagiografía y método prosopográfico. A propósito de las Acta Martyrum», *Antigüedad y Cristianismo*, 7, (1990) 151–157.

100 Alban BUTLER, *The Lives of the Fathers, Martyrs, and other principal Saints* – Rev. F. C. HUSENBETH (ed.), 1928.

De los distintos datos aportados en los capítulos precedentes situamos la celebración del Concilio en los primeros años del siglo IV, antes de la persecución de Diocleciano en el 303 en un pequeño periodo de paz.

Durante la persecución de Diocleciano, iniciada en el año 303 y en la que defendió su fe hasta la muerte, Acisclo, Victoria o Zoilo entre otros cordobeses cantados ya en los himnos de Aurelio Prudencio dedicados a los mártires,[101] Osio sufrió también la persecución, que terminó en el momento en que Maximiano Hercúleo se vio obligado a abdicar. Eusebio de Cesarea testimonia también como Osio había permanecido en la fe[102] y este mismo testimonio lo avala Atanasio.[103] También lo atestiguan Sozomeno,[104] Teodoreto de Ciro[105] y Focio ya más tardío entre otros. El propio obispo de Córdoba en su carta al emperador Constancio recuerda su confesión: «Yo fui también confesor de la fe al comienzo, cuando hubo una persecución en tiempos de tu abuelo Maximiano si tu también me persigues también ahora estoy dispuesto a soportar lo que sea, antes que derramar sangre inocente y traicionar la verdad, pero no tolero que me escribas así y me amenaces».[106]

La investigación sobre Osio y su participación en el Concilio de Elvira

Existe entre algunos historiadores la idea de que Osio ejerció una gran influencia en las decisiones del Concilio de Elvira y se ha ido creando la idea errónea de que llegó a Elvira para ejercer una posición de muy alto rango para hacerlo posible.

Entre los varios autores, que han tenido una gran influencia sobre la concepción actual del obispo Osio en el sínodo, deberemos referirnos es el padre Pius Bonifatius Gams que en su historia de la Iglesia en España, en su volumen segundo y tercero consigue hacer una historia crítica sobre la Iglesia española con la particularidad de emplear un importante aparato documental analizado desde una profunda óptica científica. A partir de su obra ha sido investigada por diferentes historiadores con una gran atención. En el volumen II/1 página 38, al final de su comentario al canon 1 dice:

---

101 CF. Aurelio PRUDENCIO, *Peristephanon*, 4.

102 CF. Eusebio DE CESAREA, *Dia de Constantino* II, 63.

103   CF. Atanasio DE ALEJANDRÍA, *Carta encíclica a los obispos de Egipto y Líbia* 8, [4]; - Historia de los Arrianos 28, [2]; 42, [1].

104 CF. SOZOMENO, *Historia Eclesiástica* (I), 10, 1; I; 16, 5.

105 CF. Teodoreto DE CIRO, *Historia Eclesiástica* (II), 15, 5

106   Atanasio DE ALEJANDRÍA, *Historia de los Arrianos* 44, [1].

Aguirre nota como comentario a la palabra PLACED, que Osio en el concilio de Sárdica empleó tal palabra para preguntar al igual que ocurre 44 años antes en el Concilio de Elvira. Esto es la confirmación indirecta de algo que yo acepto gustoso, que Osio habría sido también la cabeza y el líder en el Concilio de Elvira.[107]

Que no fue quien lo presidió lo conocemos por el hecho de que estaba presidido por el obispo Félix de Acci (Granada). Pero sí que probablemente tuvo una posición de liderazgo ya que en sucesivos concilios en los que él participó se percibe el papel jugado en Elvira ya que algunos de sus cánones fueron utilizados en posteriores concilios-sínodos.

El padre Gams a la pregunta de quién convocó el concilio de Elvira da una respuesta en el sentido de que: dado que el obispo Osio como el que ostenta el título honorifico de confesor y además obispo de la capital de provincia de la Bética fue el que tuvo que conducir este concilio en ese momento.

Debido al estudio que Gams realiza en cuanto al orden de aparición de la firmas en los concilios de Arlés donde observa que los delegados hispanos emplean el mismo orden que utilizaron para firmar en el concilio de Elvira: el obispo de Mérida Augusta firma el primero a la cabeza, luego la ciudad bética, Sevilla, Urso, Zaragoza y Basti. Así pues tras la firma de Liberio obispo, los cuatro obispos firmantes siguientes lo hacen en la misma forma que Elvira. En el concilio de Sárdica parecen firmando también en el mismo orden los obispos hispánicos. De ello deduce la confusión de que probablemente Osio promovió un orden de sedes y con ello el principio del ordenamiento jerárquico. Ya que en diversos documentos Osio aparece en segundo lugar o en undécima posición en Elvira.

Cuando se desea conocer la influencia de Osio en Elvira recogerá algunos detalles como los del comentario a los cánones primero y segundo de Sárdica en los que encuentra la misma redacción entre las dos partes del canon 13 de Elvira, lo que confirma el influjo de Osio en la redacción de los cánones de Elvira.

Es claro que con la disposición de las actas del concilio de Sárdica donde Osio es su principal redactor, existe un fundamento para poder entender lo que sucedió en Iliberri.

---

107 Pius BONIFATIUS GAMS, *Historia de la Iglesia en España*, (volumen II), 38.

Un segundo autor, Alfred William W. Dale aparece con su obra El Sínodo de Elvira.[108] En este tratado de amplia información utiliza un lenguaje muy «periodístico» y nos presenta una visión del Concilio de Elvira como una asamblea legislativa, y no una reunión para unificar comportamientos y prácticas.

Algunas de estas afirmaciones las podemos recoger, así como la posición que podríamos especialmente analizar el capitulo segundo de dicho libro:

> The Synod of Elvira was convened primarily to restore order in the church of Spain after its disturbance in the recent persecution, and most of the bishops and clergy assembled in the place of Council would have ulterior aim. To others, however, and to Hosius, its great leader, especially, this conference was the inauguration of a new policy, destined, as events proved, to determine the development of the Roman Empire, and of the Christian Church; to draw these antagonistic Powers together, and finally to unite them in perfect and apparently permanent reconciliation.[109]

Dale afirma en su texto un aspecto que refuerza la idea de la labor personal de Osio en los sínodos de Arlés, Nicea y Sárdica. Afirma: «Osio constituyó el enlace personal entre los tres sínodos, y el *cuórum pars macna fuit* es de inmensa importancia en la creación del argumento.

Y recoge la idea expresada ya por alguno de su antecesor de que el principal responsable de la convocatoria de Elvira fue Osio, ya que al ser el obispo de mayor personalidad del sínodo asumió el mayor rol».[110]

Dale acepta el papel de Osio en la configuración política de las firmas del concilio de Elvira y el de los asistentes españoles en Arlés y en Sárdica con lo que deja abierta la teoría de que Osio fue el responsable de configurar la jerarquía eclesiástica en España en su modo de actuar resolviendo problemas y mante-

---

108 Alfred William DALE, *The Synod of Elvira and Christian life in the fourth century*: Macmillan and Company, 1882.

109 El Sínodo de Elvira fue convocado principalmente para restaurar el orden en la iglesia de España después de su perturbación en la reciente persecución, y la mayoría de los obispos y el clero reunidos en el lugar del Concilio tendrían un objetivo ulterior. Para otros, sin embargo, y especialmente para Osius, su gran líder, esta conferencia fue la inauguración de una nueva política, destinada, como lo demostraron los acontecimientos, a determinar el desarrollo del Imperio Romano y de la Iglesia cristiana; reunir a estas potencias antagónicas y, finalmente, unirlas en una reconciliación perfecta y aparentemente permanente.

110 Antonio GONZÁLEZ BLANCO, *Osio y el concilio de Elvira, el siglo de Osio de Córdoba, Actas del congreso internacional* - Antonio J. REYES, 184-187.

niendo el de poder del propio clero.[111] Esta teoría la podemos leer del propio autor.

> Clergy and people carne to have conflicting interests, and were brought into a position of mutual antagonism; but at first, whatever errors and evils the development of clericalism may have entailed, it at least gave the churches a personal bond of union ; an element securing a general consistency among all the details of the great machine in which it was itself a part. For the growth of a Catholic Church a clergy seemed an essential condition; and while uniformity of law was a new creation, this other requisite was already present.

> It was on these lines, then, that the policy of the Council was to be shaped, to secure the ends at a Cf. De Broglie, L'Église et l'Empire Romain, vol. i. pp. 129, 130.His description of the episcopate, as " le lien de cette unité," is also true of the clergy in general.

> Wich Hosius and other ecclesiastical po1iticians of the same order now aimed. The autonomy of the individual churches was to be subjected to restrictions similar to those which had already been imposed upon the freedom of the individual believer; positive law was to supersede local sentiment; and the power of the clergy was to be increased that it might serve as the framework of an organization which was to be universal and a unity. To this goal, dimly and imperfectly conceived as yet, the policy of the Synod of Elvira was mainly directed. It was at once political and moral; sought ecclesiastical organization, and ethical reform. And since the political policy was driven to avail itself of ethical legislation to secure its ends, we have before us a vivid picture not only of the ecclesiastical, but of the moral and religious life of Western Europe. The Council seeks to make Christmas pure, and the Church strong.[112]

---

111 DALE, *The Synod of Elvira and Christian life in the fourth century*, 49-52

112 El clero y el pueblo llegaron a tener intereses en conflicto, y fueron llevados a una posición de antagonismo mutuo; pero al principio, cualesquiera que sean los errores y males que el desarrollo del clericalismo haya podido entrañar, al menos dio a las iglesias un lazo personal de unión; un elemento que aseguraba una coherencia general entre todos los detalles de la gran máquina de la que formaba parte. Para el crecimiento de una Iglesia católica, un clero parecía una condición esencial; y si bien la uniformidad de la ley era una nueva creación, este otro requisito ya estaba presente.
Sobre estas líneas, pues, se iba a configurar la política del Concilio, para asegurar los fines en un Cf. De Broglie, L'Église et l'Empire Romain, vol. I. pp. 129, 130. Su descripción del episcopado, como "le lien de cette unité", también es válida para el clero en general. A lo que apuntaban ahora Osio y otros políticos eclesiásticos de la misma orden. La autonomía de las iglesias individuales debía estar sujeta a restricciones similares a las que ya se habían impuesto a la libertad del creyente individual; la ley positiva debía reemplazar el sentimiento local;

Finalmente, en 1954 Víctor C. de Clercq escribió la biografía del obispo Osio también con un buen aparato de investigación titulada «Ossius of Córdoba, A contribution the history of the constantinan period» editada en Washington por la Universidad Católica de América.

La biografía se estructura a partir del conocimiento de Osio, desde el testimonio de san Atanasio en su Apología Pro Vita Sua V, 1-3. A partir de este texto y con escasez de fuentes conocemos la influencia de Osio en su entorno inmediato.[113]

Por otro lado de las actas del Sínodo - Concilio de Elvira se puede obtener un cuadro incompleto, aunque claro, de la difusión del cristianismo en las España sud-oriental, la más cercana a Córdoba y a su obispo Osio. E importa a nuestro estudio observar el siguiente texto del propio autor:

> El primer evento eclesial importante al que Osio tuvo que asistir como obispo de Córdoba fue al concilio de Elvira. Su presencia está atestiguada no solo porque su nombre aparece en la lista de miembros asistentes al concilio que precede a los cánones, sino también por su propio testimonio durante el Concilio de Sárdica, unos cuarenta años después, "yo recuerdo", dijo en aquella ocasión en la asamblea, que nuestros hermanos en el concilio precedente, decidieron que si un laico está ausente de la iglesia de su ciudad durante tres domingos consecutivos, debe ser excluido de la comunión, esto es, evidentemente una alusión al canon 21 de Elvira.
>
> Sea cual fuere el puesto que ocupó o el papel que desempeñó, está claro que fue para Osio una experiencia muy provechosa e instructiva para este líder de concilios, la que recibió en Elvira".[114]

La comparación que hace el autor entre los cánones del concilio de Elvira, Nicea y Sárdica, demuestran que son conocidos por Osio y que él tuvo una parte importante en su confección ya que revela el interés particular por obtener cánones pareci-

---

y el poder del clero debía aumentarse para que pudiera servir como marco de una organización que debía ser universal y una unidad. A este objetivo, vaga e imperfectamente concebido todavía, se dirigió principalmente la política del Sínodo de Elvira. Era a la vez política y moral; buscó la organización eclesiástica y la reforma ética. Y dado que la política se vio impulsada a valerse de la legislación ética para asegurar sus fines, tenemos ante nosotros un cuadro vívido no solo de la vida eclesiástica, sino también moral y religiosa de Europa Occidental. El Concilio busca que la Navidad sea pura y la Iglesia fuerte.

113 VÍCTOR C. DE CLERCQ, *Ossius of Córdoba, A contribution the history of the constantinan period*: Universidad Católica de América, Washington 1954, 23.

114 DE CLERCQ, *Ossius of Córdoba*, 85 -141.

dos a lo largo de los distintos concilios y que se centran especialmente en su preocupación por la integridad del clero. El papel de Osio en Elvira no puede analizarse de una forma directa, puesto que no existe ninguna información histórica de su función o comportamiento en este concilio, pero siguiendo las posteriores actividades en los concilios ya mencionados puede llegarse a la conclusión de su interés por recuperar la moralidad en las propias comunidades cristianas y el mantener una fuerte disciplina eclesiástica. No es por tanto de extrañar que Dale pusiese el foco en su análisis histórico del Sínodo de Elvira en intentar potenciar la imagen de legislador del propio Osio, pero no podemos sacar la conclusión de que ya en Elvira, esta intención legislativa para promover una fuerte estructura eclesiástica, ligada por el imperio, fuese del todo visible ya que en el año del sínodo se desconocía todavía la decisión de Constantino de legislar en favor del cristianismo.

El desenvolvimiento jurídico de Osio, podrá comprobarse más tarde en el concilio de Nicea, particularmente sobre los grupos de cánones disciplinarios del número 10 al número 14. Posteriormente su participación en el concilio de Sárdica totalmente liderado por él, con una fuerte actividad legislativa procedente de Elvira, Nicea y Arlés, conoció muy bien sus cánones disciplinarios a los que debió estar muy atento al estar convocado por el propio emperador.

Hay que destacar que, en el concilio de Sárdica, los cánones fueron presentados por Osio y que ya entonces el carácter unificador de la fe, a través del símbolo, mantenía a Osio en una posición de fuerza sin particulares elementos de contradicción. Fue precisamente en Sárdica con el concilio, donde se ocupó de la organización de las iglesias a nivel local, provincial y regional, corrigiendo y ampliando la obra de Nicea y haciendo una referencia especial a las condiciones específicas de los cristianos en occidente.[115]

Sárdica fue el lugar de expresión del pensamiento de Osio ya que se dejan entrever el agudo sentido de justicia proponiendo el derecho de apelación para los obispos y para los clérigos menores y su preocupación por el bienestar de la comunidad cristiana, así como la integridad y el prestigio del clero, siguiendo con ello la tradición ya emanada de los cánones de Elvira y Nicea.

El efecto del Concilio de Elvira en la legislación eclesiástica del siglo IV

De cuánto hemos considerado las características de Osio, su participación y conocimiento en los concilios mencionados, podemos establecer una visión comparativa

---

115 DE CLERCQ, *Ossius of Córdoba*, 377.

en la que se muestra la influencia en la legislación del concilio de Elvira en relación con toda la normativa de la Iglesia que se desarrolla a lo largo del siglo IV.

Un primer aspecto de coincidencia y de influencia en cadena es que las normativas recogidas en los cánones de Elvira, Arlés, Nicea y Sárdica son de orden disciplinar. El tema de esta relación legislativa a partir del concilio de Elvira, tiene una gran importancia porque permite asomarnos a ella de manera que podamos ver, aunque sea de una forma muy esquemática cómo se desarrolla la capacidad legislativa de la Iglesia y de su larga tradición histórica partiendo del concilio más antiguo del que existe su documentación, pero no es el objetivo de este trabajo entrar en detalle en cómo desde estos cánones se inició el desarrollo más antiguo de la ley canónica, pero si hemos podido esbozar el hilo entre lo que ocurre en Elvira evolucionando a través de Arlés y Nicea para llegar a un punto de madurez con el concilio de Sárdica.

Finalmente, tras la exposición efectuada en este apartado podemos sintetizar de manera que los distintos argumentos puedan darles una información general de la influencia de Elvira a lo largo del siglo IV y posteriormente en la larga legislación de la Iglesia, que se resumiría en los siguientes puntos:

Desconocemos de una forma concreta el papel que desempeñó Osio en el concilio de Elvira ya que no conocemos ninguna información de su actividad en el mismo más allá de su firma, pero podemos seguir su influencia posterior.

De la lectura de los cánones de Elvira y los posteriores de Arlés, Nicea y Sárdica podemos deducir, a través de sus textos, la existencia de normas y temas comunes, bien sea en su literalidad o bien sea en sus distintas formas redaccionales equivalentes.

Sabemos que el obispo Osio fue el máximo dirigente y uno de los ideólogos del concilio de Nicea, así como el redactor principal de los cánones de Sárdica, y podemos verificar su vínculo con el concilio de Elvira al ser uno de sus firmantes. Además, lo que podemos comprobar, ya que el propio Osio en un momento determinado del concilio de Sárdica recuerda al canon 21 de Elvira de lo cual se desprende: que estuvo en Elvira que participó en las discusiones, que tomó posición y que aprobó estos cánones.

Conocemos por san Atanasio Apología Pro Vita Sua 5, 34 refiriéndose a Osio dice:

> En efecto no es un desconocido, sino un anciano mucho más ilustre que todos los demás; pues ¿De qué Sínodo no fue él guía? Y la rectitud de sus pa-

labras ¿No persuadió a todos? ¿Qué Iglesia no conserva los más preciosos recuerdos de su liderazgo?

Debemos tomar en consideración que Osio debía de estar alrededor de los cuarenta años en el concilio de Elvira, lo que nos hace pensar que en la época para esta edad Osio debió de parecer un hombre de gran conocimiento y con la agilidad mental propia de este momento de madurez.

LOS PRECEDENTES: EL CAMBIO POLÍTICO Y SOCIOLÓGICO DEL IMPERIO, SU INFLUENCIA EN LA POLÍTICA DE HISPANIA Y LA REPERCUSIÓN EN EL PRIMER CRISTIANISMO

Deseamos, con el estudio de la situación política y sociológica de la Hispania romana, poder comprender mejor la evolución del cristianismo ibérico y analizar en qué contexto se desarrolla, tanto en su origen como en su procedencia romana y africana, y como el entorno de las comunidades judías fue importante para dar a entender la penetración del cristianismo particularmente en la Bética.

De estos aspectos fundamentales de la sociología, la división territorial, el funcionamiento de la diócesis Hispaniarum y la importante presencia cristiana en la Bética a través de las comunidades difundidas, nos ayudan a entender mejor la razón de la existencia de algunos de los cánones surgidos del concilio de Elvira, ya que estos inciden de una forma particular en el control de las comunidades cristianas y las relaciones de estas con el entorno vital en el que se desarrollan. Al observar estos puntos fundamentales podemos entender mejor las razones regulatorias del concilio de Elvira.

Aspectos sociológicos de la Bética

La situación sociológica de la Península Ibérica desde finales del siglo III hasta el primer cuarto del siglo IV adolece de una gran laguna en las fuentes informativas y se presentan importantes dificultades para poder situar adecuadamente este periodo en el contexto histórico.

La referencia en este periodo, va desde Septiminio Severo a Diocleciano, es decir, desde el 103 al año 285 d.C. En la primera parte del siglo IV abarcaría el periodo de Diocleciano y Maximiano hasta la usurpación de Magencio que supone el fin del sistema de gobierno creado por Diocleciano hasta que finalmente irrumpen en la escena política Constancio Cloro Augusto y una vez muerto este, toma el poder su hijo Constantino, a partir del cual y hasta el año 338 se mantiene un periodo de calma y recuperación económica. Analizar el contexto social y el contexto religioso de este periodo ayudará a comprender mejor el sentido de los cánones del concilio de Iliberri, ya que sin este contexto nos resultarían de difícil interpretación algunos de ellos. Es por ello que analizaremos algunos aspectos sociales en sus distintas vertientes antes de pasar a la evolución del cristianismo en esta época centrándonos principalmente en la Bética.[116]

Desde un punto de vista geográfico Hispania es la provincia más occidental del imperio romano y su función desde su conquista fue básicamente el proveer al imperio de los recursos naturales propios de Hispania en este periodo: La agricultura, particularmente aceite y cereales; recursos naturales mineros, como el oro, la plata, el hierro o el cobre; y productos de elaboración pesquera como el garum, producto muy popular de exportación en el periodo.[117] Este tiempo de relativa paz estuvo interrumpido por la invasión franca en el año 260, si bien no tuvo unas grandes consecuencias, que surgió con un interregno de paz que duró hasta el año 409 donde las invasiones extranjeras penetraron en España, creando una auténtica guerra civil entre Honorio, emperador legítimo de occidente y Constantino III que usurpó Britania y la Galia.

Un primer aspecto a tener en cuenta en la profunda trasformación que afecta al Imperio romano es la evolución y la importancia de las ciudades. Estas entran en una fase de declive y decadencia ya que se produce una mutación en la mentalidad de algunos sectores sociales, particularmente de aquellos que poseían grandes tierras y latifundios y por tanto, un deslizamiento de la vida ciudadana a la vida en el campo, haciendo que se creasen vínculos distintos entre la ciudadanía y que afectaban de una manera especial a todo lo que habían representado las ciudades a finales del siglo II. Se transfirió también progresivamente la potencia del mercado hispano a otros mercados, como en el norte de África, la Mauritania Tingitana, que pasó en este periodo a dominar los mercados de los cereales y del aceite, en detrimento de la economía de Hispania en el momento.

En otro orden, el recurso al reclutamiento de soldados de Hispania había dejado de tener la importancia que había tenido desde el siglo I, convirtiéndose en un pequeño ejército de defensa cumpliendo una de las funciones, una vez retirada la milicia,

---

116 J. F. UBIÑA, *La crisis del siglo III en la Bética*, (Estudios de Historia Antigua IV), Granada 1881, 13.

117 Javier ARCE, *El último siglo de la España romana:* Alianza Editorial 1982, 284-409.

al entrar en la actividad campesina de las tropas y convirtiendo a estos militares en campesinos responsables de sus propias tierras. Debido a su origen, conservaban una cierta preeminencia en determinadas zonas de la península que todavía estaban poco romanizadas, como era el caso de la concentración en las actuales provincias gallegas, Palencia, Zamora y León. En la Bética en cambio la romanización había creado una profunda transformación.

La primera tetrarquía

Con la ascensión al poder de Diocleciano, se produce un hecho nuevo en Roma, una decisión de compartir el poder con Maximiano, lo que supuso para el Imperio una nueva forma de gobierno y consecuentemente una sucesión de reformas, que generaron una nueva estructura de división del territorio y del consecuente ajuste político, que a su vez obligó a crear una categoría inferior de gobernantes: los césares, que ya había implementado el emperador Diocleciano y que en su momento llegaron a ocupar el máximo poder en el Imperio. La división de territorios para cada uno de esos gobernantes, exigió la división de las provincias imperiales, repartiéndose entre ellos cuatro los territorios y el ejército.[118] Los césares de este periodo fueron Diocleciano y Maximiano junto con Galerio y Constancio Cloro. Galerio optó por el imperio oriental (Pars Orientis) y Constancio por el imperio de occidente. En la parte occidental, correspondió a Maximiano Italia, Hispania y África.[119] La primera acción de Maximiano fue la reducción de los francos que constituían un peligro para las provincias de Hispania y África. Fue una época convulsa por las continuas ratzias de pirateo que obligaban a una constante vigilancia de las zonas marítimas del imperio. Podemos afirmar que Maximiano intervino en Hispania en unas batallas en el año 297 que correspondían a su lucha con los francos y cuyo objeto principal fue el fin de la piratería, no solo por su resolución en España sino, porque esta constituía un gran riesgo debido a que los rebeldes apoyaban directamente las rebeliones de Britania. Maximiano sometió a los pueblos de Mauritania en su política general de control del norte de África y finalmente, el 10 de marzo de 298, entró en Cartago venciendo a las distintas tribus africanas. En un corto periodo de tiempo la eliminación de los piratas francos y el sometimiento de las tribus africanas legaron una situación de paz en

---

118 W. SESTON, *Dioclétien et la tétrarchie*, París 1946.

119 R. M. OGUILBIE, *The library of lactantius*, Oxford 1978. - J. MOREAU, *Sources Cretiennes*, París 1954, 34.ss;
- Lactancio DE MORTIBUS, 8, 3 *Nam cum ipsam imperii sedem teneret italiam subiacerentque opulentissimae provinciae vel Africa, vel Hispania.*

dichos territorios. Desde un punto de vista arqueológico, disponemos de los relieves de Augusta Emérita,[120] representándole a caballo arrollando a un bárbaro, lo que nos permite identificar con esta imagen con Maximiano triunfador.

Segunda y tercera tetrarquía

En este momento de cambio político se inicia la segunda tetrarquía, en la que Constancio Cloro y Galerio pasaron a ser Augustos y Severo y Maximio Daia sus respectivos césares. En el año 305 se integró Hispania en el conjunto imperial de Galia y Britania, por lo que Hispania pasó a manos también de Constancio Cloro.[121] La muerte repentina en Britania de Constancio Cloro en julio del año 306 hizo que las tropas proclamasen a Constantino como su sucesor y se produce en esta proclamación el enfrentamiento con Galerio que ya había nombrado para tal cargo a Severo.

Constantino renuncia y se contenta con el titulo de César.[122] La pertenencia de Hispania en el año 306 posee ciertas incertidumbres, pero todo parece indicar que al ser Cosntantino heredero de la Galia y la Britania, como su padre, incluían ya como hemos dicho anteriormente, Hispania; apreciación que nos viene reforzada por la epigrafía y la numismática del momento y la arqueología moderna a través de las marcas de los miliarios, aseguran fehacientemente el hecho de que Hispania pasó a manos de Constantino y no de Severo.[123]

La usurpación de Magencio

En el año 306 se produce la usurpación de Magencio en la que se encuentra el origen de la caída del sistema de gobierno de Diocleciano. Diversos autores, afirman que la usurpación de Magencio generó importantes problemas de gobierno en España, mientras que otros autores confirman que a partir del año 306 Constantino tuvo el gobierno pleno hasta su muerte.

---

120 Javier ARCE, *Un relieve triunfal de Maximiano hercúleo de Augusta Emérita*: Madrider Mitteilungen 1982, 359-370. (Existen disidencias sobre esta interpretación ya que algunos autores consideran que se trata de Constantino II)

121 J. ARCE, *El último siglo de la España romana*, 34-35. (Debe tenerse en cuenta que según el pie de página de esta obra nota 20 hay quienes piensan que cayó en manos de Severo. El César no podía tener más territorios que su Augusto). En P. BASTIEN, *Le monnayage de Magnence*: Wetterren, Bélgica 1964, 101-102.

122 Lactancio DE MÓRTIBUS 25, 1-5.

123 P. BASTIEN, *Le monnayage de Magnence. – Constantine and Eusebius*, Harvard 1971, 27-29.

Hispania permaneció en paz y alejada como estaba de la metrópolis romana ajena a los grandes problemas políticos. A partir de estos momentos Hispania entra en un periodo de recuperación económica que modifica la situación de crisis de finales del siglo III.

La división territorial de Diocleciano

La reorganización el Imperio Romano, una vez asciende al poder el emperador Diocleciano entre los años 284 y 304 d. C, afectó a toda la administración del imperio, a su sistema de recaudación y a la propia organización militar.

La reforma territorial estuvo condicionada por la división en unidades menores que quedaban agrupadas en circunscripciones más amplias llamadas diócesis.[124] Esta reorganización hizo que se pasase de las 48 provincias que existían en el siglo III a 104. En la época de Constantino las diócesis se unieron en unidades administrativas llamadas praefectuare, a cuyo frente se destinó un praefectus praetorio.

En el Imperio Romano, una provincia era una división territorial administrativa, dirigida por un gobernador designado por el emperador. En contraste, las diócesis eran agrupaciones de varias provincias y territorios romanos. Una de ellas fue la diócesis Hispania.

Hispania se vio sometida en la Peninsula Ibérica a dos grandes reformas: la reforma de Octavio Augusto y las de Vespasiano que se efectuaron en la época imperial y fue la organización de Vespasiano[125] la que ya en cierto modo prefiguró lo que sería posteriormente la reforma de Diocleciano.

La Penísnula Ibérica con esta reforma pasó a llamarse «*Diocesis Hispaniarium*» añadiéndose a esta, algunos territorios del norte de África. Esta organización la conocemos en distintas fuentes escritas, particularmente en la más antigua de ellas el Latérculus Veronensis, que según Mommsen se remonta al siglo VII, aunque establece como fecha original de su redacción el año 297, si bien diferentes autores la sitúan entre los años 308 y 320. En esta lista de Verona encontramos la división territorial poco después de la abdicación de Diocleciano y Maximiano situándonos entre el

---

124 E. ALBERTINI, *Les divisions administratives de l'Espagne Romaine*, París 1923.

125 R. CAPOX - MAC ELDERLY, *Vespasian reconstruction in Spain*: J. R. S, 8 1918, 53-102 – J.R.S, 9 1919, 86-94, - J. ARCE, 44.

año 304, 305[126]. Un segundo documento es el Breviarium, que ha sido fechado en el año 369-370 con la descripción de las provincias occidentales correspondientes a este año o poco antes.[127] Existen distintos documentos, a parte de los mencionados, como son el Lacterculus Provinciarum de Polemio Silvius; la Noticia *Dignitatrum*, y la Cosmographia de Julius Honorius. En base a esta documentación y en función a la cronología de esos mismos textos, podemos afirmar que la península ibérica y una parte del territorio del mundo de África constituyeron la diócesis de Hispaniarium formada por seis provincias: una de ellas era la Mauritania Tingitana y las cinco unidades restantes.

A mediados del siglo IV la división de las diócesis permanece aun inalterada en seis provincias. La Bética y Lusitania son provincias consulares y el resto son praesidiales. A partir del año 395 según la redacción de Polemius Silvius, se ha añadido una nueva provincia: Insulae Baleares la Mauritania Tingitana. La diócesis se divide en siete provincias.

Si recurrimos a las fuentes epigráficas nos resulta difícil saber con precisión de qué forma tuvo lugar la reforma diocleciana y cómo esta se aplicó.

Para la provincia Bética, que es el objeto preferente de nuestra atención, sabemos que a principios del gobierno de Constantino conocemos a un tal Aurus Caecina Tacitus con el título de «praeses provinciae» pero no podemos especificar el periodo en el cual ostentó el cargo. En cambio tenemos con seguridad el periodo en que ostentó este cargo Octavius Rufus que fue Praeses Provinciae Baeticae entre el 312 y el 324,[128] en el periodo inmediato inmediato al Concilio de Elvira.

Con posterioridad a estas fechas tenemos también constancia que en época constantiniana de dos Praesides Baeticae: Aulius Caecina Tacitus y Octavius Rufus.[129] El año en que murió Constantino Egnatius Faustus era también Praese Baeticae.[130]

---

126 CHASTAGNOL, *Prefecture*, 4.

127 J. EADIE, *The breviarium of Festus*, Londres 1969, 167-168.

128 PLRE, I, S. V.

129 CIL, II 2204 I, CHASTAGNOL, *Les Espagnols*, 79, n. 1.

130 Granius CHELESTINUS, V. C. *Consularis Baeticae* C. TC. 9, 2-3.

Las capitales de las diócesis

La urbanización de las distintas diócesis tuvo un largo impacto en la capitalidad de las mismas, reconstruirla de cada una de ellas requiere de muchas informaciones indirectas basadas en algunos documentos ya mencionados cuya combinación de informaciones nos permite delinear la posición de las capitales a principios del siglo IV. El caso de la capital de Lusitania con Emérita presenta una unidad de criterio en cuanto a su capitalidad. Para las distintas provincias podemos definir la capitalidad para la provincia Baetica, su capital en Córdoba, en la Tarraconensis la capital Tarraco, en Gallaecia Brácara Augusta, para la Cartaghinensis Carthago Nova, y para las Baleares Palma.

Observando el mapa provincial de las que tuvieron el rango de consulares, podemos comprobar que Lusitania, Baetica y Gallaecia forman la parte occidental de la península, mientras que las praesidiales, de rango menor, son las que se sitúan en la unidad oriental, en la fachada del Mar Mediterráneo y que son la Tarraconensis, la Cartaghinensis y las Baleares. Esta situación de capitalidad nos da una visión de un gran peso en las diócesis de la vertiente atlántica y en ellas además, coincide una alta densidad de pequeñas ciudades, rodeadas por una cantidad importante de villae, lo que nos da a entender la importancia de sus poblaciones y el valor de su comercio.

El funcionariado de la diócesis hispaniarum

Las funciones de las personas asignadas al servicio de la administración provincial, eran en primer lugar, gobernadas bajo un vicarius, cuya misión era fundamentalmente la recaptación de los impuestos y su transferencia a las arcas del estado, es lo que se denominaba la *collactio* y la *annona*. El oficio de estos burócratas, estaba más relacionado con su dignidad personal que con una función administrativa y acostumbraban a proceder de los oficios de las letras y de la abogacía.

Por su parte los gobernadores de provincia, consulares y praesides, pertenecían a un rango inferior. Gozaban de diversos privilegios y distintivos, mientras que el vicarius tenia el privilegio de llevar la clámide. Los gobernadores provinciales debían tener muy presente el buen funcionamiento de los espacios públicos, por lo que les correspondía la labor de embellecer, cuidar y mantener los edificios de la administración provincial.

Otros cargos de rango económico tenían por objeto la administración y los asuntos económicos correspondientes al «rationalis summarum», mientras que la administración y recolección del patrimonio para el Imperio correspondia al «rationalis rei privatae»; si bien ambos cargos no pueden situarse en la época del concilio ya que debieron ser de creación más tardía. El cuerpo de funcionarios tenía grandes ventajas, en la exención de los impuestos y la concesión gratuita de la annona. A partir de estos puestos, se podían ejercer acciones de presión hasta llegar a la extorsión y por tanto un método ilícito y rápido de enriquecerse ya que, desde estas posiciones de poder el prestigio y la riqueza iban unidos a una exhibición externa que los presentaba como la élite del lugar. En favor de estos gobernadores, cabe decir que eran letrados amantes de la retorica y la literatura y por tanto hombres de cultura. Disponemos de algunas epigrafías de la Diócesis Hispaniarum durante el siglo IV. La más antigua de la que tenemos noticia, es el de «Quintinus Aeclanus Ermias» que fue el primer vicario hispaniarum entre el 306 y el 337, al que conocemos por una única inscripción en la que se le denomina «Iudex Sacrarum Cognitionum». Con posterioridad a esta fecha, sabemos de la existencia de Octavianus, que fue vicarius entre el 316 y el 317 y de Septimius Acindynus que fue vicarius del 324 al 326. Todos los datos epigráficos que conocemos son posteriores al año 317. De estos vicarii hispaniarum conocidos sabemos que su ascensión en la política sucede tras su estancia en Emérita. Su formación y sus características sociales son comunes en la clase política tardoromana de origen aristocrático. Son prácticamente todos ellos paganos y que debieron confrontarse con un nuevo proceso de cristianización en toda la península, por lo menos durante el tiempo que no existió tolerancia oficial hasta Constantino, con una legislación imperial favorable al cristianismo y que por tanto debió establecerse en este periodo pre-cristiano una lucha entre el panteón romano tradicional, y el desarrollo de religiones mistéricas y, por tanto, la tensión que debió significar en ese periodo la relación entre la sociedad tradicional pagana y la emergencia de comunidades cristianas.

La situación del cristianismo en Hispania y en la Bética

El cristianismo y su penetración en Hispania

Si bien el origen hispano del cristianismo sigue siendo objeto de copiosos estudios hasta finales del siglo XX, desde entonces han sido pocas las publicaciones que hayan dedicado un espacio a ello. Se recupera en algunas ediciones el interés por conocer más bien las estructuras eclesiásticas de finales del Imperio Romano a la Alta Edad Media y del período de transición entre el mundo romano y el mundo visigótico.

Si nos centramos en el periodo que comprende desde finales del siglo III, y muy a inicios del siglo IV donde se efectúa el sínodo de Iliberri, encontraremos algunos rasgos que ayudan a entender cómo se entendían las comunidades cristianas en la península y muy particularmente en la zona de la Bética, punto focal de nuestro estudio.

Es complejo conocer el detalle de las comunidades cristianas en la península con anterioridad a la última persecución de Decio. Solo existen algunos trazos que podemos reconstruir y otros elementos documentales como son las actas del Sínodo de Iliberri para comprender algún aspecto de estas comunidades. De este periodo la noticia literaria más relevante es la carta sinodal dirigida por el obispo Cipriano de Cartago a la comunidad cristiana de León-Astorga y de Mérida en el año 254-255.[131] Existe también la polémica suscitada sobre el origen africano del cristianismo en la Península Ibérica, existiendo para ellos numerosos pros y contras.[132]

En primer lugar la evolución del cristianismo antiguo en España deberá tener en cuenta algunas premisas de tipo religioso, económico, social y político que hagan posible la existencia de importantes contactos con otras comunidades de las que reciban a través de viajes, comercio, documentación o rituales litúrgicos, con la transferencia de las comunidades cristianas foráneas a las comunidades de nuevo cuño locales, fruto de la propia reorganización política de Hispania de la que anteriormente hemos hablado. La distribución de la fe se efectúa ante todo entre cristianos y judíos, llevando el mensaje a las sinagogas o comunidades judías ya establecidas a las que predicar el Evangelio cristiano se hace fácilmente comprensible y actúa dentro de una lógica de argumentos ideológicos que explican por qué razones este sistema empezó a expandirse. Cuando Pablo y Pedro deciden convertirse en misioneros, su primer lugar de predicación es el mundo gentil, pero aprovechando la ocasión de comunidades judías instaladas desde muy antiguo entre los gentiles y esta predicación llevada a España podemos conocerla desde el siglo I, ya que en un texto del papa Clemente se conocía a finales del siglo I la existencia de núcleos cristianos en la península que estaban ya en contacto con las comunidades de Roma. En segundo lugar el cristianismo se hace presente en la península como un fenómeno de carácter urbano si bien progresivamente fue extendiéndose al ámbito rural. Las mismas comunidades judías estaban establecidas en los núcleos urbanos

---

131 CIPRIANO, (Epístola 67), *Actas Primer Congreso Internacional de Astorga Romana*, Astorga 1986, 289-295.

132 J. MARÍA BLÁZQUEZ, *Religiones de la España Antigua*, Madrid 1991, 361-442, M. SOTOMAYOR, *Reflexiones histórico-arqueológicas sobre el supuesto origen africano del cristianismo hispano*

y en las mismas se efectuaba un gran tráfico comercial y una actividad artesanal e industrial.[133] Para la Bética son fundamentales los grandes puertos romanos de la ribera mediterránea y son justamente las relaciones de comercio con Cartago y Roma desde donde procede el gran tráfico de mercancías y de personas, expandiéndose progresivamente de la costa al interior siguiendo las rutas fluviales donde en la mayoría del territorio se ubicaban las pequeñas ciudades y las rutas comerciales entre ellas. Este sistema de penetración del cristianismo es de tipo general en todo el Imperio romano.

La penetración del cristianismo se efectúa frente la gran variedad de religiones existentes en el imperio romano por la facilidad de comprender una religión de tipo universal-católica con un sentido muy profundo comunitario-eclesia,[134] junto a las religiones orientales y mistéricas.

De este periodo existen testimonios literarios como son la Carta de Ireneo de Lyon[135] referida a las iglesias que existen en Iberia y el testimonio de Tertuliano que menciona también la extensión del cristianismo en la península al tratar de explicar que no existen ni barreras geográficas ni políticas para la fe de Cristo.[136] En otro orden, se ha aducido a la cristianización de España a través de san Pablo, recordando la Carta a los Romanos que ya anunció en el año 58 a los cristianos de la Iglesia de Roma la visita a España.[137] A pesar de no tener ninguna información totalmente explicita sobre la misión de Pablo en Hispania en tres documentos próximos a la vida de Pablo como son los Hechos de los Apóstoles, la primera carta de Clemente y la segunda carta a Timoteo, las tres coinciden en la falta de información que se encuentra en el Canon de Muratori en el que se indica

«que Pablo fue desde la Urbs a Hispania». Lo cierto es que existen algunas informaciones indirectas veladas que nos permiten entrar en el periodo histórico más inaccesible de la vida de Pablo. A través de este velado lenguaje podríamos llegar a afirmar que el viaje misionero de Pablo a Hispania es un hecho de alta probabilidad histórica. Los indicios de diversas fuentes cristianas anteriores a Romanos 15 y posteriores a los Hechos citados en I Clemente, II Timoteo Hechos de los Apóstoles, así

---

133 Luis A. GARCÍA MORENO, *El cristianismo en las Españas: Los orígenes* 169-193 – M SOTOMAYOR - J. FERNÁNDEZ UBIÑA (coord.) *El Concilio de Elvira y su tiempo*: Universidad de Granada 2005.

134 GARCÍA MORENO, *El cristianismo en las Españas*, 172.

135 IRENEO, Adv. Haer., 1, 10 (PG, 7, 554)

136 TERTULIANO, Adv. Iud., 7 (PL, 2, 650)

137 ROMANOS, 15, 23-24

como la praxis jurídica imperial, llegarían a la conclusión que Pablo pudo realiza su viaje a Hispania.[138]

Las conclusiones del Dr. Armand Puig pueden resumirse en sus propias conclusiones:

> Hay razones suficientes para afirmar la plausibilidad e incluso, la alta probabilidad que haya tenido lugar una misión de Pablo en Tarragona, en condiciones de gran dificultad provocadas por la condición de exiliado del apóstol. La sentencia imperial en el exilio ha condicionado decisivamente la actividad misionera de Pablo en la capital de la Tarraconensis, y ha comportado que su misión se haya diluido en la historia. Tan solo la tradición romana (Primera carta de Clemente, Segunda carta de Timoteo, Canon de Muratori) y una parte de la tradición romano-asiática (actas de Pedro) ha mantenido el recuerdo de la misión hispánica del apóstol. El paso de Pablo por Tarragona se ha mantenido en el olvido. Quizá es tiempo para que sea rescatado.[139]

Sabemos que después de la muerte de Pablo existía en Tarragona una comunidad cristiana muy arraigada. Es justamente Tarragona la ciudad paulina de la Hispania, por esta razón sede de la primera comunidad cristiana hispánica que conocemos internamente y es precisamente en ella donde tenemos también al obispo Fructuoso y sus diáconos como protomártires en la Tarraconense. Sin duda a través de las relaciones del puerto de Tarragona con los puertos del sur de Hispania, la expansión cristiana se efectuará también hacia el sur de la península Ibérica y apoyada también por los movimientos producidos en Cartago desde el norte de África. No cabe duda de que, aunque Pablo no hubiera venido a la Península Ibérica para la primera generación de cristianismo, la predicación hasta alcanzar los límites del océano Atlántico constituía una prioridad para las nacientes comunidades.[140]

La probable venida de Pablo a España situada en el año 57-58 puede entenderse mejor si se consideraba que existían ya algunas primeras comunidades cristianas emergentes y que el contacto desde Roma, podría suministrar ayudas para el de-

---

138 A. PUIG I TÀRRECH, *Les probabilitats d'una missió de Pau a Tarragona. Actes del congrés de Tarragona*, (Editors Josep Maria GABALDÀ RIBOT, Andreu MUÑOZ MELGAR, A. PUIG I TÀRRECH 19-21 de juny de 2008), Tarragona: Fundación Privada Líber 2010, 139-142.

139 A. PUIG I TÀRRECH, *Les probabilitats de una missió de Pau a Tarragona. Actes del congrés de Tarragona*, (Editors Josep Maria Gabaldà Ribot, Andreu Muñoz Melgar, A. Puig i Tàrrech 19-21 de juny de 2008), Tarragona: Fundación Privada Líber 2010, 151.

140 R. DION, *Aspects politiques de la géographie antiche*, París 1977, 277.ss.

sarrollo de la misión de estas pequeñas comunidades cristianas. Roma contaba ya, por estas épocas, con comunidades cristianas nacidas de las sinagogas judías en la que algunos de sus miembros habían asumido ya la fe cristiana. Es evidente el caso de que ya en el año 49 el emperador Claudio había expulsado a los judíos de Roma debido a que las discusiones entre ellos y los miembros de las primeras comunidades cristianas habían llegado a crear problemas de orden público. Entre estos expulsados se encontraban Aquila y Priscila, el matrimonio de dos judíos originales del Ponto y que tuvieron su primer contacto con Pablo en Corinto al poco de ser expulsados y llegaron tras este contacto a convertirse en colaboradores de la misión. Por otra parte, la carta de Clemente se comprende mejor si los cristianos de Roma conocían la existencia de comunidades cristianas en Hispania y que estas estaban en comunión con la iglesia romana. Estos diferentes aspectos de la probable misión de Pablo en España y de las diversas entradas al territorio peninsular hacen pensar que debió haber distintos orígenes en los distintos territorios de la Iglesia hispana.

Si revisamos detenidamente las iglesias que estuvieron representadas por sus obispos en el concilio de Elvira a principios del siglo IV encontraremos la existencia de treinta y siete comunidades cristianas y otras dieciocho a veinte comunidades representadas por presbíteros o por personas de rango no episcopal.

Analizando estos topónimos podemos observar una gran disparidad de presencia en el territorio pero sí que es cierto que, si tomamos estas comunidades existentes a primeros del siglo IV y las contrastamos con las sinagogas presentes en las aljamas[141] que se mantuvieron largo tiempo, se puede superponer en el mapa una concentración de iglesias en la región[142] Bética donde justamente nos consta la existencia de comunidades judías desde muy remota antigüedad hasta final de los tiempos godos, coincidiendo estas hasta el detalle en sus asentamientos y su posterior supervivencia en el periodo islámico como hemos señalado.

Cuando ubicamos en las actas del concilio de Iliberri y los escritos del obispo granadino Gregorio medio siglo más tarde, en ambos casos se nos narra la existencia de una pujante comunidad judía en la que la convivencia entre judíos y cristianos de la ciudad se prestan a una regulación específica ya que se deseaba preservar la iden-

---

141 E. M. SMALL BOOTH, *The jews under roman rule*: Layden 1976, 122.

142 L. A, GARCÍA MORENO, *Los judíos de la España Antigua*, Madrid 1993, 55-59 (Esta coincidencia puede observarse en el mapa que se incluye en la página 61 de dicho texto)

tidad de cada una de estas comunidades.[143] Disponemos de testimonios históricos que permiten identificar la existencia de comunidades judías en otras ciudades en convivencia con el cristianismo, algunos están representados en la lista de participantes del Concilio de Elvira, como son las comunidades de Sevilla, Málaga, Mérida, Toledo, Zaragoza, Cartagena y Tarragona.[144]

Esta situación geográfica constituye, gracias a la lista de participantes en el Sínodo de Elvira, un indicio para entender las vías que siguió la penetración del cristianismo. La vías de comunicación, serían por un lado, las calzadas romanas que comunicaban Cartagena con Lorca y Baza, en un tramo de la vía Hercúlea entre Cartagena y Acci, de forma que a través de esta ultima podía confluirse en los puertos del sureste bético de Cartagena y Urcilion Portus Magnus, lo que permitía alcanzar las sierras béticas orientales y el curso medio del Guadalquivir.[145]

Los contactos marítimos de los puertos mediterráneos del sudeste y del sur, nos permite pensar el influjo de las comunidades africanas cristianas expandiéndose por la Bética, y por otro lado la comunicación naval entre Roma e Hispania a través del puerto de Tarragona. Estas relaciones entre los distintos núcleos cristianos de Hispania se reflejan en la dependencia administrativa que se tenía con Cartago y otras ciudades como Tremeta donde aparecen narradas la Passio de Ciriaco y Paula de cronología tardía. Nos bastará recordar para el origen africano las palabras del Dr. García Moreno para afirmar el origen africano de las iglesias en la Hispania Meridional:

> De esta forma creo poder afirmar con bastante seguridad que esos grupos de iglesias hispanas meridionales habrían surgido a partir de misiones venidas de África, o cuando menos en fechas muy tempranas habrían organizado totalmente a semejanza de la particularísima manera de la Iglesia africana... La densidad territorial y jerarquización interna de esas comunidades cristianas meridionales en unas fechas como el primer cuarto del IV siglo son ya en sí mismas indicios de que la fe de Cristo llevaba ya allí bastante tiempo.146

---

143 F. J. LOMAS, *Comunidades judeocristianas granadinas. Consideraciones sobre la Homilética de Gregorio de Elvira*, en C. GONZÁLEZ ROMÁN (ed.) *La sociedad de la Bética. Contribuciones para su estudio*, Granada 1994, 319-344.

144 P. SILLIÈRES, *Les voies de communication de l'Hispanie meridionale*, París 1990, 275 y ss.

145 GARCÍA MORENO, *El cristianismo en las Españas: Los orígenes*, 190.

El supuesto origen africano del cristianismo hispánico

Siguiendo la reflexión de Sotomayor en su artículo "La reflexión histórico-arqueoló-gica sobre el supuesto origen africano del cristianismo hispánico", en un análisis de la disponibilidad de restos arqueológicos para establecer los contactos y relaciones eclesiásticas entre Hispania y el África romana, se llega a la conclusión de una muy moderada presencia de antecedentes paleocristianos. Únicamente se encuentran algunos sarcófagos y mosaicos sepulcrales, todas ellas piezas importadas a Hispania. Sin embargo, su datación en el sur de la península es de finales del siglo IV, con una notable presencia en los siglos V y VI. Los datos arqueológicos conservados parecerían indicar que el cristianismo hispánico tiene sus raíces en el cristianismo africano. Sin embargo, la relación existente entre África e Hispania es innegable, aunque es muy difícil determinar la intensidad, la extensión y la dependencia. Los testimonios arqueológicos cristianos anteriores al siglo IV son inexistentes. Conocemos la existencia de comunidades cristianas organizadas a principios del siglo III. Los restos arqueológicos cristianos con clara dependencia de modelos africanos aparecen en Hispania cuando ya existen restos arquitectónicos cuyo modelo debe buscarse en oriente o en Roma. Todos los modelos de baptisterio de mosaicos sepulcrales o ladrillos estampados, aunque sean de influjo africano, no aportan nada nuevo al esclarecimiento de este tema cuando la influencia es de época tardía.

Por otra parte, aparte de los pocos testimonios arqueológicos africanos tardíos, hay que recurrir a documentos y testimonios históricos para ver esta relación de iglesias. Uno de ellos es la carta sinodal de Cartago, firmada por treinta y seis obispos africanos, con Cipriano a la cabeza, que corresponden al caso de los obispos apóstatas de Hispania, Basilides y Marcial. También conocemos las actas de Fructuoso, Augusto y Eulogio, mártires de Tarragona en la persecución de Valeriano en 259. Estos mártires eran conocidos por san Agustín, ya que sabemos que pronunció varios panegíricos en honor a estos santos. Conocemos también la hagiografía del mártir Félix de Gerona, conocido por Prudencio, y la de Sant Cugat, también conocido por el mismo autor y su Passio del siglo VII, en las que se unen varios mártires como naturales de *Scillium*, en África, de donde huyeron en las persecuciones.

Estos testimonios nos muestran las relaciones existentes con las provincias africanas, pero se debe tener en cuenta que la civilización romana penetró en España con anterioridad y con gran fuerza, especialmente en la Bética. El cristianismo se difundió mucho antes que en Mauritania y que, en los primeros tiempos del cristianismo hispánico, la comunicación con el África cristianizada y romana era mínima. Cabe recordar literalmente la mención que se efectúa en dicho artículo y que, a modo de conclusión situaría claramente este debate sobre el origen africano del cristianismo hispánico y su difusión en la península.

El cristianismo seguía a la romanización generalmente. Si la Bética era la provincia más romanizada -directamente romanizada-, es lógico que fuese también la más cristianizada, por lo que no tiene ningún sentido apelar a su proximidad a la Mauritania Tingitana para explicar el hecho de que en el Concilio de Granada del año 300 abundasen ampliamente los representantes de sedes y comunidades béticas...[146]

... El cuadro trazado, demasiado simplificado, tiene la única función de ayudar a estas reflexiones: no hay que intentar dilucidar si los orígenes de la iglesia hispana fueron africanos o romanos, por dos razones: porque no hay una iglesia hispana en esos tiempos ni hay unos orígenes únicos. Surgen comunidades, es decir iglesias, en Hispania y cada una puede surgir impulsada por individuos o grupos cristianos venidos de las más diversas regiones del mundo...[147]

... No hay pues un origen africano de una iglesia hispana. En las provincias romanas de Hispania las iglesias o comunidades fueron surgiendo por el impulso diverso y diversifica- do de cristianos venidos de Oriente, de Roma, de África y de sabe Dios de cuántas otras regiones; y esta diversidad es la que se refleja en los indicios históricos y arqueológicos que conocemos en la actualidad. En un segundo momento, el momento de la reagrupación supralocal, no hay tampoco por qué empeñarse en buscar un solo centro de polarización o influencia. La Tarraconense -para no hablar del caso total- mente aparte de las Baleares- debió de desarrollarse durante una época determinada en estrecho contacto con Cartago. No así otras iglesias hispanas, ni las de la Bética antes del siglo VI. En todo caso, Roma, como centro polarizador de las iglesias de Occidente, dejó sentir su influencia en todas las iglesias hispanas desde siempre", mientras que los vínculos.[148]

Es, por tanto, importante tener en cuenta la opinión de este autor en su artículo, ya que nos sitúa adecuadamente y clarifica la polémica surgida en diversas corrientes de la historia del cristianismo hispánico.

---

146 Manuel SOTOMAYOR, *Reflexión histórico-arqueológica sobre el supuesto origen africano del cristianismo hispano*, Granada 2002, 218.

147 Íbid, 202.

148 Íbid, 222.

El siglo II es un periodo de auge y de ello tenemos amplios testimonios en la arquitectura privada, de ellos podemos encontrar reformas arquitectónicas en las Villae para poder acomodarlas a los hábitos de la ciudad. Se incorporan los espacios termales intentando reproducir en el territorio los esquemas de ocio presentes en la ciudad. Encontramos en las distintas ciudades de Hispania ricas domus suburbanas. Las prácticas decorativas domésticas nos permiten establecer la tendencia general a un tipo de decoración que nos muestra una actividad importante a finales del siglo II.

A finales del siglo III se establece un punto de inflexión en el urbanismo y la economía. En el imperio occidental se marca la caída de influencia geopolítica de ciudades como Tarraco en oposición a la vecina Barcino, desplazándose en la tarraconense la vitalidad social y económica hacia la emergente Barcino. La situación en la Bética pasará por el refuerzo y la presencia de algunas ciudades de gran importancia y tráfico económico de finales del siglo II a nuevas realidades económicas que se producen entre finales del siglo III y los inicios del IV y ya en este periodo se visualiza la caída de la calidad arquitectónica de los edificios de uso público, ejecutadas o mantenidas con recursos insuficientes, observando que el evergetismo ciudadano empieza a desplazarse hacia el evergetismo eclesial.[149]

Las Iglesias del sur peninsular

A comienzos del siglo IV el cristianismo se encuentra bien implantado en las provincias meridionales de Hispania con una relación directa con el mundo fuertemente pagano y con las comunidades judías con las que mantienen una relación socialmente fuerte. El cristianismo se ha extendido en las regiones urbanas situadas en toda la región e inculturizadas dentro de la sociedad y cultura romana. Se observan, ya desde finales del siglo III, la configuración de comunidades locales que disponen de ministerios ordenados, diáconos y presbíteros y presididas por obispos.[150] El cristianismo en este periodo es minoritario pero desarrollado.

Las diócesis episcopales se establecieron a finales del siglo III y principios del IV para facilitar la organización y administración de la Iglesia Cristiana en el Imperio Romano. Observamos, a principios del siglo IV en la bética, varias comunidades cristianas

---

149 Josep Maria MACIAS SOLÉ, *La Tarragona de Fructuós*: Una visió retrospectiva, 227-235.

150 M. SOTOMAYOR, *Romanos, pero cristianos. A propósito de algunos cánones del concilio de Elvira, cristianismo y aculturación en tiempos del imperio romano, antigüedad y cristianismo 7*, Murcia 1990, 13-15.

situadas en distintas ciudades entre ellas, Illiberri, con la presencia de un obispo responsable en dichas comunidades locales. Por ello, en el momento de concilio de Elvira, no puede hacerse una distinción de diócesis eclesiástica como fue establecida a finales del siglo IV, tras el edicto de Constantino y sus sucesores.

Mientras que las provincias estaban gobernadas por un magistrado civil. Además, las provincias romanas se ocupaban de cuestiones civiles, como la administración de justicia, la recolección de impuestos y la defensa militar.

Es importante tener en cuenta que las divisiones territoriales y administrativas tanto del Imperio Romano como de la Iglesia Católica Romana evolucionaron a lo largo de los siglos, experimentado cambios en su estructura y alcance geográfico. Por lo tanto, no existe una correspondencia directa y fija entre las diócesis y las provincias romanas, como tampoco existió esta correspondió a principios del siglo IV. Fue con posterioridad que se fue organizando el territorio eclesiástico en diócesis y archidiócesis metropolitanas. Y cuyos inicios se remontan a los deseos del obispo Osio desde el concilio de Sárdica.

El concilio de Elvira a través de sus cánones dará una respuesta a una casuística que afecta particularmente a la moral y a las formas del ritual, intentando diferenciarse de un entorno pagano y judío.[151] Será a partir de este cristianismo naciente dentro de la Bética y como ocurrirá en el resto de Hispania se irá extendiendo a lo largo del siglo IV hasta formar una mayoría. Con posterioridad, una vez gracias a la legislación constantiniana, irá obteniendo una fuerte penetración debida a la renovación del poder político que culminará en la época Teodosiana con una legislación muy favorable.

En este periodo de primera consolidación del cristianismo entre el fin de las persecuciones de Diocleciano y la celebración del concilio de Iliberris existirá una cristianización todavía en sincretismo con el culto romano y por tanto con una falta de firmeza en sus formas de fe y de culto, arrastrando a su vez aspectos morales de la transición entre una sociedad pagana y el nuevo culto cristiano.[152]

Podemos seguir la implantación cristiana en el sur de Hispania a través de la existencia de yacimientos arqueológicos que nos presentan signos inequívocamente cristianos, en los ambientes urbanos y en el campo de la que destacan algunos

---

151 R. TEJA, *Exterae gentes: Relaciones con paganos, judíos y herejes en los cánones de Elvira*, 198-220.

152 M. MESLIN *La fête des kalendes de janvier dans l'empire romain*, Bruselas 1970, 53-90.

conjuntos de sarcófagos dispersos por el territorio.[153] De la primera mitad del siglo IV encontramos algunos sarcófagos en las ciudades de Córdoba, Berja y Martos, importados probablemente desde la propia Roma, lo que demostraría la pronta incorporación de las élites romanas al cristianismo y que fueron las oligarquías de las pequeñas ciudades que a su vez representaban en su ámbito local el orden romano más clásico.

No será hasta finales del siglo IV cuando el cristianismo hispánico se mostrará más fuerte al atraer élites sociales y por ello una forma de preponderancia social.[154] Por otra parte, el sínodo de Iliberris nos muestra que la reunión de obispos, presbíteros y diáconos de las diferentes comunidades cristianas de Hispania se caracteriza por una distribución poco uniforme con densidades muy distintas sobre el territorio de Hispania, serán de una gran concentración en la Bética y en la Cartaginense y de menor densidad en la Galaecia, la Lusitania y la Tarraconense.

Algunos autores parten de la idea que el origen cristiano en la Bética obedece a dos factores decisivos: de una parte los tipos de población heterogénea y su evolución económica y social y la capacidad de mantener contactos fuera de su ámbito territorial con gentes de otras ciudades, y por el otro el carácter irregular y poco estructurado de la predicación cristiana en los primeros siglos que hace que aparezcan comunidades en diversas poblaciones urbanas de una forma esporádica y como consecuencia de predicaciones puntuales. Pero aún así y dentro de este fenómeno urbano que ocurre en occidente, debe tenerse en cuenta que la expansión, como hemos mencionado anteriormente, del comercio o los grandes puertos orientales y las rutas fluviales fueron factores de penetración que caracterizaron a las tierras de la Bética y que deberán ser tenidos muy en cuenta para entender esas primeras comunidades cristianas.[155]

Si observamos la estructura territorial de las iglesias hispanas podremos ver en la densidad de primeros del siglo IV la distribución de estas comunidades y también el listado de iglesias que nos transmite el concilio de Iriberri nos permite conocer la

---

153 M. SOTOMAYOR, *Testimonios arqueológicos cristianos en la Andalucía cristiana y visigótica*, (Historia de Andalucía II), Andalucía en la antigüedad tardía: De Diocleciano a Don Rodrigo, Sevilla 2006, 157 y ss. (Existen restos de sarcófagos romanos del primer tercio del siglo IV en Andalucía. Existen también algunos epígrafes que pueden ser adscritos al siglo IV como los de Aurelio Juliano y Firmana (ICERV 139-140)

154 Pedro CASTILLO MALDONADO, «El cristianismo y las Iglesias del sur peninsular en la antigüedad tardía, balance histórico», *Revista HABIS*, 44, Universidad de Sevilla, (2013) 281-303.

155 Luís Ángel GARCÍA MORENO, *Los orígenes del cristianismo en la Bética* – M SOTOMAYOR - J. FERNÁNDEZ UBIÑA, *El concilio de Elvira*, 163 y ss.

existencia de 37 comunidades cristianas, 19 de ellas estaban constituidas en obispados ya que sus obispos fueron los representantes de las mismas en el concilio de Iliberri: Acci, Córdoba, Sevilla, Tucci, Epagro, Cástulo, Mentesa, Iliberris, Urci, Mérida, Zaragoza, León, Toledo, Tiguaria, Ossonova, Évora, Eliocroca, Baza y Málaga.[156] Las actas del concilio nos informan que algunas de ellas contaron con algún otro representante eclesiástico como son el caso de Eliocroca, Urci, Cástulo y Córdoba. Sabemos también por las mismas que algunos firmantes de rango no episcopal firmaban en otras 18 o 20 comunidades cristianas: Épora, Urso, Illiturgi, Carula,[157] Aduigi,[158] Ateua, Afinipo, Alauro, Barbe,[159] Edabro, Ayune, Segaldinia, Ulia, Drona, Dária, Solia, Osigi y Cartagena.

Si observamos la cartografía de estos topónimos (ver mapa anexo1), puede observarse la disparidad en el territorio y la propia presencia de estas comunidades nos mostraría una sobrerrepresentación de las comunidades más cercanas a la reunión de Iliberri, pero en cualquier caso esta distribución representa un reflejo fiel de la dispersión del cristianismo en la Hispania romana en el primer cuarto del siglo IV. Así podemos apreciar las diferencias en primer lugar entre las provincias romanas de la Bética y el sureste de la península, y por otro, todo el resto de las provincias hispánicas. Observamos pues, que en prácticamente dos tercios del total de la Diocesis hispaniarum disponemos del testimonio de seis iglesias que son las de Osonova (Faro), Mérida, Zaragoza, León, Toledo, Elbora (Talavera[160]). Las restantes comunidades cristianas representadas en el sínodo de Iliberris pertenecen a la Bética, al extremo sur oriental de la Provincia Cartaginense Diocleciana.

Situando sobre un mapa las 35 iglesias representadas por obispos y presbíteros, en dicho concilio, la mayor concentracion correspondiente a 12 comunidades se encontrará entre las cercanías de la bética y el valle del Guadalquivir entre Cástulo y Osigi (Mancha Real), por el este y Córdoba y Epagro (Aguilar de la Frontera) por el oeste: Cástulo, Osigi, Mentesa (La Guardia), Aurgi (Jaén), Tucci, Egabro, Epagro, Iulia

---

156 F. RODRÍGUEZ, *La colección canónica*, 240-241.

157 El topónimo Cárula puede corregirse por Cárbula, es un topónimo bien testimoniado de la bética localizada en Almodóvar del Río, y si se mantiene su lectura original su localización estaría entre Marchena y Cazalla de la Sierra en la provincia de Sevilla.

158 Aduingi ya corregido en Astigi (Etija) y que de mantenerse se localizaría cerca de Alcaudete en la provincia de Jaén

159 Barbe es una variante de Barbi testimoniada por la numismàtica de época goda y se ha identificado con Singilia Barba en el Castillón.

160 M. VALLEJO GIRBÉS, *Elbora, antiguo nombre de Talavera de la Reina*: (Anales toledanos, 28) 1991, 25-32.

(Montemayor), Ategua, Córdoba, Épora (Montoro) e Iliturgi (Mengíbar). Por el sur encontramos Apasti, Acci, Iliberris y Barbe. Por el oeste, Afinipo, Lauro, Urso, Ezija y Cárbula (Almodóvar del Río). Esto suma un total de 21 iglesias que es más de la mitad de las que se encuentran representadas en las listas del Concilio de Iliberri.

Una representación tan asimétrica y la gran concentración en una pequeña área del territorio forzosamente debe tener un significado y dado que existen dos grandes bloques uno al este y el otro al oeste, viene a reflejar dos territorios en los cuales a principios del siglo IV constituían ya una presencia importante de comunidades cristianas estructuradas con sus ministerios y que constituían una red territorial, lo que a su vez nos indica la presencia desde antiguo de estas comunidades a partir de las cuales a finales del siglo III y primeros del IV se habría establecido esta densa red de comunidades locales. Si además superponemos a esta concentración de iglesias los lugares donde la existencia de aljamas islámicas posteriores el resultado es la coincidencia judía de prácticamente todos los asentamientos cristianos.[161]

En los diferentes cánones de las actas del concilio de Iliberri vemos la existencia de comunidades judías y en la propia Iliberri tan solo medio siglo más tarde el obispo Gregorio nos hablará de esta antigua y pujante comunidad judaica.[162] Existen a su vez testimonios que permiten identificar comunidades judaicas en Sevilla, Afinipo y Málaga en la Bética y de otras fuera de estas.

La situación geográfica de los grandes núcleos de implantación cristiana basados en las actas del concilio de Iliberri nos da el inicio de los caminos y vías que siguió la primera generación del cristianismo.

Cristianización de la aristocracia

Existe una gran laguna en las fuentes históricas que permitan establecer de una forma fehaciente el momento en que se impone el cristianismo en la aristocracia romana, y muy particularmente en la península ibérica. No existe una documentación que nos clarifique el movimiento de la aristocracia hacia el cristianismo; pero si conocemos que fue protagonista de los acontecimientos que transformaron la Hispania romana a una sociedad cristianizada, particularmente a mediados del siglo

---

161 L. GARCÍA IGLESIAS, *Los judíos en la España antigua*, Madrid 1978, 59-68.

162 F. J. LOMAS, *Comunidades judeocristianas granadinas. Consideraciones sobre la homilética de Gregorio de Elvira*, en C. GONZÁLEZ ROMÁN (ed.), La Sociedad de la Bética. Contribuciones para su estudio, Granada 1994, 319-344.

III y que con posterioridad al Edicto de Constantino formó una mayoría cristiana con amplio poder dentro del bajo imperio. Aun conociendo escasas fuentes literarias, sí que podemos rastrear algunos aspectos del proceso de cristianización en la epigrafía disponible y en algunas muestras de la arqueología cristiana. Si bien contamos con una mayor presencia a mediados del siglo IV y a partir de este momento, desconocemos si la formación de estas élites sociales apartadas de la ciudad, constituían ya elementos de relevancia política o religiosa a principios del siglo III, justo en el momento del inicio del concilio de Elvira. Una de las fuentes históricas[163] válidas para conocerla son las propias actas del concilio de Iliberri y junto a fuentes epigráficas, arqueológicas y a través de algunos análisis, poder intuir su influencia en el inicio del cristianismo. Las grandes áreas latifundistas del tardo imperio, aun a pesar de las dificultades de identificación de sus propietarios, podemos analizar la importancia de los mismos en la transformación de Hispania.[164]

La forma en que se implanta el cristianismo en la Hispania romana ha de partir de dos hechos: El ambiente urbano o rural sobre el que surge la doctrina cristiana y su encuadre en el ambiente social y en segundo lugar, la forma en que se realiza la ruralización de la aristocracia romana, a partir de la crisis del siglo III originada en la tetrarquía y que tuvo su cénit a principios del siglo IV[165]. La arqueología de finales del siglo xx ha ido descubriendo a lo largo de Hispania distintas «villae», todas ellas con grandes ornamentaciones y mosaicos con representaciones de temáticas heroicas o literarias que muestran la mentalidad de sus poseedores y que son el reflejo de la actividad productiva y de la riqueza ostentada por dichas elites. Aunque todos estos descubrimientos están referidos a una aristocracia desarrollada entre los siglos IV y V. A pesar de su carácter, es difícil saber si ya eran cristianos en el tiempo del Concilio de Elvira, pero no hay ninguna razón que nos permita pensar que hubiese una situación de resistencia frente al cristianismo naciente.

De las fuentes disponibles hasta la última persecución, la de Diocleciano, conocemos los escritos de san Cipriano, las actas martiriales, de san Fructuoso, Augurio y

---

163 P. PALOL, *Romanos en la Meseta, El Bajo Imperio y la aristocracia agrícola, Segovia y la Arqueología romana*, Barcelona 1977, 297 y ss.

164 P. PALOL, *Los monumentos de Hispania en la arqueología paleocristiana*, en *Actas del VIII Congreso Internacional de Arq. Cristiana*. Barcelona 5-11 octubre 1969, Ed. Città del Vaticano-Barcelona 1972, 167 y ss.

165 A. CHASTAGNOL, *Les Espagnols dans l'aristocratie gouvernementale à l'époque de Théodose. Les empereurs romains d'Espagne*, Madrid-Itálica 1964 – París 1965: C.N.R.S, 269 y ss.

Elogio, así como el diácono Vicente de Valencia[166] o de la información que disponemos de Prudencio en el Peristephanon.[167]

Si revisamos todas las villas encontradas a lo largo de este periodo podemos establecer un mapa donde la aristocracia rural es más evidente, con un desarrollo particularmente de gran densidad de villas en la Bética y gran parte de la Lusitania, la costa cartaginense y el levante de la tarraconense hasta la altura del río Ebro. La Bética, nos presenta una gran densidad tanto de pequeñas urbes como de pagos con una gran intensidad de la Hispania romana y podemos comprobar por la propia arqueología la evolución de algunas de las villas, particularmente en el siglo IV y V y que en algunas existen evidencias de reconstrucción de antiguas villas anteriores al decreto de Constantino y por tanto, su implantación en el tránsito del siglo III al IV. A pesar de la cristianización, evidente desde mediados del siglo III, se observa en ellas su carácter pagano, una clara construcción en la primera mitad del siglo IV y una posterior evolución. El resto de la Hispania aristocrática en sus áreas más occidentales, como la provincia de Galicia, más de origen militar, se aprecia una impermeabilización al cristianismo.

Las religiones del Imperio en la Bética y el cristianismo naciente

Si bien son escasos los datos epigráficos sobre los dioses clásicos romanos en la Bética en el siglo III, son los restos de escultura y los mosaicos los que nos ayudan a adentrarnos en el tema. A pesar de ser muy parcas las fuentes relativas al siglo III, el culto tradicional pagano se reducía a sectores sociales urbanos en un cierto declive realizando una función institucional y de tradición básicamente ritualista.

Por otro lado, observamos que las relaciones comerciales con el norte de África y las relaciones marítimas con el oriente hacen que se importen cultos de origen oriental con una notable expansión en todo el Imperio romano y por tanto llegan hasta Hispania su extremo occidental. Es precisamente el siglo II y el III que estos cultos aparecen con gran espontaneidad y desaparecerán en los siglos posteriores, quedando únicamente el cristianismo.[168]

---

166 M. DÍAZ Y DÍAZ, *En torno a los orígenes del Cristianismo hispánico*, Madrid: Raíces de España 1967, 432 y ss. – A.A. FÀBREGA, Pasionario hispánico, en Monumenta Hispaniae Sacra, (VI), Madrid-Barcelona: C.S.I.C 1953.

167 M. LAVARENNE (Ed.), *Peristephanon*, París 1943.

168 A. GARCÍA BELLIDO, *Les religions orientales dans l'Espagne romaine*: Brill Academic 1967.

Existe no obstante una clara diferencia entre la religión oficial del imperio y los cultos importados. El culto oficial está vinculado a la sociedad y a la naturaleza, mientras que los cultos orientales muestran una particular atención hacia la satisfacción de necesidades de carácter ético o personal, este es el caso del culto a Mitra y del cristianismo que generan un sentimiento escatológico y una propensión al proselitismo.

En este periodo conocemos la existencia de enfrentamientos entre la religión del imperio instituida políticamente, y su enfrentamiento con el cristianismo. Existía ya la idea en el culto romano la idea política del propio imperio, manifestando aspectos sociopolíticos que se traducían en cultos al emperador como «divi filius» que habitaba en una «domus divina» con una cierta relación favorable a lo que en su momento propició que el Imperio romano y imperio cristiano fuesen asimilados analógicamente con la consecuente utilización de símbolos.

En la Bética, los escasos datos de los que se disponen son coincidentes con lo que ocurre en otras alas del imperio: una expansión a través de las clases más humildes y a través de ellas a las clases dominantes.

Entre finales del siglo II y el inicio del siglo III se observa una progresiva organización de los cristianos a través de la Ecclesia que de una forma jerárquica es conducida por los obispos adaptando las formas corporativas propias del alto imperio. La fora jerárquica y su consecuente burocracia, puede ya observarse en las comunidades cristianas a partir del siglo III que a su vez reflejan los usos teológicos propios del fin de la antigüedad. Será a finales del siglo III la conversión de numerosos miembros de las clases dirigentes, particularmente de las pequeñas ciudades, situación un tanto parecida a la que se da en el norte de África. La relación de estas nuevas clases dirigentes con el cristianismo podemos conocerlas por algunos cánones del concilio de Elvira de forma que podemos observar en los mismos las estructuras sociales y de relación entre diversos grupos religiosos, judíos por ejemplo, la legitimación o deslegitimación de las uniones mixtas, el propio comercio, y el trasfondo moral que se respira entre paganos y cristianos, muy particularmente en las ciudades y que posteriormente se irá extendiendo a las zonas rurales con el movimiento de los latifundistas de la ciudad a sus villas en el campo. La propia estructura de la sociedad y sus flujos económicos y productivos mantienen alineada a la Iglesia con los usos y costumbres del modelo romano como son por ejemplo los esclavos y las clases oprimidas que fueron mantenidas en las propias estructuras sociales. El cristianismo naciente no se opuso de forma práctica al esclavismo como tal, si bien arbitró a través del concilio de Elvira medidas para proteger a los esclavos de abusos extremos, si bien las penas impuestas no representaban una gravedad excesiva como puede verse en los cánones sobre la esclavitud. Para entender mejor el fenómeno de la religión en la antigüedad no puede disociarse de la estructura política del imperio ni de las costumbres sociales o prácticas económicas que venían rigiendo en el imperio, la religión imperial también con su culto al emperador muestra de forma fehaciente que el culto religioso primaba sobre lo político, por tanto el culto oficial del estado suponía a su vez una lealtad política, consecuentemente la lógica de persecución al cristianismo estaba justificada por el delito de lesa majestad al no adorar al emperador como persona política divinizada. El edificio estatal en ese periodo estará ligado al culto imperial y en consecuencia la unión de las distintas clases políticas lo están alrededor de este culto.

Dedicados al culto imperial estarán los flámines provinciales, sacerdotes dedicados al culto, para la Bética el culto imperial en los municipios se iniciará con Tiberio y en las provincias con Vespasiano. De este periodo podemos disponer de casi un centenar de inscripciones y diez pertenecen a la Bética. Conocemos un escaso número de flámines en la Bética y que un elevado porcentaje de estos pertenecían a la época de los severos. Conocemos algunos flámines provinciales de fecha desconocida como S. Allius Mamercus de Astigi, C. Cosanus Rusticus de Córdoba y P. Octavius Flabius de Acci. De los casos conocidos en la Bética son anteriores o de principios del siglo III y no existen flamines provinciales con posterioridad a los severos. Aun disponiendo de poca información epigráfica sabemos que este cargo revestía una especial relevancia ya que eran ejercidas por las elites indígenas romanizadas y eran una forma de acceso a la oligarquía municipal gozando de importantes honores e ingresos.

La importancia en la Bética del culto imperial no deja ninguna duda ya que es considerado como un aspecto del imperialismo romano.[169] El cargo de Flamen provincial duraba un año y era elegido por una asamblea provincial o concilium que se reunía en la ciudad de Córdoba y estaba formado por representantes de diversas ciudades de la zona. Al cabo de un año recibían el titulo honorifico de Flamines asociando a estos los más altos honores incluidas las estatuas. Esta lección tenía un carácter eminentemente político y que el propio concilium tenía facultades sobre los gobernadores provinciales ya que tenían la facultad de poder enviar delegaciones, facultades, directamente al propio emperador.

La crisis del siglo III como crisis social y general de la forma de producción hará que exista una cierta decadencia también en el culto en una sociedad romanizada.

---

169 C.H.V. SUTHERLAND, *Aspects of imperialisme in Roman Spain*, JRS, XXIV 1934, 31-42.

LA ADMINISTRACIÓN Y LA VIDA RURAL Y CIUDADANA EN LA BÉTICA A PRINCIPIOS DEL SIGLO IV. UN CONTEXTO PARA ENTENDER LOS CÁNONES DEL CONCILIO DE ELVIRA

Para comprender algunos de los cánones y normativas del concilio de Iliberri hay que entender las formas de propiedad y su explotación y los lugares en que se asentaron las riquezas de la Bética. Es importante para esta zona de Hispania reconocer no solamente la geografía económica, y, por tanto, la distribución y uso de los distintos recursos, sino también las formas de producción que se utilizaban en el periodo comprometido desde finales del siglo III y primeros del IV, así como la forma de comercialización y distribución de los bienes excedentes.[170]

Vemos por el testimonio de las actas del concilio de Iliberri, que al mismo asistieron obispos de ciudades cercanas, de Córdoba, la capital, de Hispalis, de Acci, de Igabrum, Tucci, Castulo, Urci, Basti y Malaca. Todas ellas ciudades de la Bética situadas básicamente en las riberas del Guadalquivir y del Genil, mientras que asistieron de otras provincias de Hispania como lo fueron de las ciudades de Emérita, César Augusta, Legio, Cibularia, Osonova, Ebora, Elicrona.[171] De estas ciudades destacamos a Emérita como un gran centro administrativo y una ciudad que empieza su desarrollo a primeros del siglo IV.

La situación en el siglo IV del mundo tardoromano, particularmente de sus ciudades, debe verse desde su trascendencia, particularmente en el ámbito mediterráneo y perteneciente a una provincia romana muy alejada de los problemas de la urbe y cuya principal misión y tráfico era básicamente comercial, para mantener las redes internas comerciales en las provincias de Hispania o como puertos de salida o entrada de productos exportados o importados así como el tránsito de personas,

---

170 A. PRIETO, *Pervivencia indígena en la Bética*: VI congreso internacional de estudios clásicos, Madrid 1974.

171 J. VIVES, *Concilios visigóticos hispanoromanos*, Barcelona 1963 – M. SOTOMAYOR, *Historia de la Iglesia en España*, I, *La España romana y visigoda*, Madrid 1979.

ideas y textos que en aquel momento eran particularmente importantes para la difusión del cristianismo en la península.[172]

La administración y la actividad de estas pequeñas ciudades a principios del siglo IV nos ofrecen una gran laguna informativa, pero podemos cuantificar a través de la Notitia Galliarum que, para «Septem Provinciae Hispania», y por tanto en todas sus provincias, el número de ciudades era de 108.

El conocimiento actualizado especifico de las ciudades de la Bética romana, en un reciente estudio[173] y relativas a los Conventus Hispalensis (Circumscripción propia del alto imperio) y Astigitanus han sido la antesala de estudios que pueden completar el resto de la provincia Baetica. Ha sido necesario definir los límites de los conventus y en segundo lugar el número de ciudades para cada una de las unidades administrativas analizadas,[174] ello redunda en un «importante y novedoso resultado» ya que se desconocían los límites de los conventus y el límite de las ciudades en ellos. Ello permite, estudiar la implantación de Roma en un territorio como la Bética. Este nuevo estudio ha permitido la identificación de muchos yacimientos arqueológicos identificados como ciudades, obteniéndose de ellos una documentación fotográfica, topográfica y electromagnética.

La progresión del conocimiento, propiciada sobre todo por el amplio volumen de excavaciones efectuadas en el ámbito rural, tanto en Hispania como en el resto del imperio, ha proporcionado un rico panorama en el que queda descartada la visión tradicional de un territorio vertebrado a partir de prácticamente la exclusividad de su ocupación y explotación mediante villas. Otra cuestión diferente es la dificultad que en muchas ocasiones entraña la identificación y diferenciación desde un punto de vista arqueológico de los asentamientos que poblaban el mundo rural, entre los que se encuentran, desde una perspectiva amplia, Castella, Vici, Fora, Pagi, Conciliabula, Centenaria, Burgi, Cuadriburgia, Turres, Loci, Nundinae, Stationes, Villae, Villulae, Praetoria, Casae, Aedificia, Tuguria, Mansiones, Mutationes, Diversoria, Stativae.[175]

---

172 «Transormacion et conflicts au IV sciècle», A. P. J. C. Antiquitas I BD. 29, Bon (1978), 93, (en este articulo se pone el centro de interés en la manera en la que se revitalizaron las ciudades durante el siglo IV, particularmente gracias al influjo de las villae rurales)

173 Juan M. CAMPOS CARRASCO - Javier BERMEJO MENÉNDEZ, El corpus de ciudades romanas de la Bética: Antecedentes, hipótesis de partida y fundamentos metodológicos, Universidad de Huelva: Onova Monografías 2018

174 R. THOUVENOT, Essai sur la province romaine de Betique. Biblioteque de l'Ecole française d'Athènes et Roma 1149, París 1973.

175 Los distintos términos para designar diferentes formas de asentamiento y su terminología han sido tratados especialmente por G. C. PICARD, Les conciliabula en Gaule: BSNAF 1970, 66-69 – J. F. RODRÍGUEZ NEILA, Consi-

Algunos de ellos responden a una realidad arqueológica claramente diferente de las villas, con una complejidad viaria, dimensiones y configuración arquitectónica diferentes, pero que en otros la distinción no esta tan clara.

Las dificultades para identificar ante qué tipo de establecimiento nos encontramos, han llevado en los estudios de poblamiento a preferir a menudo la creación de tipologías con terminología moderna. Esos términos hacen referencia habitualmente a las dimensiones de los asentamientos, que en muchas ocasiones constituyen el único criterio de que se dispone a esos efectos, en concreto cuando se trabaja sobre todo con la documentación proporcionada por las prospecciones superficiales, como ocurre necesariamente en muchos estudios sobre poblamiento. En estos estudios se nombran muchas clasificaciones y términos, como pueden ser: «pequeñas ciudades», «aglomeraciones secundarias», «pueblos», «aldeas», «granjas», «centros de producción agrícola», «factorías», «centros artesanales», «complejos de grandes dimensiones», «edificios de menores dimensiones», «edificios aislados», «asentamientos de primer orden, segundo orden, etc».[176]

Del conocimiento de estas ciudades antiguas, de su topografía y su teórica reconstrucción de los trazados urbanos se deriva el conocimiento, no solo de su composición física, sino de todas aquellas actividades desarrolladas en las mismas y las producciones y el tráfico comercial para poder ver tanto su evolución en el tiempo, reconstruyendo su continuidad histórica,[177] pero haciendo un especial hincapié en el proceso de romanización.[178]

El paisaje rural en la Bética

El paisaje rural de la Bética, viene formado por su propia secuencia evolutiva a lo largo del tiempo, lo que hará que en esta época romana ese paisaje cumpla con las necesidades de la producción agrícola ganadera y de explotación de recursos naturales, de manera que nos permita comprender la situación económico-social de una ciudad o zona ubicada en este paisaje, en este caso, a finales del siglo III y principios del siglo IV. La evolución lenta y natural viene impulsada, no solo por la

---

deraciones sobre el concepto de Vicus en la Hispania romana. Los Vici de Córduba, Córduba, (2) 1976, 102-108.

176 Rafael HIDALGO PRIETO (ed.) *Presentación de las villas romanas*, 22.

177 J. M. CAMPOS - N. O. VIDAL, *El urbanismo de las ciudades romanas del territorio onubense. El caso de Itucci, actas del segundo congreso de arqueologia peninsular*, (tomo IV), Zamora 1996 - 1999, 229-236.

178 M. BENDALA GALÁN, *La génesis de la estructura urbana de la España antigua*, (16): CUPAUAM 1989, 127 y ss.

presencia humana, sino por los continuos cambios ambientales o la acción de fenómenos adversos que en determinados momentos cambian la fisonomía del paisaje. En una sociedad compleja y avanzada como la romana, la afectación del territorio es intensa y genera grandes cambios que dependen de la presencia humana y su grado de asentamiento y a la intensidad de explotación del territorio en base a la tecnología disponible. La civilización romana provoca una evolución constante debido a su interés por la conquista y la implantación de una civilización más sofisticada, particularmente, por la necesidad de producir productos básicos para el imperio, lo que provoca un gran desarrollo agrícola y una domesticación del paisaje, lo que se traduce en la eliminación de los bosques naturales y substitución por tierras de cultivo, modificando por tanto un paisaje forestal por uno eminentemente agrícola, siendo esta transformación mayor cuanto más cercano esté al núcleo habitado y cuando mayor sea su tamaño. Por el pequeño tamaño de las ciudades dispersadas a lo largo de la Bética y los innumerables hallazgos arqueológicos de las villae podemos ver que el entorno es eminentemente agrícola pero también esta modificación del territorio se efectúa ya también con la explotación de la minería donde en el espacio de la Bética alrededor del río Genil y sus afluentes encontramos grandes transformaciones del terreno debido esencialmente a la explotación del oro. El marco natural que nos encontramos en los cursos bajos y medios del rio Guadalquivir, conocido en época romana como rio Betis, podemos ver como se encuentran al sur de esos cauces masas montañosas por las que discurren las aguas hacia las cuencas atlántica y mediterránea. En la subbética occidental encontramos Sierra Nevada y la Penibética que constituyen el límite provincial.

El mundo romano desde su apogeo imperial, se vio beneficiado por condiciones climáticas benignas y constituyó en medio adecuado para la expansión de la agricultura. En el siglo III se produjo una situación de cambio climático, con una incursión de un periodo de frio continuado e intenso con sequias en el entorno del mediterráneo y anomalías atmosféricas con grandes anticiclones que cortarían las corrientes cálidas del atlántico e influirían en una aridificación ambiental, lo que contribuyó a generar una quiebra social y económica que empujaría a presionar a los puebles bárbaros, a penetrar en las fronteras romanas a través de centro-Europa e invadir esporádicamente el suelo hispánico.[179]

Las evidencias arqueológicas nos permiten descubrir la presencia de utensilios elaborados con madera, fibra, astas y piedra así como infraestructuras para el procesa-

---

179 Luis Javier SÁNCHEZ HERNANDO, *Paleopaisajes y ecosistemas en el mundo bético, Universidad de Huelva, Ciudades romanas de la provincia Bética* – J. M. CAMPOS CARRASCO – J. BERMEJO MENÉNDEZ (eds.), 29-49.

miento, almacenamiento y transporte como son silos, ánforas, prensas. El contexto arqueológico nos muestra la disposición del fuego en hornos, hogares y cremaciones, lo que constituye a través de sus restos y de las altas temperaturas, evidencias paleobotánicas dotadas de una gran significación cultural.

De la ciudad de Iliberri destacan los restos de almazaras y la presencia de endocarpios de olivo.[180] Podríamos destacar, como resumen de este autor, el cuadro del paisaje dominante en torno a las ciudades de la Bética romana y que nos da la impresión del paisaje donde estará configurada la ciudad de Iliberri: «En definitiva, el paisaje dominante en el entorno de las ciudades romanas sería un paisaje abierto y ordenado, principalmente herbáceo y arbustivo salvo las plantaciones de olivo, basado en el monocultivo, sin descartar explotaciones mixtas (olivo-cereal), o integradas (silvopastorales) en los lugares que las condiciones lo permitieran. A medida que se toma distancia de las ciudades, el paisaje se asilvestra progresivamente manteniéndose masas boscosas en las zonas medias y altas de las sierras. En este caso, además de las quercíneas y coníferas principales, existiría una amplia nómina de especies pertenecientes al cortejo mediterráneo, que conformarían un paisaje cerrado y silvestre, con altas existencias de biomasa, estableciéndose un continuo vuelo-suelo de gran vitalidad que actuaria como soporte de fauna mediterránea (cérvidos, bóvidos, lobo, jabalíes, conejos, liebres, etc...)».[181]

La propiedad y su explotación

La situación de las invasiones esporádicas y los acontecimientos a finales del siglo III causaron un cierto colapso entre los propietarios de las tierras y los grandes latifundistas incluyendo la creación de nuevos sistemas de colonización y durante algún periodo cierto colapso en las redes comerciales que orientaron a muchas de las actividades del campo hacia una economía de subsistencia. Cuando revisamos la situación de finales del siglo III y la evolución de la economía y el modelo social del siglo IV podemos ver que a finales de este periodo y hasta finales del siglo IV se inicia un siglo de gran esplendor y estabilidad productiva en el mundo agrario.[182] Los sistemas agrícolas mantienen su estabilidad a lo largo de fluctuaciones históri-

---

180 SÁNCHEZ HERNANDO, «Las actividades productivas de la Florentia Iliberritana, ciudad y campo», *Revista del CEHGR*, 25, (2013) 49-57.

181 SÁNCHEZ HERNANDO, «Las actividades productivas de la Florentia Iliberritana, ciudad y campo», 46

182 E. ARIÑO – P. C. DÍAZ, *La economía agraria de la España romana, colonización y territorio: Estudios de Economía Antigua de la Península Ibérica*, (17): Nuevas aportaciones SHHA 1999, 153-192.

cas manteniendo el modelo productivo activo a pesar de las transformaciones ya que acostumbran a presentar una lenta evolución y una estable continuidad.[183] Para comprender el mundo agrario que nos ofrece en este periodo en Hispania la información arqueológica nos presenta importantes evidencias apoyadas por alguna literatura escasa de manera que podamos establecer una cierta coherencia en la comprensión de la actividad de la bética. No obstante la importante arqueología, una parte de las prospecciones realizadas sigue ofreciendo una cierta ambigüedad pero disponemos de suficiente información de los distintos yacimientos excavados para poder dar una imagen global de esta situación.[184]

La dinámica del funcionamiento agrícola hay que comprenderla en primer lugar desde la explotación del medio rural desde las mismas ciudades como el fenómeno mas frecuente. Es difícil, no obstante, detectar los nexos existentes entre la ciudad y la explotación de las tierras que la rodean.[185]

Por otro lado, la epigrafía nos documenta diversas formas de población tipo poblado cuyo principal modelo de trabajo es la agricultura o la minería. La epigrafía los documenta como uici o pagi.[186] Encontramos también antiguos *oppida* indígenas romanizados. Son agrupaciones urbanas que no llegan a categoría de ciudad ni poseen estructuras de tipo urbano. En cambio, los oppida sabemos que sobreviven como lugares de explotación de la tierra hasta una época bien tardía.

Utilizamos el concepto de villa como el lugar rural, donde se produce la explotación de la tierra y la transformación agrícola de sus productos; manteniendo el hecho de que los pequeños propietarios sigan residiendo en poblados y ciudades.[187] La «villa» no es el único término usado por los romanos para asignar las residencias y/o explotaciones agrarias.[188] El aspecto productivo constituye una característica ligada

---

183 E. VOSERUB, *Las condiciones del desarrollo de la agricultura. La economía del cambio agrario bajo la presión demográfica*, Madrid 1967.

184 J. G. BORGES. *Les villes hispano-romaines. Inventaire e problematique archeologicques, París 1979 – A CHABARRÍA, Novedades bibliográficas sobre villaes romanas en Hispania durante la antigüedad tardía 1990-1999*, Association pour l'Antiquité tardive. (Bulletin, 8) 1999, 57-67.

185 P. C. DÍAZ, *City and territory in Hispania in late antiquity – G. P. BROGGIOLLO, N. GAUTIER Y N. CHRISTINE (eds.), Towns and their Territories between Late Antiquity and Early Middle Ages – J LAIDEN-BOSTON-KÖLN 2003, 35.

186 María L. CORTIJO CEREZO, *Algunos aspectos sobre el medio rural en la Bética romana*, (Hant 17): Pagi y Vici 1993, 197-214.

187 R. NAVARRO SÁEZ, *El territori i el món rural,* en P. PALOL (dir.), *Del romà al romànic. Història, art i cultura de la Tarraconense mediterrània entre els segles IV i X*, Barcelona 1999, 151-154.

188 Ibíd., 21

íntimamente al concepto de villa, si bien este concepto no se da en todos los casos como ocurre en algunas villas suburbanas y en las villas imperiales, que acaban convirtiéndose a mediados del siglo IV en centros de poder y lugares de exhibición y relación de sus propietarios. Es lo que los datos de la arqueología nos ofrecen al ver el carácter monumental de estas villae donde los propios ejes de organización del espacio y la escenografía, así como las áreas con mosaicos[189] decorativos y pintura nos muestran el aspecto notable de las mismas como un fenómeno general no solo de la Bética, sino de toda Hispania y del Imperio.

Cuando analizamos la evolución de estas villas a principios del siglo IV nos encontramos ya con estructuras destinadas a la elaboración de los productos agrícolas de una forma más industrializada orientada a los mercados y los productos de alta rentabilidad que requieren un trabajo más elaborado y una especialización como en el caso del vino[190] y el aceite de alta rentabilidad se hallan presentes en muchas de ellas. A medida que avanza el siglo se hacen más evidentes la construcción de depósitos de signinum para almacenar productos y zonas de almacenaje específico con las dolia.

Encontramos también en la Bética, villas vinculadas a la explotación de salazones como las que se encuentran en Málaga. (Una de las ciudades (Malaca) asistentes al concilio de Iliberri).[191] Existe para este periodo una relación directa con los patronos. Lo encontramos ya referenciado en el concilio de Toledo, a finales del siglo IV (400), cuando se pide el consentimiento para la ordenación de clérigos al patrono.

Sería también parte del panorama de la explotación agrícola el sistema de fincas cuyos dueños residiesen fuera de Hispania ya desde esta temprana época ya que encontramos el ejemplo de Melania o de los senadores romanos que reciben en Roma las rentas de sus posesiones y la recibían directamente en oro o en plata y de ello mismo también podemos deducir que de la honradez de los administradores de esas tierras alejadas del propietario evidencian la preocupación por la gestión de los fondos más lejanos.[192] Se impone también progresivamente un tipo de explota-

---

189 Milagros GUARDIA PONS, *Mosaicos de la antigüedad tardia en hispania: estudios iconografia*, Barcelona 1992

190 J. G. BORGES. *Les villes hispano-romaines. Inventaire e problematique archeologicques*, 208-209 – M. A. MEZQUIRIZ, *La producción de vino en época romana a través de los hallazgos en territorio navarro. Trabajos de arqueología navarra* 1995-1996, 83-89.

191 M. P. CORRALES AGUILAR, *Salazones en la provincia de Málaga: Una aproximación a su estudio*: Mainake 1993- 1994, 15-16.

192 D. VERA, *Simmaco e le sue proprietà. Struttura e funzionamento di un patrimonio aristocratico del quarto secolo d.C.*, 258-252.

ción en el cual parte de estas fincas puedan ser arrendadas para conseguir una mejor gestión de las mismas si bien este tipo de explotaciones tampoco se diferenciaba en la forma de trabajar.[193]

Se ha constatado a través de la historia la proliferación de villas en el campo a partir de mediados del siglo II, a partir de finales del siglo III se acentúa en dichas villas la adición de una residencia más o menos suntuosa, para sus dueños, junto a las dependencias de tipo agrícola existentes. Estas residencias ofrecían gran tipo de comodidades y algunas de ellas excelentes decoraciones y mosaicos. Por este tipo de pavimentos musivos que se extienden hasta el siglo IV, lo que nos demuestra indirectamente la migración que se produce de la ciudad al campo. Si bien también observamos en la Bética un gran movimiento ciudadano particularmente importante en zonas urbanas de gran actividad comercial y de gran trafico como Córdoba o Itálica.[194] Para algunos autores[195] «las villae rústicas habían hecho su aparición a gran escala, a finales del siglo II, pero fue en el siglo IV, con la decadencia de las ciudades, cuando los latifundios adquirieron su importancia y motivaron un cambio fundamental en la estructura social y económica de la península».[196] Durante este periodo la esclavitud quedó un tanto relegada en las explotaciones agrarias y en la minería, emergiendo el colono y el trabajador libre, gracias a esta evolución se mantuvo a pesar de la conmoción sufrida por el imperio a finales del siglo III y primeros del IV una importante riqueza ganadera.[197] En estas villas, cuya autonomía era muy grande, se encuentran vestigios arqueológicos de molinos de aceite y restos de prensas, encontrándose todas ellas cercanas a los ríos o a las fuentes ya que se precisaba mucha agua, tanto en la tierra de cultivo como en los pastos. Esto hacía que estas villae fuesen muy autónomas. Las investigaciones arqueológicas, hoy día, existentes, nos han dado a conocer algunas de estas villas. Existe para ello hoy en día un amplio repertorio y actualización de la función de las mismas y de su estructura,[198] así como de su evolución de los que tenemos algunos ejemplos como el Cortijo Titos de Granada con numerosas construcciones, restos de molinos que indican la

---

193 J. CALLSEN - LAW CALSHTON (editor), *Terre: propietari*, 47-49.

194 A. BADIL, *Estado actual del estudio de la Musivaria romana en España 1967*, 28.

195 BLÁZQUEZ, *La romanización*, (Estructura, 22), Madrid 1974

196 Ibíd., 270

197 Ibíd., (Estructura 14), 53.

198 Rafael HIDALGO PRIETO (Coord), *Las villas romanas de la Bética*, (Vol. I y II): EUS, Sevilla 2016.

existencia de una villa tardo-romana desde el siglo III en adelante.[199] Otro ejemplo es la Vega de Granada, plagada de caseríos con restos escasos y mal fechados, todos ellos alrededor o cercanos a la ciudad de Elvira ya que los restos arqueológicos que disponemos son los de Sierra Elvira, Pinos Puentes, Tocón, Ubillas, Río Frío.

El oro granadino, la minería y su explotación final

Desde tiempos más remotos, era ya conocida la presencia del oro en la serie de colinas que por efecto de la inundación se han formado en el enorme manto aluvial de Granada; y tanto la tradición como la historia, hace memoria del Cerro del Sol y de las colinas del Alhambra por estos conceptos. Los citados aluviones han debido proceder de las sierras más próximas a la zona de Granada, por ejemplo se encuentran en completo desorden cantos de micacitas, más o menos granatíferas, de talquitas, pizarra clórica, caliza cristalina, anfibolita, cuarzo, cuarcito y serpentina; rocas todas de la Sierra Nevada así como también los cantos o almendrillas de hierro oligistro y magnético titanado a quien la localidad llaman lapinos.[200]

La zona geográfica de Iliberri cuenta con una orografía especifica donde se suceden los distintos macizos montañosos de la cordillera bética en la que se alternan depresiones con grandes valles. Entre estas depresiones circulan distintos ríos que han sido siempre muy apreciados por la riqueza aurífera que contienen. De entre ellos destacan los ríos Darro, cuyo curso baña la actual ciudad de Granada y la zona de la antigua Iliberri, conservando en la historia de su toponimia vinculada la palabra aurum, también el río Genil en su confluencia con el Darro aportó en su momento una gran cantidad de depósitos de oro. Conocemos también que los fenicios introdujeron en la península ibérica el refinado del oro y que algunas de las piezas confeccionadas con este metal han sido halladas en asentamientos próximos a la zona de la actual Almuñécar. La orfebrería pues, producida en la península ibérica, hay que entroncarla con la producción mediterránea donde se encuentran en muchos lugares en los ajuares funerarios.

La explotación del mineral viene siendo conocida desde finales del siglo II antes de Cristo y se encuentra ya mencionada en los testimonios de Posidonio hacia el año

<hr>

199 Rafael HIDALGO PIETRO, *Clases sociales en el Conventus Astigianus durante el alto imperio romano, memoria de licenciatura*, Conventus 39, Granada 1973.

200 GONZALO Y TARÍN, 1881, 120-124.

135 y también en los de Polibio en el siglo II antes de Cristo.[201] Consecuentemente algunas de las explotaciones auríferas de la zona habrían comenzado en época republicana y probablemente una de las primeras explotaciones en la península. Una vez explotadas las cuencas auríferas se habría producido una decadencia en los asentamientos mineros y la transformación de estos en pagi. Conocemos por los cronistas árabes la existencia de oro, tanto en el río Darro, como en el Genil, y por ellos conocemos que el oro continuaba extrayéndose durante el periodo islámico. La explotación romana del oro a gran escala por los romanos se obtuvo a base de aplicar técnicas hidráulicas a la minería y poder tratar con ello grandes masas de aluviones auríferos existentes en toda la zona. Una vez explotados este tipo de recursos, la minería aurífera a gran escala fue abandonada para circunscribirse al bateo de los placeres aluviales del Darro y el Genil y también de las galerías en la arena, disponibles o reutilizadas para seguir produciendo oro en pequeña cantidad. La técnica utilizada es parecida a la usada en el término de las Médulas en León donde para forzar la erosión de los terrenos se producían los derrumbes artificiales de las laderas, provocando el hundimiento del terreno y la posterior utilización del agua para conseguir decantar el oro en los canales de lavado.

Por los trabajos arqueológicos conocidos la extracción de oro en la zona de Granada por procedimientos hidráulicos y a gran escala han sido reconocidos en la cara oeste de Sierra Nevada en los valles de los ríos Genil y Darro, en la cara norte de la sierra de lo filadeos y en los valles de los ríos Guadalfeo y Galopón. Aún hoy podemos reconocer la gran trama hidráulica que se desarrolló en época romana para la conducción de agua que a su vez fueron utilizadas en la Edad Media para minería y riego.

La instalación aurífera cercana a Granada está claramente identificada como explotación de gran intensidad, utilizando la tunelación de las montañas, y creando pasillos en retícula a la cual se le inyectaban grandes cantidades de agua de manera que una vez los materiales quedaban disociados entraban en los canales de lavado de manera que se producían a partir de ello la extracción de las pepitas de oro de la arena generada. Existe también al sur del Cerro del Sol donde existe todo un entramado de galerías reacondicionadas que probablemente formaron parte de la actividad minera. Esta misma práctica se puede documentar en las zonas como la cuesta del Pino, el pedregal y el hoyo de las minas donde existieron restos de minería y pozos, así como pequeñas estructuras para la explotación aurífera.

---

201 F. J. SÁNCHEZ-PALENCIA RAMOS – L. C. PÉREZ GARCÍA, *Los yacimientos auríferos de la Península Ibérica*: Oro Orfebrería Antigua en Hispania 1999, Madrid, 18-25.

La agricultura en la Bética

Era una economía próspera y la propiedad de las tierras estaba muy difundida, aunque seguían perviviendo grandes latifundios de familias patricias o asignadas a los emperadores.[202] Los grupos sociales vinculados a las exploraciones agrícolas se hallan delimitados por un amplio abanico de sectores sociales, pero podemos partir del hecho de que: «los rasgos económicos diferenciales de la Bética respecto a las zonas centrales y septentrionales de Hispania y su alto grado de romanización, se cimentaron en la aceptación de formas de explotación más avanzadas».[203]

A finales del siglo III estas formas de explotación se podrían sintetizar en tres: la propiedad de los esclavos, las propiedades en las *villae* y las grandes propiedades o latifundios imperiales. Dentro de estas formas la producción de bienes y su explotación difieren unas de otras.

Los esclavos

La propiedad de esclavos fue una nota dominante de la economía del imperio. Podemos contrastar esta situación en base a la propia legislación romana ya que el esclavo era considerado una cosa y su estatus tenía muy pocas probabilidades de incidir en las esferas sociales y económicas. A su vez el modo preponderante de producción de las propiedades puede verse reflejada para ver la influencia de su superioridad numérica y por la destreza en sostener la producción.[204]

La propiedad de esclavos y su aportación como mano de obra a las explotaciones rurales básicamente se encuentra bajo el predominio del trabajo de esclavitud sobre cualquier otra forma de trabajar, siendo la ciudad la gran organizadora de la vida económico social que impone sus límites al desarrollo de la propiedad privada y obliga a los ciudadanos «possessores» a hacer numerosos donativos, con el objeto de transferir a los pobres libres, una parte del beneficio de la explotación, a su vez producida por los esclavos, para evitar que estos grupos se alíen entre ellos. Este tipo de donativo, era parte del evergetismo de las clases dominantes a quienes

---

202 BLÁZQUEZ, *La romanización*, 52.

203 M. L. SÁNCHEZ-LEÓN, *Economía de la Andalucía Romana durante la dinastía de los Antoninos*, Salamanca 1974, 13.

204 PEREIRA MENAUT, GERARDO, *La esclavitud y el mundo libre en las principales ciudades de Hispania Romana: análisis estadístico según las inscripciones*: Papeles del Laboratorio de Arqueología de Valencia, 1974, Nº. 10, 160- 183.

correspondía el embellecimiento de ciudades, el mantenimiento de edificios y la organización de fiestas y festivales. Por otro lado, también los magistrados debían facilitar a la ciudad el vino, el aceite y el grano a bajo precio para poder hacer posible que las clases más bajas pudiesen tener acceso a una alimentación básica.[205]

El esclavismo va unido a la producción agrícola y también a la producción artesanal en pequeños talleres y en la Bética la producción artesanal estaba centrada en la confección de cerámicas, ánforas, elementos de construcción, producción de transformados y herramientas y utensilios. Las propias leyes romanas establecen el predominio de fincas cuya extensión fueran más o menos semejantes y que estuviese en manos de los miembros de la oligarquía municipal.[206]

Las distintas aseveraciones agrícolas favorecen el desarrollo de la producción ya que se requiere sistemas de riego, construcción de vías y desarrollo urbano, así como el desarrollo de una pequeña industria de transformación. No hay que perder de vista, no obstante, que el principal bien mueble y por tanto mercancía de tráfico son los esclavos, es por ello que el sistema esclavista centra todos sus esfuerzos en la relación de productor/propietario. El trabajador esclavo es considerado como una condición inorgánica de producción junto al ganado o al propio suelo.[207] El sistema de esclavitud llegará a una situación de crisis por el propio desarrollo de la ciudad por la implantación de villas de mediano tamaño y por el propio desarrollo de la producción mercantil.

El colonato de hecho no supone más que una evolución respecto a la explotación esclavista: se limitaba a poner al descubierto esta forma de explotación, ya que cuando el colono distribuye su tiempo de trabajo entre lo que es de su señor y lo que le es propio sea trabajando la tierra o pagando una renta por la misma, delimita claramente el trabajo necesario y el trabajo excedente, es decir lo que el trabaja para subsistir y lo que trabaja para que subsista su señor, por ello el efecto que esta forma de trabajo tiene sobre la agricultura no adquiere un mayor relieve salvo en la política.

Conocemos que a comienzos del siglo III el número de esclavos disminuye, pero el sistema esclavista sigue manteniéndose en toda su extensión si bien se empiezan a observar los primeros síntomas de desaparición del sistema. Vemos que la exis-

---

205 J. FERNÁNDEZ UBIÑA, *La crisis tercera a la bética*,17.

206 M. VIGIL, *Edad antigua. Historia de España*, (1), Madrid: Alfaguara 1973, 186 y ss.

207 K. MARX, *Formaciones económicas precapitalistas*, (139 CF), Madrid 1967, 141-142.

tencia de esclavos y del trabajo desarrollado por estos está vigente a inicios del siglo IV gracias a las referencias que se hace de ello en los cánones del concilio de Elvira, así se demuestra en el canon 5 donde el castigo a los esclavos, incluso su muerte es castigada con siete años sin recibir la comunión, o en el canon 41 que se aconseja la prohibición del culto a los ídolos a los amos y en el canon 80 se prohíbe acceder a los libertos al estado clerical si sus patronos siguen vivos. La decadencia ciudadana que empezó a finales del siglo III y alcanzó su plenitud a mediados del siglo IV tuvo en la Bética la excepción con el asentamiento en medio de los grandes latifundios de pequeñas y medianas propiedades. Se puede deducir esta situación de las marcas de ánforas disponibles y del número de colonias y pequeños grupos organizados que seguirán manteniendo su subsistencia hasta el periodo visigodo. Existen numerosos testimonios arqueológicos de distintos propietarios de estas pequeñas y grandes propiedades donde se recogen las distintas notas epigráficas que señalan la persistencia de los esclavos y todas aquellas instituciones que rodean la esclavitud. En todos los elementos que configuran la situación de crisis económica de finales del siglo III podemos documentar con suficiencia el tipo de donaciones en que la oligarquía municipal estaba sometida y que eran la base de financiación de las ciudades, como anteriormente hemos dicho, y que mantenían a su vez el sistema esclavista. Conocemos un número muy significativo de casos sobre todo de la Bética, destacando especialmente la annona urbana, así como los gastos en espectáculos, juegos y festivales y las donaciones en las propias ciudades.[208]

La propiedad extraterritorial

La principal característica de los latifundios extraterritoriales fue su independencia de las ciudades por lo que el derecho de propiedad del suelo era de propiedad privada con una mayor complejidad y desarrollado en diversa forma del perteneciente a una villa de carácter urbano. La evolución de la época hacía que en estos latifundios trabajasen más hombres libres con diversas formas de honorarios que en las villae más esclavistas y normalmente su explotación estaba organizada entorno a aldeas creadas por el propio estado con órganos de administración, divinidades propias y estatuto ciudadano propio. Este tipo de trabajadores que dependían de los grandes terratenientes, constituían también una parte de su propiedad. Este proceso de transformación de la esclavitud sufrió distintas formas en el imperio y muy posiblemente en las provincias occidentales, Hispania, la explotación en las

---

208 A. BALIL, «Liberalidades privadas en la España romana», *AEA*, XXXVII, (1964) 172-173.

grandes fincas se desarrollara mucho más. La crisis esclavista que comenzó a ser perceptible desde mediados del siglo III y la decadencia urbana, en el crecimiento de los grandes latifundios y la explotación de los grandes propietarios que se fue desarrollando hasta la crisis del siglo III, lo que suponía una modificación de las estructuras económicas basadas en la vida urbana y que fueron propias del alto imperio. Cuando se empieza a trabajar estas grandes propiedades con campesinos libres o colonos alejados, muchos de ellos, del lugar de residencia de los propietarios, va haciéndose más frecuente la existencia de esclavos a los que sus dueños habían asignado parcelas de tierra, de manera que estos podían recibir un pecunium como parte del producto producido, lo que ayudó ciertamente a la compra de su manumisión y por tanto su paso al estatuto de liberto.[209] Se observa también en este periodo, de finales del siglo III y principios del IV, la dificultad jurídica romana para clasificar de una forma correcta a los Coloni, del bajo imperio y fue precisamente gracias a esta jurisdicción la sustitución de los jornaleros libres y la progresiva sustitución de la esclavitud tradicional.

La nueva situación significa de un paulatino declive de la civilización urbana, el distanciamiento entre los súbditos y el emperador romano y, como consecuencia de ello, el aislamiento de los súbditos, que oprimidos por todo tipo de arbitrariedades, buscaron su protección en el establecimiento de relaciones directas con su señor local. A su vez, emergió el predominio de las aldeas rusticas sobre las villas esclavistas, lo que provocó una reorganización social con desaparición de algunos grupos y la decadencia de los mercados humanos y con ello a la alta política impositiva del poder central, lo que originó corruptelas locales de gran incidencia en las zonas.[210]

Un sistema económico en una red politicosocial y la propiedad imperial

Si nos acercamos a la epigrafía de la cuenca del Betis, podemos disponer de unos 1600 epígrafes de los cuales 1089 están distribuidos entre distintas ciudades de su cuenca, Celti, Accati, Arba, Canania, Naeva, Ilipa Illia, Itálica, Hispalis, Oset, Lucurgentum, Oripo y Cárua. Este material epigráfico producido en el siglo II d.C. permite conocer la vida económica y social de estas comunidades que en el tramo Hispalis-Celti se basa en el transporte de productos agrícolas: aceite trigo y vino, y de los minerales procedentes de Sierra Morena desde los lugares de producción a los

---

209 M. VIGIL, *Edad antigua. Historia de España*, 351.

210 J. A. GARCÍA DE CORTAZAR, *La época medieval, historia de España*, (2), Madrid: Alfaguara 1973, 20-21.

puertos de embarque. Es una especial incidencia de la actividad económica está reflejada sobre todo en Hispalis donde encontramos un gran número de funcionarios libertos y oficiales encargados de la aadministracion y el control de comercio de la metrópoli con algunas magistraturas especificas, asi como un numero de procuradores y personal subalterno de la administración imperial lo que hace pensar que ya en esta época la ciudad de Hispalis era la sede de la administració. Tenemos también atestiguados miembros del colegio de Manipulari así como una asociación de comerciantes de aceites. Una inscripción de Ilipa Illia importante puente fluviar a 14km al norte de Hispalis menciona al esclavo Idenaeus Augusti Nostri Berna, Dispensator Portus Ilipensis, que fue encargado del cobro de tasas del puerto y quien dedica al propcurador de la provincia beticae: L. Cominius Bipsanius Salutis a quien define como praepositus santisimus. Hay también que recalcar el gran número de restos de ánforas y marcas encontradas a lo largo de los márgenes del Guadalquivir prueba de la intensa actividad comercial de la zona. Toda esta riqueza que se genera con la producción y comercio de las materias primas viene reflejada en la gran actividad energética que se desarrolla en las ciudades donde participan las elites locales y los colegios profesionales como es el caso de Hispalis llenando lugares publicas de estatuas dedicadas a divinidades, emperadores, magistrados, benefactores y a las elites locales.

Abundan también las al culto imperial y son numerosos los ciudadanos y flamines que dedican diversas estatuas a este culto imperial pero también existen claras huellas de cultos sincréticos.[211]

En las ciudades de la Bética meridional en época romana, se observan también en los hallazgos epigráficos la dedicación de estatuas al culto imperial y a distintas divinidades romanas, por parte de las elites locales con gran relieve político y económico desarrollando una gran actividad evergética de la que existen muy pocas trazas a finales del siglo III y primeros del IV.

En cuanto a la ciudad de Iliberri Florentina, el Opidum, que recibió el estatus de Municipium en tiempos de Augusto, contaban con los elementos habituales de la cultura urbana donde se puede hallar la generosidad de los cargos públicos, financiando una parte del foro y de la basílica o la de las sacerdotisas así como algunos banquetes públicos. El diseño arquitectónico y la estructura social propia de un municipio está reflejada en las evidencias epigráficas disponibles, lo que hace del

---

211 Julián GONZÁLEZ FERNÁNDEZ – A. RUIZ GUTIÉRREZ, *Síntesis epigráfica del Conventus Hispalensis*, Universidad de Sevilla – Universidad de Cantabria: Onoba monografías 2018, 101-103.

paisaje urbano del siglo IV estar determinado por elementos de alto valor urbano como la arquitectura de exhibición o la sacralización de los foros.[212]

El patrimonio imperial de la Bética se fue acrecentando a lo largo del siglo I hasta primeros del III ya que las tierras pertenecientes al ager públicos, donaciones y embargos de propiedades debidos a la falta de pago de los impuestos o por el abandono de sus propietarios que por distintas circunstancias pasaban a manos del emperador. En el alto imperio Denon, Domiciano Septiminio Severo y Tiberio se crea el fiscus central en la ciudad de Roma que viene nutrido por los excedentes de los fisci locales y que está a su vez dirigido por un procurator que se encarga de mantener el patrimonio imperial que es el formado como un bien personal del emperador.[213]

El régimen de confiscación alcanzó su punto más alto en el gobierno de los severos, lo que supuso la acumulación de una gran fortuna para el tesoro imperial, si bien parte de este tesoro sirvió para el pago a los soldados y el mantenimiento de la annona en la plebe, de hecho, las confiscaciones contribuyeron al empobrecimiento del imperio ya que las tierras iban siendo provisionalmente abandonadas por falta de mano de obra que quisieran cultivarla.

En la zona de la Bética de Hispania se disponen de fuentes arqueológicas, epigráficas y literarias, la represión organizada por Septiminio Severo y que afectó a Clodino Albino hizo que estas confiscaciones afectaran a los sectores terratenientes de la Bética poseedores de diversos fundi. La documentación más directa que poseemos sobre las confiscaciones nos viene dada por la epigráfica de las ánforas del que disponemos distintos rótulos como el de Astigi de mediados del siglo II o los de Córduba de finales del siglo II.[214]

Por otro lado en el caso de la minería la explotación de esclavos muestra un insaciable trabajo excedente ya que la minería en el contexto histórico, geográfico y económico de la Bética está fuera de toda histórica ya que en este periodo Bretaña y España aparecen como provincias mineras.

En el sur de Hispania destaca el triangulo formado por Onuba, el Pagus sis Aponensis y el Pago Castulonensis, pero donde se produce la gran variedad y riqueza

---

212 Sabine PANZRAM, *Descifrar para contarla. La vida urbana en el conventus astigitanus a través de la epigrafia*, Universidad de Hamburg: Onoba monografías 2018, 123-124.

213 J. ROUGE, *Les institutions romaines*, París 1969.

214 CIL XV, XXXVII, LXXIII – CIL, XLII, LXXII, XLVII, LXXVII – HUBNER, *Nuevas fuentes para la geografía antigua de España*, (34) DRAH 1899, 465-503.

minera es en la bética particularmente donde se explotó hasta una gran extinción de los recursos mineros hasta el siglo III, si bien se siguió manteniendo extracciones, algunas de ellas hasta el siglo XXI.

Entre la riqueza minera destaca en primer lugar el oro producido esencialmente en los ríos Genil, Darro y Guadalquivir y en Cotina, pero sí que conocemos que fie probablemente el Darro de Eliberri (Granada) el rio de todos los de la península ibérica que arrastraba una gran cantidad de oro.[215]

La plata producida en Sierra Morena así como en los lugares de mayor importancia productiva aludidos por las fuentes históricas que lo centran en Ilipa, Aurgi, Sisapo y Cartella. El cobre se produce también en Sierra Morena, en Río Tinto, en Sotiel Coronada, en Cierro Mariano y en Córdoba y en la provincia de Huelva. El plomo y el hierro se extraían también en la Sierra Morena y mercurio en Granada y Almería. Es significativo que no existen fuentes sobre la minería posterior al siglo III, más allá de algunas descripciones medievales de los árabes. El conjunto de producción de la Bética disponía de las minas más importantes en la cuenca del Betis (Guadalquivir) en las zonas montañosas entre su rivera sur y el mar. Sabemos que la gran producción del plomo decae a partir del siglo II si bien se sigue explotando a pequeña escala en el siglo IV para consumo interno.

Las minas de plata decaen a partir del siglo II, pero siguen explotándose en el siglo IV ya que se produce una gran escasez de mano de obra y de madera en la zona. En lo que conocemos del siglo III se produce una decadencia general, por lo que las minas del sudeste hispánico quedan prácticamente paradas, sin embargo algunas explotaciones de la Bética muestran una leve recuperación a lo largo del siglo IV, desapareciendo su actividad a finales del siglo V.

El sistema de propiedad de las minas es una cuestión que todavía abre grandes incógnitas. Numerosos historiadores han afirmado el carácter privado de la propiedad de las minas. En el bajo imperio la explotación de minas podía hacerse sin autorización del propietario simplemente facilitando un diezmo al propietario y al fisco.[216]

El comercio bético de minerales fue junto al aceite y el garum de importancia extraordinaria a finales del siglo III. Los principales centros exportadores eran Hispalis

---

215 BLÁZQUEZ, *Explotaciones*, 31 y ss.

216 L. M. GUTIÉRREZ SOLER, J. P. BELLÓN RUIZ, C. TORRES ESCOBAR, F. ARIAS DE HARO, *El Centenillo. Proyecto de musealización de un paisaje minero en la provincia de Jaén. Anales de Arqueología Cordobesa*, (11) Córdoba 2001

y Gares y el mineral de Sierra Morena era de fácil transporte a través del Guadalquivir. El trabajo directo en las minas lo realizaban los esclavos (Servi, Libres, Mercenarii) y ocasionalmente los condenados por la ley. La incorporación de estos últimos y la obligación de los vecinos de trabajar en las minas, creó una organización paralela al colonato agrario y la inscripción a los collegia lo que mostraba ya a principios del siglo IV síntomas de agotamiento y decadencia en el sector minero. Estos Collegia tenían el carácter fundamentalmente funerario festivo y religioso.

Las minas de la Bética se observaba una importante inmigración del resto de Hispania procedente la gente de lugares muy distintos sobretodo Lusitania y Gallaetia. Las explotaciones mineras daban lugar a pequeñas aglomeraciones donde los ocupantes colonos y socios constituían el sector capitalista de los probados mineros.

LOS CÁNONES DEL CONCILIO

Importancia de las actas de Elvira en la historia

Los 81 cánones conciliares constituyen uno de los documentos más importantes de la antigüedad cristiana que ha sido objeto de investigaciones y de controversias de muchos especialistas que llegan hasta el día de hoy.

Como observan algunos autores, ya en el siglo XVI al calor de las disputas religiosas europeas, entre reformistas y católicos, apelaban a los cánones de Elvira[217] como justificación, de cada una de las partes, a la ortodoxia de sus respectivas posiciones doctrinales, los principios éticos y los rituales. En este mismo período Felipe II, atendiendo a los cánones concilio-sínodo de Elvira, justificaba su posición como rey frente a los franceses, ingleses y a los alemanes, confundiendo de buena fe el interés del imperio español con los intereses de la Iglesia católica y, por tanto, la propia voluntad de Felipe II con la voluntad de Dios. Con la intención de reprobar los errores de los gentiles, los heréticos y los judíos y de reformar las costumbres de los fieles cristianos de la época y estableciendo así los principios de la fe católica, se utilizó la legitimidad del Concilio de Elvira como base de la ortodoxia doctrinal.

A finales del siglo XIX y principio del siglo XX, las obras fundamentales sobre el cristianismo primitivo se publican todavía bajo la perspectiva de los cánones de Elvira usadas como fuente y argumento de las luchas político religiosas de la época, llegándose a hacer evaluaciones de los cánones de Elvira como una agresión al cristianismo individual e intimista renacido en esa época, viéndose como una agresión a esta espiritualidad individual, que quedaría afectada entre los ritos y el rigor

---

217 J. FERNÁNDEZ UBIÑA, «Le concile d'Elvire et l'spirit du paganisme», *Dialogues d'Histoire Ancienne*, 19, nº 1, (1993) 311.

eclesiástico de la jerarquía eclesiástica validada por los padres conciliares. Por otra parte, el Concilio de Elvira no fue ni más ni menos que un embrión rudimentario a nivel nacionalista hispánico de lo que será la Iglesia católica: un poder terrestre, más y más consciente de su fuerza y de la capacidad de aglutinar socialmente ante un imperio pagano en irreversible decadencia.

Por tanto, implica que el análisis del cristianismo debe hacerse desde la perspectiva de su tiempo histórico y no puede entenderse únicamente como un movimiento opuesto al paganismo, sino un movimiento que nace en él. Es importante observar en una lectura de los cánones de Elvira que los padres conciliares se dirigen ante todo a los sectores dominantes en las comunidades hispano romanas como son los cánones 5, 19, 20, 40, 41, 49, 57, a los que son cristianos o catecúmenos, en cambio los cánones dedicados a los esclavos o a los agricultores son mencionados únicamente en función del culto a los ídolos, cánones 40 y 41.

Se acepta así el orden político y jerárquico del Imperio, pero los propios obispos se presentan como una clase superior que monopoliza las funciones rituales y dicta a su vez las normas de conducta sobre los distintos aspectos de la vida religiosa, familiar y sexual, económica y política.

Las actas reflejo de las aportaciones de los participantes en el Sínodo

Las actas del concilio presentan una complejidad en los textos, no solo por la amplitud de los temas a los que se refieren, sino a los distintos estilos de redacción que presentan. Están redactadas en latín no muy cuidado, pero que se intuye de uso corriente. Si hiciésemos una diferenciación en los distintos grupos de cánones, los cánones centrales muestran un estilo de redacción más depurado a pesar de su heterogeneidad y utilizan expresiones más ágiles y pulidas.

Debate sobre las interpolaciones en los cánones de Illiberri, J.Vilella i Manuel Sotomayor

Josep Vilella presenta en su artículo sobre las interpolaciones en los cánones de Illiberi, algunas consideraciones que afectarían a la comprensión de los cánones originales del concilio de Elvira. Según el autor, a través de un análisis filológico, se pone de manifiesto que los cánones recogen textos de distintas épocas, lo que genera una falta de conexión entre la normativa del concilio y los cánones disponibles en la colección Hispana.

Vilella denomina a estos cánones "pseudoliberritanos". Estos cánones fueron redactados manteniendo la esencia del contenido, pero no su literalidad, ya que fueron glosados, retocados con interpolaciones y añadidos con supresiones. Podemos considerar su exposición de manera literal:

Se trata de un proceso en el que intervinieron varias manos, efectuado durante un intervalo temporal que no podemos concretar, aunque ya parece haber concluido a finales del siglo VI, pues entonces la composición pseudoiliberritana había salido del "taller" -probablemente hético- donde fue confeccionada o ensamblada.[218] En consecuencia, no es posible seguir afirmando que tales "cánones" influenciaron otras disposiciones sinodales u otros pasajes patrísticos:[219] la dependencia es siempre a la inversa[...] [...]Los resultados facilitados por el análisis comparativo y explicativo no se limitan a cánones concretos, pues mediante su confrontación también deben suministrar dataciones para los grandes grupos canonísticos detectados en el interior del repertorio pseudoiliberritano:[220] aunque éstas no sean, con frecuencia, tan concisas como desearíamos, es evidente que, incluso en su imprecisión, son mucho más exactas que las postuladas tradicionalmente[...] [...]Por las modificaciones realizadas al material ya recogido, estos testimonios siguen siendo fundamentales para conocer la Historia del Cristianismo y de la Iglesia antigua – o, mejor, de la Antigüedad Tardía[...]

A este análisis filológico, particularmente en los cánones 1 y 51 de Elvira, respondió Don Manuel Sotomayor y Teresa Berdugo Villena, en un artículo titulado: Traducción de las Actas del Concilio de Elvira: Una respuesta a J. Vilella y P.E. Barreda. A fin de sintetizar su respuesta, citamos el resumen que se provee de la misma:

En el presente artículo respondemos a las objeciones presentadas por J. Vilella y P. E. Barreda a nuestra traducción al castellano de los cánones del concilio de Elvira, publicada en la obra colectiva: M. Sotomayor y J. Femández Ubiña (coords.).

---

218 Ver n. 1. La crítica textual que -junto con P.-E. BARREDA- hemos realizado de los cánones pseudoiliberritanos ha consistido en su análisis léxico y sintáctico a partir del texto facilitado por la Colección Canónica Hispana, tomando también en consideración el Epítome Hispano y el capitulum noveno de los Capitula uiginti ex ignota collectione systematica.

219 Entre la pléyade de estudiosos que han defendido la influencia universal de los cánones atribuidos a Elvira, podemos destacar a J. GAUDEMET, «Elvire 11», *Dictionnaire d'Histoire et de Géographie Ecclésiastique*, XV, París 1963, 317- 348, 339- 348.

220 Nuestro estudio ha confirmado la tripartición propuesta en su día por MEIGNE: grupo A -del c. 1 al 21-; grupo B -del c. 63 al 75-; grupo C -del c. 22 al 62 y del c. 76 al 81-. Este último conjunto es el más heterogéneo.

Desde hace ya muchos años, las actas del concilio de Elvira, transmitidas principalmente por la colección canónica Hispana, han suscitado en algunos historiadores ciertas reservas que les han inducido a negarles un carácter unitario. Recientemente, J. Vilella y P.-E. Barreda, tras un análisis filológico de todo el documento, han llegado a conclusiones muy radicales, que asumen y presentan como definitivas y perentorias. La metodología, los argumentos y las conclusiones de su investigación las han expuesto ampliamente en otros lugares [...][221]

[...]Tras este presupuesto, no aceptable en mi opinión, tres son los pasos por los que J. Vilella discurre en el que constituye el tema central de su artículo:

Los cánones 1 y 59 se refieren al mismo pecado y, sin embargo, aplican penas muy diversas, de lo que se deduce, sin ningún género de duda, que son distintas sus cronologías o sus procedencias geográficas, probablemente son diferentes ambas[...][222]

Para ello, primeramente, expone con abundancia de textos la práctica penitencial en los siglos III, IV y V. Hace hincapié, sobre todo, en la pervivencia, a través de esos siglos, de una tendencia rigorista[...][...]De este recorrido histórico concluye que los cánones 1 y 59 encajan más bien en ese ambiente de resistencia a la benignidad que se refleja en los testimonios relativos a las prácticas penitenciales de la segunda mitad del siglo IV.[223]

[...]Hace un recorrido de las leyes antipaganas contenidas en el libro XVI del Codex Theodosianus, y deduce que la intolerancia contenida en estos dos cánones pseudoiliberritanos[224] delata que cuando fueron elaborados ya existían leyes civiles que, en mayor o menor medida, restringían los sacrificios gentiles y el acceso a los templos paganos[...][225]

[...]Cuando J. Vilella afirma que nuestros cánones dependen de las leyes civiles,[226]

---

221 Véase 1. VILELLA - P.-E. BARREDA, «Los cánones de la Hispana atribuidos a un concilio iliberritano: estudio filológico», en I concili della cristianit á occidentale. Secoli III-IV, XXX Incontro di studiosi dell'antichitá cristiana. Roma, 3-5 maggio 2001 [Studia Ephemeridis Augustinianum 78] Roma 2002, 545-579; y, posteriormente, en: J. VILELLA - P.-E. BARREDA, «¿Cánones del concilio de Elvira o cánones pseudoiliberritanos?», *Augustinianum*, 46, 2006 285-373.

222 J. VILELLA , 101

223 J. VILELLA, 132.

224 Así ha determinado llamarles

225 J. VILELLA, 123.

226 J. VILELLA, 132.

es evidente que no se refiere a que en el Imperio cristiano los cánones eclesiásticos en general dependan de las leyes imperiales[...][...]La reiterada afirmación de que el rigorismo de los cánones 1 y 59 no puede ubicarse en un Imperio pagano no deja de llamar la atención, porque, aunque muy repetida, no ha sido nunca probada.

[...]Constantino I no llegó a actuar contra los sacrificios públicos que no tenían finalidad consultiva, «en consecuencia, nada permite aproximar nuestros dos cánones al reinado constantiniano – años en los cuales el tradicional y mayoritario paganismo seguía teniendo gran vitalidad»[...][227]

[...]Las leyes de Constancio II contra los sacrificios y los templos constituyen «un gran hito en la represión de los ritos fundamentales del paganismo y en la inhabilitación de sus grandes escenarios, los templos»[...]

Pero todo este apoyo a la erradicación del paganismo nada tiene que ver con la prohibición a los cristianos, por parte de su jerarquía, de caer en la tentación de acudir al templo pagano a sacrificar. Precisamente, cuando los emperadores prohíben los sacrificios y mandan cerrar los templos[...]

Si intentásemos delimitar la diversidad de los cánones es imposible hacer una clasificación sistemática de los mismos en función de su orden en el canon ya que representan puntos de vista y redacciones propios de una colectividad donde cada participante, expresó el contexto específico en el que se mueve en su propia jurisdicción. No obstante, se puede observar una cierta unidad de conceptos y una visión sociocultural que es propia del tiempo del sínodo, reflejando la situación social en la que se encuentran cada una de estas iglesias, que no solo es social sino que plantea una unidad religiosa y unos contenidos morales propios de la época. Reflejan la realidad de las diversas comunidades cristianas allí representadas, observándose la preocupación por la comunión de la Iglesia, que se manifiesta en la severidad de las penas impuestas a quienes las infrinjan, el deseo de alejar a estas comunidades de los cultos idolátricos y la contaminación en las prácticas paganas, heréticas o judaizantes. En el aspecto moral la gran preocupación por el homicidio en cualquiera de sus formas, incluyéndose ya el aborto, así como el interés por marcar una determinada moral sexual, desarrolla en los cánones una casuística muy variada. El orden deseado para los clérigos en sus distintos grados implica fuertes sanciones y advertencias a los mismos. Cabe concluir por tanto, del análisis de los cánones como se recogen en ellos las aportaciones que cada diócesis iba presentando, bien sea por el obispo

---

227 J. VILELLA, 124.

o por los representantes enviados, lo que hace que existan diferencias de redacción a lo largo del documento. Además si tenemos en cuenta que el concilio se celebra en la Bética con una mayoritaria representación de obispos de la misma, que a su vez representan distintas zonas eclesiásticas y de distinto tamaño y consideración, también incorpora el concilio otras circunscripciones eclesiásticas del resto de la península, se deduce de esta diversidad la heterogeneidad de las aportaciones y del nivel de desarrollo cultural y social representado por los distintos ordenes del clero presentes: obispos, presbíteros y diáconos, así como las distintas colectividades que representan: ciudadanas, agrícolas, mineras, transportistas, etc. Es por ello por lo que los distintos enunciados para cada uno de los cánones tengan un toque especial del lenguaje propio de cada zona, de ahí también el origen de posibles diferencias.

Esta diferencia de matices la podemos aportar, ya que junto a ciudades reconocidas en la época y aun hoy como son Córdoba, Hispalis (Sevilla), Mérida, Zaragoza, León o Toledo, entre otras, aparecen poblaciones menores cuya identificación aun hoy en día ofrece problemas.

Si bien las actas se refieren a obispos, presbíteros y diáconos o como ocurre en el canon 77 a subdiáconos y puede verse con ello una estructura ya organizada de la Iglesia hispana a principios del siglo IV. También podemos ver que algunas funciones como las del diacono pueden estar al frente de un pequeño pueblo en el que no existan ni obispos ni presbíteros, estableciéndose para ello una peculiar normativa, particularmente para la buena administración del bautismo. Es por tanto

 plausible que tanto presbíteros como diáconos podían estar gobernando algunas comunidades cristianas y por ello los asistentes a este concilio, ejerciendo estas funciones, pudiesen haber intervenido también en las deliberaciones, aunque se hubiese reservado al obispo las últimas decisiones.

Por eso, esta asamblea tan diversa y también el documento, presenta una cierta heterogeneidad, es por ello, que en la conclusión final del concilio y en la ratificación de los cánones emanados se indique que los obispos reunidos en Iliberri reunidos todos ellos presentes:

En el manuscrito de los Códices Hispanos, tras la palabra *placuit*, se añade: *inter eos* (entre ellos): lo cual indica que la promulgación de este concilio fue confirmada por el testimonio de un notario. Los Concilios no solo se convocaban y se celebraban en la Iglesia, sino que, también en la Iglesia, se realizaba su promulgación para que fuesen conocidos por todo el pueblo cristiano, S. Isidoro dice:

Tampoco se atreva nadie a disolver el concilio sin que se haya definido la totalidad de los asuntos, para que cualquier cosa que se ha dado por terminada en la deliberación común, sea firmada de su puño y letra, por cada uno de los obispos. Pero hay que proceder de tal manera, que en los dos o tres días anteriores a la clausula del concilio se revisen diligentemente todas las constituciones elaboradas por ellos, para que no tengan fallo alguno. Asimismo, el día en que se ha de clausurar el concilio, volverán a leerse en público ante la Iglesia, los cánones que se han establecido en el santo Sínodo y una vez concluida su lectura, todos los presentes respondan: Amén. Después, regresando al lugar en que se celebró el concilio, suscriban exactamente los mismos cánones.[228]

Presbíteros y de pie junto a ellos los diáconos y todo el pueblo: *episcopi universi diccerun*, emitiendo el acta de los mismos en la ecclesia eliberriana de la ciudad.[229] También el rey Alarico en los eventos de Casiodoro, se dirige en estos términos al Senado de la ciudad de Roma, con el fin de proclamar los edictos y decisiones políticas:

Tales edictos sean proclamados en el esplendor de vuestra asamblea y el Prefecto de la ciudad haga que se expongan con la solemnidad acostumbrada, durante treinta días en los lugares más frecuentados".[230]

Algunos aspectos lingüísticos - redaccionales de las actas: El latín de la época del Sínodo

El estudio de lenguaje utilizado en los cánones ha tenido por objeto indagar en todos aquellos datos disponibles, que permitan dilucidar la originalidad de su transmisión, analizando su propio lenguaje, su redacción y las formas especificas que la lengua latina había experimentado en la redacción de los mismos a primeros del siglo IV. La versión que disponemos más autorizada es la de la Colección Canónica Hispana[231] que data del siglo VII en la época en que san Isidoro fue obispo. Es complejo analizar el grado de fidelidad al texto original y se hace complejo analizar todos los cambios que se han experimentado desde su original composición manus-

---

228 SAN ISIDORO DE SEVILLA, *De viris illustribus*, (7), 103-105

229 Teresa BERDUGO VILLENA, 333 - 349

230 Isidoro DE SEVILLA, *De viris illustribus*, 108-109.

231 F. RODRÍGUEZ BARBERO - G. MARTÍNEZ DÍEZ, *La colección canónica hispana*, Madrid: CSIC 1984.

crita hasta la fijación tardía por los distintos copistas. M Sotomayor afirmará que, si bien el texto disponible no es exactamente el original de las actas y, por tanto, el texto disponible representa la tercera etapa de transición, ya que la primera correspondería al texto original redactado en el Concilio, la segunda al texto recogido en la cononística posterior al concilio y la tercera en el texto incorporado a una recopilación canónica.[232] Bajo la perspectiva de este autor, Teresa Berdugo Villena[233] ubica el texto siguiendo la edición crítica de F. Rodríguez, de la cual efectúa un profundo análisis filológico partiendo de el latín vulgar o latín tardío propio de el siglo IV y entendiendo que un texto nacido en el seno del cristianismo incorpora una serie de peculiaridades idiomáticas que deben tenerse en cuenta: «porque afectan al texto en cuestión, sino por las aportaciones que la propia religión cristiana suministró a la lengua latina. En este estadio de su evolución se encontraba influenciada por el llamado latín cristiano el cual, por otra parte, se mostraba aún vacilante y en periodo de consolidación».[234]

La influencia del cristianismo ejercida sobre el latín deberá tener en cuenta los siguientes aspectos:

1. El cristianismo basado en textos sagrados en distintas lenguas hace que mantenga un sentido sacro en sus textos lo que obliga en la traducción al latín a forzar el sentido de algunas palabras o introducir neologismos para mantener el sentido de la traducción próximo al original, es por ello que las primeras traducciones al latín por el cristianismo están plagados de helenismos y hebraísmos que por otra parte, eran propios de la lengua popular ya que los sustratos lingüísticos de las lenguas habladas en el imperio favorecen la evolución del latín clásico al latín tardío y en el lenguaje eclesiástico este incorpore un conjunto de expresiones técnicas «adaptadas».

2. El segundo aspecto el sentido de predicación del cristianismo abierto «a todas las gentes»[235] esto obliga a que el anuncio del cristianismo tenga que realizarse en una jerga inteligible para todas las personas a lo largo del orbis terrarum y este lenguaje además debía ser sencillo dado el amplio grupo de esclavos y libertos miembros desde sus orígenes de la nueva religión. Es por tanto una for-

---

232 M. SOTOMAYOR, *Valoración de las actas. El Concilio de Elvira y su tiempo*, 90-91.

233 T. BERDUGO VILLENA, *Identidad del concilio de Elvira*, 32.

234 Íbid, 33.

235 Leemos en: Mt, 13, 52; Mc, 16, 15; Lc, 24, 47.

ma de hacer que el lenguaje sea entendido por el pueblo y, por tanto, primario y rudo y mal visto por los escritores paganos que configuran la elite intelectual.

3. el tercer aspecto es que la lengua es el vehículo de comunicación empleado dentro de una comunidad que expresando una misma fe desea en cierto aspecto, «una lengua propia». Esta forma de entender el lenguaje comunitario marca la forma de actuar para que los cristianos se vayan apartando progresivamente del latín clásico. Por ello tendrán que crear o utilizar palabras que remarquen claramente el significado litúrgico, dogmático y ético para que su expresión no pudiese confundirse con la del mundo pagano en la que se encontraba inmerso. Existen numerosas aserciones en los escritos cristianos que demuestran una importante evolución y que se encuentran, algunos de ellos, reflejados en las actas del concilio del cual podemos analizar algunas de ellas que han tenido una gran transcendencia a lo largo de los siglos: Baptizare frente al verbo lavare que significa lavar igual que el griego baptizare, hará que se adopte este último término para evitar la confusión que podría darse en el latín. Durante siglos hasta hoy la acción de bautizar viene definida por el termino baptizare.[236]

Para otras palabras se dotan de un nuevo matiz para poder intensificar su sentido. El caso de Peccatum que compartía el sentido de infracción o de mala acción con escelus, crimen, fascinus, o incluso lapsus, pero en el cristianismo acabó por designar la infracción moral. En las actas de Iliberris en los cánones 1 y 2 puede verse todavía la utilización de términos como escelus, crimen y fascinus de una forma indecisa para designar lo que acabaría en el futuro la designación de peccatum. A su vez se puede observar que los «ministerios cristianos» equivalentes a la de los distintos tipos de sacerdote romano se designarán con nombres griegos, sucederá con episcopus que significa guardián o protector, presbyter que significa anciano o diaconus que significa servidor. En los cánones 2, 3 y 4, citando varias veces a los sacerdotes del culto imperial simplemente se les designa con su nombre específico de flámines.

Es por estas causas previamente definidas como podemos observar que el cristianismo fue en sí mismo un elemento de gran importancia en la evolución del latín, ya que los textos cristianos fueron introduciendo progresivamente muchas particularidades que llegaron a crear un estilo de lengua propia.[237]

---

236 T. BERDUGO VILLENA, *Identidad del concilio de Elvira*, 30-32.

237 T. BERDUGO VILLENA, *Identidad del concilio de Elvira*, 36-37.

El texto del concilio

En la lectura de las actas se observan ciertas diferencias de redacción en los distintos cánones ya que, junto al lenguaje corriente del latín tardo-cristiano, están redactadas de una forma más depurada. Elaboradas por personas instruidas lo que denota que los participantes del sínodo pertenecían a sectores ilustrados, por lo que obispos y clérigos y notarios asistentes eran personas de buen nivel cultural y por tanto, adecuados redactores de las decisiones últimas del concilio.

> Se trata, pues de un escrito, cuya original se remonta –según todos los indicios–, al inicio del siglo IV transmitido por la transcripción manuscrita, el texto analizada corresponde al que presenta la edición crítica de la colección Canónica Hispana, basada a su vez en la recopilación efectuada en la época de san Isidoro hacia el siglo VII, a sabiendas que como se conocen otros documentos en España existían otras colecciones, más antiguas en el siglo VI".[238]

La coherencia del texto es clara y manifiesta, lo que se expresa de una forma coherente en la unidad en la fe, la unión de las personas que comparten las mismas creencias y que se expresan de una forma inequívoca en la palabra más significante del texto: communio.

Es por tanto, un texto de carácter jurídico-normativo, elaborado por un autor colectivo integrado por los distintos participantes de las iglesias locales en este sínodo y por aquellos que siendo obispos o presbíteros, se erigen como portavoces autorizados en sus comunidades. Siendo los cristianos de la Hispania romana los receptores de estos textos y que tratan de regular algunos aspectos de carácter jurídico, ético, moral y normativo propios del ambiente socio-político, cultural y religioso en la Hispania en el siglo IV bajo el imperio romano, tratando de mantener ante todo la comunión eclesial, por tanto, responde a la preocupación de mantener intacta la fe cristiana en medio de una sociedad donde conviven todo tipo de religiones, ritos e ídolos, así como ceremonias y tradiciones algunas de ellas propias del judaísmo de las comunidades con las que conviven. Observamos que la mayoría de participantes de este sínodo proceden de la zona sur de Hispania principalmente de la Bética donde se hallan ubicadas la mayor parte de las localidades presentes en el concilio, en un momento de importante expansión cristiana que se acelerará en los pocos años que van desde el concilio a la época de Constantino, si bien esta sociedad representada de la Bética tiene una influencia en todo el cristianismo de Hispania ya que la

---

238 T. BERDUGO VILLENA, *Identidad del concilio de Elvira*, 53.

propia organización de la jerarquía y sus fieles[239] mantienen formas de comprensión y de pertenencia en toda la Hispania romana y por tanto las autoridades religiosas cristianas del momento actúan dentro de la sociedad de su tiempo pertenecientes todos ellos a un mismo sistema político, social, económico y cultural bajo una misma situación lingüística con una forma de comprender la vida dentro de un amplio hábitat que es la Hispania y que tanto los legisladores como los legislados pertenecen al mismo entorno socio- político.[240]

El sínodo de Elvira en sus cánones: Reflejo de las costumbres de su tiempo

El sínodo de Elvira dibuja a través de sus distintos cánones una forma de sociedad y sus costumbres. Al aparecer, el cristianismo en el seno de la misma, tiene este que responder con una normativa que regule la relación del cristianismo con el mundo pagano y a su vez imprima a las nuevas comunidades una coherencia y una unidad que la mantengan en su característica social y religiosa que se desarrolla progresivamente, con lo que se hará necesaria una regulación más normativa. A comienzos del siglo IV el cristianismo tenía ya una importante penetración en la sociedad del momento y empezaba a tomar fuerza en las clases dominantes de Hispania y también la transformación efectuada por el paso de esas clases dominantes a posiciones de relevancia y poder en el seno de la Iglesia cristiana en su origen. También es importante anotar como los cánones de Elvira plantean el contraste entre la forma de vivir de la sociedad pagana y la forma de entender de los nuevos cristianos o de las comunidades ya arraigadas en el propio tejido social. Es un contraste entre lo mundano y lo fanático y es la visión entre la manifestación de una religión pagana acotada en muchas de sus manifestaciones y la exigencia moral de unas comunidades que desean mantener el rigor del cristianismo. El conflicto existente en ese mundo en transformación, es un signo claro de la importancia de una constitución de la identidad cristiana antigua frente a los conflictos surgidos con las elites del mundo romano.

Podemos hacer a modo de introducción todas aquellas normativas que relacionan el mundo pagano con el mundo cristiano y muy especialmente las del momento en que se da el sínodo de Iliberri que demuestran la transformación de este mundo y

---

239 A. GONZÁLEZ BLANCO, *Clero y espiritualidad. Transformaciones y novedades en el Concilio de Elvira*, en M. SOTOMAYOR – J. FERNÁNDEZ UBIÑA (coord.), *El Concilio de Elvira y su tiempo*, 229-274.

240 M. SOTOMAYOR Y J. FERNÁNDEZ UBIÑA (coord.), *Historia del cristianismo I. El mundo antiguo*, Madrid 2006, 227- 291.

muchas veces la difícil adaptación de las elites paganas al transferirse al cristianismo y la de los propios sistemas de culto existentes, con el nuevo sentido del culto al Dios único, que procedente del judaísmo, y toma en el cristianismo en la persona de Jesús una forma nueva de entender la vida y la religión.

No solo afecta a las distintas formas religiosas sino a la moral sobre aquellas comunidades cristianas que desean mantener su propia identidad preservando una vida moral que afecta a los ámbitos de la vida. En esta transformación las actas de Iliberri nos muestran la sociedad del momento, por ejemplo en el canon numero 1 la problemática de los bautizados sacrificando a los ídolos, en el canon 2 los flámines que después de bautizados siguen inmolando a los dioses, en el canon 3 la diferencia que existe para aquellos que solo ofrendan una vez a los ídolos o bien en el canon 4 cuando son todavía catecúmenos y siguen inmolando. La costumbre también de todas aquellas doncellas bautizadas que se casan con infieles (canon 16), o aquellos que se casan con las hijas de los flámines, canon 17, o bien sobre los matrimonios que proceden del mundo de los gentiles, canon 15, o bien dentro de la gentilidad aquellos que estando en peligro solicitan ser bautizados o las penalizaciones que se introducen en el canon 40 para que ningún bautizado reciba carne ofrecida a los ídolos, y en este ámbito de culto idolátrico también la prohibición de los esclavos de dar culto a los ídolos en aquellas familias en que los señores sean cristianos (canon 41). La penitencia de los bautizados, que apostatan como indica el canon 46, sobre aquellos bautizados también, la prohibición de subir al templo capitolino para sacrificar a sus ídolos como indica el canon 59 y sobre todo un conjunto de personajes dedicados al entretenimiento público tal como indica el canon 62 a los convertidos procedentes de las carreras de caballos o del teatro, o sobre los que participan en juegos de azar como el canon 79. Existirá otra conexión con la de los magistrados, otra de las posiciones civiles de relevancia que como indica el canon 56 prohibirían tan solo que en el uso de su distinción se acercasen a la Iglesia. Con el canon 57 veremos que se intenta regular también aspectos de religiosidad popular al no permitir que se presten vestimentas para ceremonias relacionadas con las fiestas paganas, parecería que este canon intenta complementar el uso de las coronas para este mismo o parecido propósito. El canon 3 por otro lado instituirá una penitencia para aquellos flámines que no sacrifiquen, pero si se han ofrecido espectáculos como lo regula el canon 3 o bien si fornican después de una penitencia establecida (canon 47). Otro aspecto del que trataré más adelante es el del canon 36 de uso normativo relacionado a la pintura con las iglesias ya que intenta prohibir el culto a lo pintado y también el canon 41 que impide a los bautizados que existan ídolos en sus casas si temen que pueda haber violencia con los esclavos, pero si ceden a los ídolos han de ser considerados ajenos a la Iglesia. Esta es una importante cuestión en la época ya que es de uso habitual en las familias poseer un altar para los lares. Lo que pretenden los obispos reunidos en Elvira es poder desterrar esta costumbre de tan arraigado uso en las familias, si bien toma la caución de la dificultad que pueda representar en una familia donde exista una parte de conversos al cristianismo y una de esclavos o miembros de la familia que sigan adorando a los lares.

Podemos encontrar el texto original, su traducción y un amplio comentario a los mismos para poder comprender el alcance detallado y lo que estos significaron.[241] Esta primera síntesis nos aproxima a una sociedad en transformación donde siguen prevaleciendo los usos y costumbres tradicionales y el inicio de profundos cambios religiosos.

Es necesario notar que, entre los asistentes al sínodo de Elvira, en su mayoría pertenecen a la Bética, lo que nos configura un tipo de sociedad específica, pero la participación de otras diócesis también nos hace comprender que el fenómeno cristiano tiene un común denominador a lo largo de Hispania y con el resto del imperio. La visión por tanto de las distintas ciudades o de algunos grandes centros de poder o de comercio como pueden ser las ciudades de Hispalis o Corduba, permiten comprender que lo que ocurría en ese contexto geográfico y en otras provincias de la Bética tenían el mismo denominador común por lo que sin duda los cánones de Elvira reflejan de una forma comprensible la situación de la época, en la Bética y en Hispania.

Algunas particularidades del lenguaje sinodal

Los asistentes de Elvira y particularmente sus obispos inauguran con el canon 1 un aspecto de particular transcendencia, que debía producirse tras la conversión al cristianismo siguiendo la vieja costumbre de sacrificar a los ídolos como costumbre social y mantenerla una vez recibido el bautismo. Para evitar conversiones que siguiesen el hábito de sacrificar el nuevo bautizado debía saber claramente que el bautismo implicaba un nuevo modo de vida, tan radical en el cambio que se le apartaba de la comunión, en todo momento, ante la realización de sacrificar y, por tanto, no era recibido a la misma ni aún en el momento de su muerte. Es de destacar en este primer canon la forma en que se utiliza el lenguaje ya que se reitera algunos conceptos a lo largo de todo el documento evidenciando el contexto en el que se ha creado la disposición canónica y también quién lo ha redactado.

---

241 T. BERDUGO VILLENA, *Identidad del concilio de Elvira* – FORTANET, *España Sagrada teatro geographico-histórico de la Iglesia en España, origen, divisiones y limites*, (Tomo XII), Madrid año MDCCCCIV.

Este primer canon introduce en primer lugar la frase introductoria: «Placuit inter eos» (Se acordó entre ellos). Es una forma clara del consenso obtenido en la redacción de este canon, es por tanto una forma directa de enunciarlo. El verbo placuit es una constante de la redacción en el concilio y la forma preferida en las actas para expresar el consenso de los obispos de manera que siempre es utilizada en tiempo y modo para manifestar el acuerdo colegiado de redacción. La forma placuit se encuentra repetida en numerosos cánones también de otros concilios como el de Arles del año 314, el de Ancira en el 314, y en Nicea donde se utiliza siete veces en sus distintas formas placuit, placeat, placuerit. Existen algunas reticencias a la utilización original de esta forma ya que se sospecha que la forma placuit inter eos no formaría parte de la redacción original del canon, sino que se trataría de un añadido posterior.[242] La razón esgrimida es por la repetición del verbo placuit y también por el uso de una introducción superflua ya que en el documento final se incluye la declaración: «episcopii universi dixerunt». En el comentario de Mendoza a partir de su texto latino debe considerarse el siguiente texto explicando la edición de inter eos como resultado de la proclamación de los cánones realizados públicamente en la Iglesia y ratificados por un notario:

Se acordó entre ellos... y también, porque al principio, antes de la enumeración de los cánones, se dice: Habiéndose sentado los santos y religiosos Obispos en la Iglesia Iliberritana, esto es, Félix, etc. Estando también sentados treinta y seis presbíteros, encontrándose presentes, de pie, los diáconos y todo el pueblo, todos los Obispos dijeron: El conjunto de estos datos —concluye él—, pone de manifiesto que se trata del testimonio de notario.

Normativa para las comunidades cristianas inmersas en un mundo pagano romano

¿Qué intentan regular los 81 cánones de Elvira? ¿Qué características generales podríamos deducir de los cánones del concilio? ¿Qué relaciones existían entre cristianos, paganos y judíos? Podemos distinguir algunas características.

Los conversos a la fe cristiana pertenecientes a estas comunidades provienen de todo el espectro de las clases sociales, especialmente de las clases urbanas.

Las comunidades cristianas son minoritarias en medio de la población hispano-romana. Participan conjuntamente en muchas de sus creencias y formas de actuar. Se

---

242 T. BERDUGO VILLENA, *Identidad del concilio de Elvira*, 103.

asiste con ello a una inculturación progresiva de la ciudadanía, con la dificultad que representa el paso de unas creencias a otras y la progresiva dificultad de compromiso para muchos de ellos en la conversión a la nueva cultura cristiana.[243]

Los primeros cánones del concilio de Elvira, haciéndose eco de este proceso de inculturación, se refieren, en primer lugar, a los sacerdotes procedentes del culto pagano, en aquel momento el culto imperial. Estos sacerdotes, llamados flámines, no ejercen una función religiosa, sino que son funcionarios en un cargo civil, lo que los lleva aparejado un lugar de prestigio y honor. En los cánones 2, 3, 4 y 55 el concilio no les permite seguir ejerciendo una vez han sido bautizados, y en todas aquellas desviaciones tales como sacrificar a los dioses o contribuir con ofrendas a los mismos se les imponen penas de excomunión o penitencia perpetuas hasta su muerte. Algunos de ellos, aunque no ejerzan, siguen llevando sus atributos de cargo (corona) como signo distintivo. En caso de llevarla, el canon conciliar les suspende de la comunión por dos años, aceptando en esta norma cierto nivel de tolerancia.

En otro orden, los cánones aplican disposiciones a las matronas cristianas, que debido a su posición poseen esclavos. Se regula cómo determinadas comunidades cristianas tienen que transigir con el culto pagano de sus siervos en el ámbito doméstico, aceptando un nivel de tolerancia que les permitía mantener la convivencia en el hogar. Distintos cánones muestran la situación de estas comunidades agrícolas, con los cristianos que ejercen de agricultores cultivando las tierras, así como de clérigos que se dedican al comercio o de laicos que se dedican al préstamo y la usura.

Los cristianos van desarrollando su nueva forma de vida en medio de una sociedad en la que, una vez convertidos, se les hace culturalmente difícil, ya que, a pesar de su nueva fe, mantienen su relación con el mundo pagano participando de sus gustos, de sus costumbres y usos, de sus ideas políticas, y de sus mismas supersticiones. Este «medio social» afecta también a las uniones matrimoniales entre cristianos y paganos. El canon 15 prohíbe estas uniones, y excluyéndose también en el canon 16 el matrimonio de cristianas con judíos y herejes y el canon 17 se prohíbe también el casamiento con sacerdotes paganos.

La transformación del lugar de culto familiar a los lares, debió sufrir también una gran evolución ya que la nueva religión, una vez bautizados, impedía la existencia de ídolos en los hogares. Si bien el canon 41 advierte que se mantenga una cierta

---

243 J. FERNANDEZ UBIÑA, *Le concile d'Elvire et l'spirit du paganisme*, 309-318.

discreción, sigue existiendo el temor de que pueda surgir una cierta violencia con los siervos de la casa. Es tan importante esta presencia de culto pagano en las casas cristianas que, si bien el concilio de Elvira desea erradicarlo, mantiene una posición de transigencia cuando pueda existir una situación violenta entre los miembros de la familia como ya hemos visto más arriba.

Esta sociedad pagana en la que se inserían las comunidades cristianas hacía más fácil que se produjesen actos de idolatría por los propios usos y costumbres, pero el canon numero 1 los consideraba «el crimen capital de maldad suma». En este contexto hay que entender también la costumbre de la magia y al maleficio, entre ellos los destinados a provocar la muerte a terceros. Seguía habiendo cristianos en esta época, que a través de los maleficios, pensaban que podían eliminar a sus enemigos. El canon 6 intenta evitar esta situación, negando la comunión a final de la vida «si alguien utiliza los maleficios para matar a otro».

En este aspecto, las costumbres tendidas en una sociedad en la cual se insieren las comunidades de minoría cristiana, se entiende que algunas costumbres ancestrales estuviesen presentes: por rutina, por tradición o presión del ambiente. Las normas conciliares intentan regular este tipo de costumbres. Un ejemplo de ello es el encendido de cirios en los cementerios, las prescripciones contra personas que padecían trastornos mentales, tales como los epilépticos, con la convicción de que estaban poseídas por el demonio y también porque su enfermedad era considerada contagiosa. Y otra extendida en ese contexto de antiguas tradiciones, era el préstamo de ornamentos y vestiduras para las procesiones paganas castigadas con penas de abstención de la comunión por periodos de hasta 3 años como explica el canon 57.

Influencias del contexto romano: Los flámines

De las relaciones con el mundo pagano la más significativa era evitar la contaminación con la institución del flaminado totalmente extendido en la Bética y en el resto de Hispania y algo análogo sucedía con los ritos de otras religiones de origen oriental presentes en Hispania. Rechazo que no solo venía manifiesto por su vinculación directa con el culto a los dioses sino por la obligatoriedad del culto al emperador lo que de alguna manera había provocado en el siglo anterior grandes persecuciones y numerosos problemas entre los cristianos bautizados.

Con el canon numero 2 puede verse el aspecto de la relación con el flaminado. Este canon anuncia de una forma muy contundente que: después del bautismo, no se podrá recibir la comunión ni siquiera al final de la vida. Este canon incorpora en su texto, algunas de las condiciones implícitas sobre la ofrenda de sacrificios a los dioses, ya que incluye la fornicación, el homicidio y la prevaricación.

El ejercicio del flaminado representaba un obstáculo insalvable para la vida de los cristianos en la vida política de la ciudad. Con esta norma se pretende atenuar y visualizar la incompatibilidad que se produce entre ser cristiano y ser flamín.

El canon 3 amplía el caso para aquellos flamines que en el ejercicio de su cargo han financiado espectáculos públicos o festivales ciudadanos, como parte de su evergetismo. Si no han ofrecido sacrificios durante el periodo del cargo, (más de significado político y social que religioso), sí que podrán recibir la comunión al final de su vida.

 Parecida casuística aborda el canon 4, donde el foco se establece en el catecumenado de flamines haciendo más llevaderas sus penas, ya que transcurridos tres años podían ser bautizados.

Con estas medidas, la comunidad cristiana de su tiempo contribuyó a que el catecumenado se prolongase durante un largo periodo, haciendo que el bautismo se retrasase el máximo posible a lo largo de la vida.

Influencias futuras de estos cánones y la posterior desaparición de sacrificios y templos paganos

Después de establecer la exclusividad del cristianismo niceno y de condenar los otros credos -con sus iglesias[244]-, Teodosio I prosigue, en el plano jurídico, su objetivo unificador en dos direcciones, en contra de los sacrificios consultivos[245] y en contra de los templos sus sacerdotes y su culto. Mediante una ley dirigida al *praefectus praetorio* de Oriente, Teodosio I prohíbe, a finales del 381, que nadie se acercara -de día o de noche- a los templos o altares paganos para ofrecer sacrificios *uetita*, bajo pena de deportación: *si qui uetitis sacrificas diurnis nocturnisque uelut uesanus ac sacrilegus, incertorum consultorem se inmerserit fanumque sibi aut templum ad huiuscemodi sceleris executionem adsumendum crediderit uel putauerit adeundum, proscribtione se nouerit subiugandum, cum nos iusta institutione moneamus castis*

---

244 Cod. THEOD, 16, 1, 2 (380), 833; 16, 5, 6 (381), 856; 16, 1, 3 (381), 83.

245 R. DELMAIRE, La législation, cit. 331.

deum precibus excolendum, non diris carminibus profanandum[246]. Otras dos leyes teodosianas -del 382 y del 385, también enviadas a Oriente- reiteran la interdicción de acceder a los templos para celebrar prohibita sacrificia.[247]

El emperador romano Teodosio I emitió una serie de decretos a finales del siglo IV que buscaban restringir y eventualmente suprimir la práctica del paganismo en el Imperio Romano. El primer decreto, emitido en el año 380, declaró que el cristianismo era la religión oficial del Estado y prohibió cualquier otra forma de culto religioso.

Sin embargo, la supresión efectiva de los templos paganos se llevó a cabo en gran medida durante el reinado del hijo de Teodosio, el emperador Honorio, a principios del siglo V. En el año 391, Honorio emitió un decreto que ordenaba la destrucción de todos los templos paganos y la confiscación de sus propiedades. Posteriormente, en el año 393, se prohibió el culto pagano y se cerraron los templos. Esta prohibición se hizo más estricta en los años siguientes, y en el año 435, el emperador Valentiniano III ordenó la destrucción de todos los templos paganos que aún quedaban en el Imperio Romano de Occidente.

Es importante tener en cuenta que, aunque los emperadores cristianos suprimieron el paganismo, la religión pagana no desapareció por completo. Muchos aspectos del culto pagano se integraron en el cristianismo, y algunas tradiciones y prácticas paganas sobrevivieron en diversas formas a través de la Edad Media del Código Teodosiano es la colección de leyes romanas emitidas por los emperadores Teodosio I y sus hijos, que abarca el periodo desde el año 312 hasta el 438. No hay una ley específica en el Código Teodosiano que se refiera a la supresión de los templos paganos, sino que se trata de una serie de decretos y leyes emitidos a lo largo de varios años.

Uno de los decretos más importantes en este sentido fue el emitido por el emperador Teodosio en el año 380, conocido como el Edicto de Tesalónica. En este edicto, Teodosio declaró al cristianismo como la religión oficial del Estado y prohibió cualquier otra forma de culto religioso. Este edicto no incluía explícitamente la destrucción de los templos paganos, pero sentó las bases para futuras medidas en este sentido.

Posteriormente, en el año 391, el emperador Teodosio y su co-emperador, Valentiniano II, emitieron un decreto que ordenaba la destrucción de todos los templos paganos y la confiscación de sus propiedades. Este decreto, conocido como el "Edic-

---

246 Cod THEOD, 16, 10, 7 (381), 899.

247 Cod THEOD, 16, 10, 8 (382), 899; 16, 10, 9 (385), 899. Cf. 9, 16, 11 (389), 463.

to de los Tres Emperadores", fue seguido por otras leyes similares, como la emitida en el año 393, que prohibía el culto pagano y ordenaba el cierre de los templos. Estableció que:

> Nosotros deseamos que todos los pueblos que están sujetos a nuestro cetro adopten esa religión que el divino Pedro el Apóstol transmitió a los romanos [...] y que ahora profesa el pontífice Dámaso y el obispo de Alejandría, Atanasio, que es de acuerdo con la tradición apostólica y la doctrina evangélica, y que consideramos coherente con la religión que nuestra majestad y la de los pueblos, la verdadera religión, que se dirige a la devoción de un Dios omnipotente y que acepta la virtud de la humildad y de la caridad.

Como mencioné anteriormente, no hay una ley específica del Código Teodosiano que se refiera a la suspensión de los templos paganos. Sin embargo, hubo varios decretos y leyes emitidos por Teodosio y otros emperadores cristianos que trataron este tema.

El edicto también prohibió la herejía, estableció el castigo por no cumplir con las regulaciones de la iglesia y estableció la pena de muerte para aquellos que desafiaran la ley.

El Edicto de Tesalónica no se refirió únicamente a los templos paganos, sino que estableció al cristianismo como la religión oficial del Estado y prohibió cualquier otra forma de culto religioso, incluyendo las herejías.

Ya en el año 435, el emperador Valentiniano III emitió una ley que ordenaba la destrucción de todos los templos paganos que aún quedaban en el Imperio Romano de Occidente, poniendo fin a toda una época.

Los cánones normativos, cánones variados y las sanciones

Los cánones normativos dirigidos a los miembros de la comunidad son dos que señalan la necesidad del ayuno. El canon 23 para que se ayune en los días señalados. El canon 26 para que se haga cada sábado. Que celebren todos juntos el día de Pentecostés (43).

Para normativas del bautismo se regula el bautizo en el canon 38, para que pueda bautizarse en caso de necesidad por cualquier fiel y a los paganos se les pueda bautizar en caso de enfermedad (39).

Otros artículos de carácter normativo dirigido a los magistrados que se abstengan de la iglesia durante el tiempo que sume su magistratura (46). Que no sean promovidos al clero los libertos cuyo patrón viva (80). El que no puedan ser proclamados mártires aquellos a los que se matan por destruir a los ídolos (60).

En el sínodo los obispos debatieron y reflexionaron sobre las incidencias que se producían en este campo con un debate en el que debía centrarse la definición de lo que era un mártir o de aquellos que por sus excesos buscaban el martirio. El sínodo pone el punto justo de las actuaciones para que no sean llevadas por un celo excesivo contribuyendo a destruir las estatuas de los ídolos en actos públicos con el consiguiente riesgo de poder ser ejecutados, lo que hace que en estos casos no deban incluirse como mártires ya que el exceso de celo en la destrucción, no se apoye ni en la tradición ni en el Evangelio.

El canon 37 permite la administración del bautismo o la administración de la comunión si los atormentados por espíritus inmundos no han sido bautizados o están ya bautizados en ambos casos se produce la prohibición expresa de encender lámparas públicamente, pero si se empeñan en actuar contra esta prohibición deberán abstenerse también de la comunión. Para entender adecuadamente este canon hay que conectarlo con el canon 29 que fija la forma en que deben ser tratados en las iglesias, en la mención del ofertorio no debe recitarse su nombre como era habitual en el resto de los oferentes, ni se ha de permitir, que preste servicios con su propia mano. Estos servicios probablemente se refiere al encendido de las velas, significado habitual del verbo ministro; era un servicio que no se permitía efectuar a este tipo de personas. Servicio tan sencillo como era encender las velas en la iglesia.

Está relacionado con el canon 28, en el que se acuerda que el obispo no puede recibir ofrendas de los que no comulgan, por tanto, marca una disciplina con relación a los no bautizados o a los propios atormentados por espíritus inmundos.

Jurisdicción de clérigos y obispos

Los cánones de orden normativo que afectan en primer lugar a los clérigos regulará la situación de sus negocios fuera de sus provincias (19) que no haya promociones de los mismos cuando cambien de provincias (24) que mantengan una pureza de vida no teniendo mujeres extrañas en sus casas (27), que los obispos no reciban ofrendas de quienes no comulgan (28) que los presbíteros y diáconos puedan dar la comunión a los que están en peligro de muerte (32), que no deben recibir dinero los clérigos por parte de los bautizados (48), que si alguno muere sin ser confirmado por el obispo que la decisión de este sea considerada justificada (77).

Dentro de los cánones de «temática variada» distinguiremos el canon 20 que regula los préstamos a interés otorgados por clérigos; y se pide la degradación o la separación de la comunión. Si esto ocurre con los laicos, y han sido advertidos y dejan de hacerlo no exigiendo interés por el préstamo, se les concedería el perdón. Parece darse a entender que en ambos casos si se persistiese en ello serian expulsados de la Iglesia. Este canon es coincidente con el mismo tema del canon 19, a propósito también de las cuestiones relacionadas con los negocios de los clérigos, que aunque no es de carácter punitivo, introduce la prescripción de la territorialidad. Lo que no está permitido es que se realice fuera de los lugares de la circunscripción eclesiástica a la que pertenece cada clérigo y además prescribe que si es para el sustento la gestión del negocio se deje en manos de un tercero.

El canon 21 sancionará por un cierto periodo de tiempo a quienes no puedan asistir a la misa dominical, es por tanto un canon preceptivo del cumplimiento dominical.

El canon 52 en el que se castiga los que reparten panfletos difamatorios en las iglesias y en el canon 53 se sanciona a los obispos que admitan a la comunión a los que hayan sido excomulgados por otro obispo. Da la impresión en este canon que se desee establecer una correcta disciplina eclesial que haga posible la delimitación de responsabilidades y de competencias de cada obispo, delimitándose los ámbitos de jurisdicción de cada sede. La articulación de este canon parte del *placuit cunctis* hasta quis fuerit, constituido por una oración compuesta que al ser su verbo principal placuit lleva un significado de «unanimidad» por la introducción del complemento indirecto cunctis. «En Elvira hay varios cánones que comienzan placuit… pero el sentido es muy distinto del placuit cunctis, si se tiene en cuenta que el procedimiento de los concilios era el procedimiento del Senado romano, y para que el senado aprobase un decreto, bastaba la mayoría. En cambio, en el canon 53 se trata de obligar a los mismos obispos a una conducta que hasta entonces no se había considerado rigurosamente obligatoria. En Elvira, debido a esta obligación que se imponía a los mismos obispos, se requirió la aprobación de todos y cada uno de ellos cunctis.[248] Puede percibirse en este canon como otros de índole parecida, el gran celo por mantener intacta la autoridad y las conse-

---

248 SOTOMAYOR – FERNÁNDEZ UBIÑA, El concilio de Elvira y su tiempo, 47.

cuencias correspondientes a cada grado jerárquico, sin intromisiones de unos en el ámbito de otros.[249]

El canon 75, por su parte, establece una dura sanción «nec in finem» a todos aquellos que atenten contra un obispo, presbítero o un diácono con falsas acusaciones con la no confesión de la comunión ni al final de la vida. Este canon está precedido del canon 74 que sanciona a los que actúen con falsos testimonios. En su canon redactado con precisión y detalle, de modo que pueda distinguirse distintos atenuantes para este tipo de casos.

Profundizando en los más relevantes

Relaciones sexuales

La moral sexual y las relaciones entre personas de distinto sexo tendrá sus efectos sobre las viudas que deseen contraer un segundo matrimonio, lo hacen con las llamadas mujeres bígamas, entendido como segundos matrimonios, regulado en el canon 8, con los incestuosos y los adúlteros en los cánones 66, 47 y 47, a los infanticidas en el canon 63, a los consentidores de adulterio con sus esposas, a las viudas que caían en pecado, al abandono del consorte por parte de la esposa, a los progenitores que quebrasen la fe de los prometidos y a todas las casadas que se dirigiesen a terceros con cartas amatorias en los cánones 68, 72, 54 y 81. La dureza se extiende a la exclusión de la comunión para siempre a todas las prostitutas, meretrices o amantes, a los clérigos que practiquen la fornicación, a las vírgenes ofrecidas a Dios que pierdan su virginidad en los cánones 12, 18, 13 y 30.

La sexualidad eclesiástica: clero y matrimonio

El concilio de Elvira trató en diferentes cánones sobre la sexualidad. Iban destinados a configurar la sexualidad del matrimonio y de la propia sociedad, pero también a plantear una sexualidad del clero particularmente entre los varones. En este caso los cánones estaban destinados a los obispos, presbíteros y diáconos para que abandonaran la vida sexual y conyugal de manera que aun manteniéndose en el matrimonio no hicieran uso de este para fomentar una vida ministerial ejemplar y santa que evitase escándalos en el seno social en el que se encontraban.

---

249 T. BERDUGO VILLENA, *Identidad del concilio de Elvira*, 180-182

Es una legislación sinodal temprana y muy singular que de alguna manera muestra una tendencia hacia el monaquismo en el clero hispano. La adopción de formas monásticas referidas a la abstinencia sexual, definen de alguna manera el carácter canónico sexual para el clero en el sínodo- concilio.[250]

Entre el conjunto de cánones que se refieren a la sexualidad del clero masculino encontramos los siguientes: canon 18, canon 27, canon 30, canon 33, canon 65.

Los tres primeros, incitan a una vida de abstinencia sexual, con el objetivo de obtener una conducta ejemplar de los clérigos y las personas consagradas, para mostrarse libres de pecado y como personas cercanas a Dios, libres de pasiones. El canon 65, por su parte, parece afirmar de hecho, que no existía una disolución total del matrimonio contraído por un clérigo, ya que solo trata del adulterio de la esposa de este y el comportamiento que debe tener el marido si tuviese conocimiento de la infidelidad de la esposa, con lo que se entiende que el vínculo matrimonial sigue existiendo. El canon 18 es claro con respecto a la castidad que han de guardar los hombres que habían sido consagrados.

Canon 18: «Los obispos, presbíteros o diáconos que, una vez ordenados[251] hayan sido convictos de fornicación dado que el escándalo y el delito sacrílego, se acordó que no deben recibir la comunión ni al final de su vida». El honor y la sacralidad de su ministerio prevalecen sobre el matrimonio.

El canon 27 a su vez está destinado a evitar la difamación protegiendo el buen nombre de los ministros de la Iglesia.

Nos pararemos ahora en el canon 33 que da origen a futuras regulaciones, aunque el hecho de su redacción seguirá manteniendo durante muchos siglos a los clérigos casados y con hijos. El canon 33 es, por tanto, una innovación entre los cánones del concilio. Textualmente dice: «Sobre los obispos y los ministros, que se abstengan de sus esposas se acordó prohibir absolutamente a los obispos, presbíteros y diáconos, que una vez ordenados mantengan relación con sus esposas y que engendren hijos. Que el que, a pesar de ello lo hiciere, sea privado por completo del honor del clericato».[252] Se constata en este canon que la moral sexual del clero ocupa un lugar destacado en el concilio iliberriano.

---

250 Jesús GALISTEO LEIVA, *El concilio de Elvira*, Almuzara 2018, 158.

251 Puede ampliarse en SOTOMAYOR – FERNÁNDEZ UBIÑA, *El concilio de Elvira y su tiempo*, 42 nota 17.

252 Teresa BERDUGO VILLENA, *Identidad del concilio de Elvira*, 170-171.

El tema y la propia redacción presentan características comunes del estilo predominante en el escrito generado en ella. Se prescinde de las aclaraciones de cualquier tipo y de una relación pormenorizada de otras circunstancias, como ocurre en otros cánones. La prohibición es contundente y categórica.[253]

El canon 33 es el primer texto que conocemos en toda la Iglesia que establece como obligatorio, al menos para las iglesias hispánicas, no un clero celibatario sino la abstención del uso del matrimonio. La ley celibataria que regirá la Iglesia latina excluye directamente la ordenación de casados. Durante muchos siglos, ni el concilio de Granada, ni la posterior legislación de la Iglesia occidental, excluirá a los casados que seguirán siendo ordenados. El canon 33 tampoco prohíbe la cohabitación con la mujer legítima,[254] ya que el mismo concilio en el canon 65 se regula la expulsión de las mujeres adúlteras, esposas de clérigos, como hemos mencionado.

El canon 33 a pesar de su innovación no tuvo una adecuada acogida, sino que más bien no debió aplicarse.[255] Ya en el año 314 en el concilio de Arlés no se reproduce ninguna prescripción de este canon mientras que algunos cánones de Granada se incorporan a la regulación del mismo.

Así como el concilio ordena que los obispos, presbíteros y diáconos que ejerzan el ministerio se mantengan en la castidad, absteniéndose de relaciones con sus esposas, también prohíbe tener mujeres extrañas en la casa de un clérigo, salvo que no sean hermanas o hijas ofrecidas a Dios (canon 27).

La idolatría

La idolatría se configura como uno de los temas principales a los que hacen referencia las actas conciliares a través de ellos se puede deducir el momento especifico el cristianismo en una transición entre un mundo romanizado, por tanto, fuertemente influido por la relación idolátrica y los sacerdotes dedicados a estos cultos que por un lado impregnan el normal funcionamiento de las sociedades y por otro mantienen una estructura ritual que a través de las conversiones de los flamines seguían influyendo a las comunidades cristianas. En los cánones 1, 2, 3, 4, 6, 36, 41, 55, 59,

---

253 Íbid, 172.

254 R. GRYSON, *Les Origines du célibat ecclésiastique*, 38-41.

255 Manuel SOTOMAYOR, *El concilio de Granada*, En: Ricardo GARCÍA-VILLOSLADA (coord.). *Historia de la Iglesia de España*.

podemos establecer una repartición de los receptores de los mismos: para los sacerdotes flamines se reservan cuatro cánones que son el 2, 3, 4 y el 55. Dos cánones van dirigidos a cualquiera el 6 y el 36, y tres cánones para un bautizado el 1, 41 y 59.

El primer canon del concilio reserva la sanción más grave para un adulto bautizado idólatra, también reserva esta máxima pena para los flámines que los define como «idólatras, homicidas y fornicarios» en canon 2 o también los amplía a cualquier persona que mate por idolatría, la expresión más definitiva que usa es «nec in finem» que significa ni aun al final de tu vida.

Sí, en cambio, el canon 4 admite a los flámines catecúmenos a recibir el bautismo si han cumplido tres años de penitencia. Mientras que como indica el canon 59 los bautizados que suban al capitolio para sacrificar o asistir como espectadores precisaran 10 años de penitencia. Es importante observar que el aspecto más social para los sacerdotes de ídolos como pueda ser el hecho de llevar la corona de su rango, aunque no efectúen sacrificios, según el canon 55 les será preciso 2 años de penitencia.

Cánones regulando la relación con el «contexto judío»

En el contexto hispano-romano hay que tener en cuenta la presencia de judíos[256] así como en la propia ciudad de Iliberri y otras ciudades de la Bética, como anteriormente hemos comprobado en el propio vestigio arqueológico y en los datos históricos. A pesar de no ser muy numerosas estas comunidades estaban bien asentadas en el territorio.[257] Son comunidades muy antiguas a las que conocemos mediante las disposiciones canónicas del concilio de Elvira que regula el contacto entre los judíos y los cristianos, con el fin de evitar que las comunidades cristianas incorporen tendencias judaizantes.

El concilio de Elvira no logra extinguir el problema de la judaización o del proselitismo, sino que comprobamos la prolongación en el tiempo de este fenómeno mediante los escritos de Gregorio de Elvira unos años más tarde en su batalla con las comunidades judías de la Bética.[258]

---

256 L. GARCÍA IGLESIAS, *Los judíos en la España antigua*, Ediciones cristiandad, Madrid: 1978. La lectura de esta obra clarifica el problema histórico de las comunidades judías en España en su origen y evolución.

257 A. BARCALA MUÑOZ, *Biblioteca antijudaica de los escritores eclesiásticos hispánicos*. (Volumen primero: Siglos IV y V), Madrid: Aben Ezra Ediciones 2003, 129.

258 Consideraciones sobre la Homilética de Gregorio de Elvira – F. J. LOMAS, *Comunidades judeocristianas granadinas*, 318-345.

Los cánones del concilio de *Iliberri* que hacen referencia a estas comunidades, regulan aspectos sociales para asegurar una adecuada cortesía y entendimiento entre judíos y cristianos, ya que ambas, a través del Antiguo Testamento, tenían una base común compartida.

En ella se condenaban los matrimonios mixtos y a su vez la obligación de eludir los contactos sexuales ilícitos con las mujeres judías, evitando todo contacto con ellas, tal como viene regulado en el canon 78.[259]

Así mismo los cánones intentan erradicar costumbres muy enraizadas en las relaciones con los judíos para evitar el riesgo de judaización en las recientes comunidades cristianas, eludiendo el claro proselitismo de los judíos de la Bética.[260] Una de estas prácticas estaba relacionada con las bendiciones de frutos y campos, y así una vez convertidos al cristianismo continuasen solicitando a los judíos la bendición de sus tierras y sus frutos. El canon 49 establece que aquellos frutos que se reciben de Dios y hayan sido bendecidos por los judíos, debido a estas bendiciones los convertiría en despreciables y sin efecto.

El canon 50 regula las relaciones entre ambas comunidades con el fin de preservar la identidad religiosa de los cristianos, ya que las familias guardaban sus lazos de consanguinidad, y por ello, de su gran proximidad. La finalidad de esa prohibición fue evitar la creación de afinidades, ya que la debilidad de los nuevos bautizados podía verse contaminada por las tradiciones del judaísmo a las que estaban acostumbrados, no obstante, en dicho canon se penaliza con la abstención de la comunión si clérigos o bautizados comen con judíos. Pero mantiene cierta tolerancia social para mantener un cierto «status quo» entre ambas comunidades y sus profundos enraizamientos.

Los matrimonios mixtos entre católicos y judíos se deben evitar, haciendo que las hijas cristianas o mujeres conversas no puedan ser concertadas en matrimonio por el problema que provocaría. En este caso el canon 16 hace recaer el peso sancionador contra los progenitores, ya que son ellos quienes conciertan el matrimonio de sus hijas con la familia del varón. Son, por tanto, los progenitores quienes se hacen reos de la justicia eclesiástica. En cambio, se comprueba en este canon la baja estima que se tiene a las comunidades judías a las que se equipara a los herejes, para el caso de contratar el matrimonio.

---

259 L. GARCÍA IGLESIAS, *Los judíos en la España antigua*, Madrid: Ediciones cristiandad 1978.

260 R. TEJA, Exterae Gentes, *Relaciones con paganos, judíos y herejes en los cánones de Elvira*, 197-227.

Estas prohibiciones conciliares derivaron en posteriores regulaciones del imperio que, en forma de intervenciones legales, tenían por objetivo evitar que en una misma estructura familiar se mezclaran diversas religiones. De esta legislación imperial el concilio de Elvira fue el precursor, ya que se encuentra en los decretos promulgados por Valentiniano II, Teodosio y Arcadio donde se asimila, a partir del año 388, el matrimonio mixto entre personas de distintas religiones con el adulterio. Estos decretos pasarán posteriormente a la legislación civil visigoda.[261]

En otros cánones relacionados con el mundo judío, algunos de ellos resultan de difícil interpretación, otros regulan la figura del levirato para evitar que se reproduzca en las familias cristianas.

Es evidente que de la lectura de los cánones que afectan a las comunidades judías, se desprende que los judíos hispanos significaban un peligro potencial para las comunidades cristianas y lo que regulaban era prevenir y reprimir los posibles focos de judaización para que no se deformasen ni las creencias ni las costumbres de los nuevos bautizados.

Reformas en el ámbito moral y eclesial

Una vez el concilio estableció con sus cánones las relaciones de las comunidades católicas con judíos, paganos y herejes, este atendió algunas reformas en las costumbres del clero y de las propias comunidades de fieles, procediendo con una gran severidad para controlar los desvíos que se producían o la perversión o retroceso de costumbres en las nuevas comunidades.[262] Hemos explicado en el apartado anterior algunos de los cánones relativos al matrimonio, particularmente entre creyentes de distinta religión, judíos especialmente. La severidad de las penas llega a negar la comunión, aún en el momento de la muerte.

Homicidio

El problema del homicidio es el tema principal en los cánones 5, 63 y 73. El receptor de cada uno de estos tres cánones está dirigido a las mujeres en los cánones 5 y 63 y a los bautizados en el canon 73. Se hace también una mención al homicidio de for-

---

261 A. BARCALA MUÑOZ, *Biblioteca antijudaica de los escritores eclesiásticos hispánicos*, 8.

262 Marcelino MENÉNDEZ PELAYO, *Historia de los heterodoxos españoles* (vol. 1), Madrid: Bibliotheca Homo Legens 2007, 77-80.

ma secundaria en los cánones 2, 6 y 68 y también se hacía referencia a ellos a través de la idolatría en los cánones 2 y 6 y en el canon 68 se hace una mención secundaria para aquellas catecúmenas adúlteras que aborten. Las sanciones estipuladas en estos cánones no dejan lugar a dudas de la dureza que se aplica, utilizando todavía la expresión «nec in finem» como el canon 63 para el adulterio y en el 73 para el bautizado delator que por causa de su declaración alguien haya sido ejecutado.

Una sorprendente excepción está en el canon número 5, que permite que una mujer enardecida por los celos pueda pegar a su esclava hasta causarle la muerte. Si la muerte fue intencionada deberá cumplir una pena de siete años, si fue casual tan solo de cinco años, pero hace posible la gracia de recibir la comunión, si la causante del daño enferma durante el periodo penitencial.

En este canon, aparece el sustantivo "ancilla" y la primera vez en el que se usa "fémina". Si analizamos la mayoría de los cánones, la referencia habitual, es la oposición entre términos varón y hembra. Implican una cierta minusvaloración de la mujer respecto al varón al usar la expresión de "femina" en lugar de "mulier". La palabra "mulier". de uso común en el latín, solo aparece una vez en la rúbrica del canon 12.

Otro aspecto que conviene remarcar de este canon es la relación jurídica de los esclavos con sus amos, estos son considerados a título de bienes muebles. El propio espacio sociocultural que refleja la relación entre la dueña y la esclava usando los términos "femina" y "ancillam" "suam".

La existencia del canon y la descripción utilizada en su texto, deja de manifiesto que la esclavitud sigue vigente, no solo en la sociedad tradicional romana, sino que existe entre los cristianos: la mujer cristiana actúa como propietaria de la esclava, y es a ella cristiana, a quien va dirigida la pena. Se explica con la levedad la sanción, comparativamente a la de otros cánones, en que las penas por el homicidio son mucho más duras.

Es una contradicción el aplicar una sanción de 5 a 7 años de penitencia por dar muerte a una esclava frente al "nec in finem" que se impone en el resto de casos de homicidio, lo que demostraría que existen arraigadas costumbres, procedentes de la legislación romana, en las propias comunidades cristianas ya que: al considerar al amo dueño de la vida y de la muerte de los esclavos, no existía una penalización, lo que hacía muy difícil erradicar el pensamiento colectivo existente en las comunidades cristianas del mundo romano, y esto explica que se castigase con poco rigor la suerte de los esclavos ante el adulterio. El avance del cambio de costumbres será extremadamente lento, ya que la mentalidad de la época supone un gran freno para el avance de la doctrina cristiana.

El problema de las imágenes: pinturas en las paredes

Las relaciones sociales mantenidas en las distintas ciudades de la Bética, al convivir las comunidades cristianas con una mayoría pagana, hacía inevitable o complejo mantener un completo aislamiento de las diversas costumbres. Las comunidades cristianas estaban imbricadas en una sociedad que era mayoritariamente pagana, y por tanto, inmersas en una cultura tradicional romana que progresivamente iba atrayendo cambios, debido a la influencia de las religiones orientales y a la vez al cambio de mentalidad de los ciudadanos del imperio. De alguna manera, los padres sinodales de Elvira se empeñaron en mitigar estas influencias, ya que las creencias preexistentes al bautismo continuaban vigentes con la dificultad de erradicarlas, por ello, se debían penalizar actitudes religiosas del pasado pagano de aquellos nuevos cristianos con una forma de autoafirmación identitaria de la nueva religión cristiana.[263]

Entre las disposiciones más leves del concilio que pretenden la erradicación de costumbres heterodoxas encontramos el canon 36 que dice:

«Ne picturae in ecclesia fiant. Placuit picturas in ecclesia esse non debere, ne quod colitur et adoratur, in parietibus depingatur». Traducido dice: Que no se hagan pinturas en las iglesias. Se acordó que «no haya pinturas en las iglesias, para que no se pinte en las paredes lo que se venera o se adora».

El hallar pinturas en las iglesias con representaciones divinas o de los santos conllevaba un cierto confusionismo y era frecuente que estas imágenes – de contenido cristiano – se adorasen como paganas o se les rindiese culto en el que era difícil distinguir la veneración cristiana del culto pagano.[264]

El profesor Arce, se sitúa en esta corta descripción en el núcleo mismo de la intencionalidad del canon. Es prueba de ello, la costumbre de que en las casas romanas, existan decoraciones de pintura tradicional romana que en el momento en que fueron convertidas en Domus Ecclesia podían invitar a la confusión en la interpretación de distintas escenas profanas. Las pinturas de los lares familiares podían hacer incurrir en una confusión en estos primeros centros de culto, asimilando imágenes paganas, a imágenes cristianas, ya

---

263 J. GALISTEO LEIVA, *El Concilio de Elvira*, 52.

264 Javier ARCE, *El último siglo de la España romana*, 284-409: Alianza Editorial 2009, 180.

que el sentido de protección sobre el lugar y la familia, que significaban la pintura de deidades en el culto pagano. Existen pruebas de este tipo de pinturas en las excavaciones de Pompeya y Herculano y en algunas casas de la propia Bética.

Veamos con un poco más de detalle las visiones de algunos autores sobre este tema.

El canon 36 de este concilio, es el primero existente sobre arte en la historia de la iglesia. Representa la política específica de los presentes en el concilio, pero solo en los límites de su jurisdicción en distintas diócesis de Hispania.

Como sabemos, la persecución de Diocleciano entre los años 303 y 305, estuvo precedida de un período relativamente largo de tiempo de coexistencia pacífica entre cristianos y paganos. El cristianismo no fue solamente tolerado, sino perfectamente integrado en los distintos niveles de una sociedad mayoritariamente pagana. Las regulaciones contenidas en los cánones del concilio, intentan normalizar que los cristianos no tomen parte en las prácticas paganas, ni en ninguna forma de oficiar de los sacerdotes paganos, así como controlar el gran número de oficios seculares y religiosos que eran atendidos por los cristianos. El propio matrimonio entre cristianos y paganos no solo entre personas del mismo rango, sino también de mujeres casadas con los sacerdotes idolátricos, será regulado.

Fue en Elvira donde los obispos y los presbíteros reunidos intentaron buscar un consenso para establecer la forma de conducta de los nuevos bautizados a medida que cesaban las persecuciones.

Existe una larga literatura sobre el canon 36, muchos de los autores han variado sus opiniones sobre la significación de este canon, sugiriendo que fue escrito para prevenir la revelación de misterios a los todavía no iniciados, posición que estuvo defendida ya en el siglo XVII por D. Fernando de Mendoza.[265] Otros autores creerán que podría ser utilizada en prácticas de magia por ciertos cristianos como es el caso de Giovanni Battista de Rossi,[266] o aquellos que creyeron que el estilo particular de la península era impropio para este uso.

Algunos autores han intentado explicar esta abolición de imágenes para impedir cultos idolátricos o que las imágenes tuviesen apariencia de ídolos, y finalmente los que defendieron que esta expresión de fe era inapropiada, al no poderse pintar ni lo eterno, ni lo divino, ya que estaba sometida al desgaste de materiales como

---

265 Teresa BERDUGO VILLENA, *Granada y el Concilio de Elvira en Fernando de Mendoza.*

266 Giovanni BATTISTA DE ROSSI, *Roma sotterranea cristiana*, (3), Roma 1864-77, 475.

era el caso de la pintura sobre la pared. Otros autores han argumentado en base a la disposición del canon: para que no se pinten las paredes lo que se venera o se adora. No obstante, con las diferencias de opinión aparece siempre la idea de que no hay una justificación en el canon que sea soportada por la autoridad del Antiguo Testamento.

En el contexto histórico, la creación de imágenes de la divinidad de acuerdo con la ley judía, era visto como una ofensa a la divina omnipotencia, pero a su vez, el evitar las imágenes pintadas era una forma de distinguir la identidad de la comunidad judía frente a influencias culturales externas: los cristianos heredaron del Antiguo Testamento tanto la regulación como el segundo mandamiento interpretado desde la posición que sostuvieron desde el período de los Macabeos, una forma de actuar eminentemente identitaria. Quedaba en el aire ante estas cuestiones si la ley mosaica o la actitud de los Macabeos estaban en el trasfondo de la actitud del canon 36 o si se intentaba regular algo más.

En el caso del texto sinodal se indica claramente que se regula «pintar en las paredes de las iglesias», en este caso una referencia al edificio entendido como iglesia (lugar de culto). A la regulación se añade «lo que se venera o se adora», por tanto, no puede adorarse a las imágenes pintadas. Claramente estas dos instrucciones del canon muestran un concepto del que no existía todavía ningún precedente cristiano. Fue el período donde las «domus - ecclesia» no permitían la pintura para que no fuesen sujeto de destrucción en posibles persecuciones y no fuesen arrancadas por los paganos o bien con el objeto de efectuar algún tipo de magia por ciertos nuevos cristianos, el canon impone una novedad.

El canon 36 no tiene gran sentido como herramienta legislativa y no deja de ser extraña su prohibición, cuando fue utilizada de distinta manera la pintura hasta el siglo IV: como elemento religioso en las catacumbas, pintando en paneles, cortinas y vasos sagrados, y con mucho más énfasis usando imágenes grabadas y esculpidas.

Y todavía en un razonamiento diverso. Por el hecho de que la pintura podía ser sujeto de destrucción y de mal uso, el riesgo de estas situaciones no sería solamente para las pinturas en la pared, sino que también se extendería a todo el tipo de imágenes, esculturas o pinturas en otros ambientes religiosos, por ejemplo, cementerios y catacumbas.

Posiblemente este canon fue pensado y discutido sin una restricción tan directa a las paredes y que esto respondió a una lógica que nada tenía que ver con limitarlo solo a las pinturas sobre pared, sino que más bien, estaba conectado directamente al culto idolátrico, o más certeramente a evitar la confusión, entre las pinturas paganas de las casas particulares o las grandes mansiones, evitando con ello no solo la idolatría, sino que las pinturas cristianas, pudiesen ser confundidas como la de otros dioses en el ambiente en el que imágenes de tipo tradicional romano, de sus dioses, fuesen asimiladas o asociadas, añadiendo al panteón romano nuevas imágenes con escenas cristianas.

El canon 36, nunca fue utilizado fuera del contexto de la provincia hispánica en la que tuvo su origen. No fue utilizado para crear nueva legislación en todo el territorio del imperio romano en su tiempo ni posteriormente en época visigoda o normanda. El canon 36 intentó regular lo que a partir del decreto de Constantino y la legislación del siglo IV empezó a ser normal en todas las construcciones basilicales cristianas, con la inclusión de pintura ,mosaico sobre pared por lo que podemos llegar a la conclusión que el sínodo a través de este canon contribuyó a crear una separación en el propio ámbito de las comunidades cristianas, manteniendo a lo largo del tiempo diferentes posiciones ante el arte: resistencia o aceptación del arte en las iglesias.[267]

La posibilidad de encontrar pinturas en las paredes de las iglesias (domus), con representaciones divinas o escenas bíblicas o imágenes de santos podía llevar a un confusionismo y era frecuente que estas imágenes, con contenido cristiano, se les rindieran culto. Por todo ello, se prohibió las pinturas en los lugares de culto.[268]

En otro orden de razones se podía llegar a la violencia física por parte de algunos creyentes ya que, si algún cristiano se dedicaba a destruir los ídolos paganos, y por ello eran asesinados en la revuelta, la Iglesia no permitía considerarlos como mártires.[269]

Desde el conocimiento de la arqueología sabemos que las casas romanas de las cuales tenemos evidencias a través de las excavaciones de Pompeya y Herculano pintaban sus paredes. Dada la disposición de la topología de las casas, invitaba a la pintura al fresco para alegrar los distintos espacios y lo hacían normalmente las distintas clases sociales. Estas pinturas al fresco se realizaban con motivos arquitectónicos, flores, escenas de casa y «amorcillos» entre distintas y variadas posibilidades.

---

267 Conrad RUDOPLH, *Communal Identity and the Earliest Christian Legislation on Art: Canon 36 of the Synod of Elvira* – Terryl N. KINDER, (ed.), *Perspectives for an Architecture of Solitude*: Brepols Cîteaux, 1-7.

268 J. ARCE, *El último siglo de la España Romana*, 284-409.

269 Canon. 60

Algunas casas reproducen obras clásicas de la pintura romana y también desarrollan el gusto por las escenas mitológicas, sacrificios al aire libre y motivos ornamentales con toda clase de variaciones y gustos.[270] Tenemos la evidencia arqueológica de algunas casas en la que se han encontrado pinturas en excelente estado en la pared de entrada, donde se veneraban los lares, el altar doméstico, y representan figuras de orantes, algunos personajes con toga y el espíritu tutelar de la casa. Es un claro ejemplo de esto, el altar «larario» de la casa de los Bétios en Pompeya.[271] También disponemos de algunas pinturas en las que se presentan comunidades de adoradores ubicadas en las repisas y hornacina del larario con representaciones de distintos dioses. Sabemos que se realizaban ofrendas en estos altares, reunida la familia en la oración y que se situaban en un lugar privilegiado de la casa. Este tipo de pinturas podrían ser fácilmente confundidas, en una sociedad en la que existía una convivencia tan tolerante entre las distintas religiones y no sería de extrañar el sincretismo religioso que pudiese derivarse de ello.

El concilio de Elvira se preocupó para evitar el sincretismo y la contaminación pagana y fruto de ello es la particular normativa a la que se llegó con las imágenes.

Profesiones ignominiosas y el mundo del espectáculo

El concilio a través de los cánones establece algunas prohibiciones que se impondrán para el ejercicio de actividades consideradas como inmorales por la Iglesia e incluso por la propia sociedad romana. Esto es el caso de las personas que ejercen la prostitución y el lenocinio, que tal como indica el canon 12, serán excluidos de la comunión incluso en el final de su vida.

También este tipo de actividades venían reflejadas en la propia norma jurídica del imperio, siendo catalogados como grupos de infames, y que podían ser condenados en el ámbito penal por determinados delitos, enfocados a profesiones denigrantes como las prostitutas, los gladiadores, los actores de teatro y personas que eran por sus formas de comportamiento censurables. Las condenas de Elvira alcanzan a todo este tipo de actividades mal vistas y que la propia sociedad romana establecía equivalencias entre ellas como era el caso de todos aquellos espectáculos públicos donde se equiparaba a las actrices y a las prostitutas y también a todos los espectáculos que se realizaban en el anfiteatro, extendiéndose estas condenas a los panto-

---

270 Ugo Enrico PAOLI, Urbs, *La vida en la Roma antigua*: Iberia 2000.

271 Mary BEARD, Pompeya, *Historia y leyenda de una ciudad romana*, Barcelona: Crítica 2009.

mimos y a las actrices y que se explican por razones morales ya que se relacionaba el espectáculo con el ejercicio de la prostitución. Por ello que el concilio no admite actores a la comunidad, si no han dejado previamente su profesión. También la exclusión de todas las personas que se relacionaban con los espectáculos del circo y particularmente los aurigas que estarán en el mismo marco de descalificación hecho por la Iglesia a todos los espectáculos por razones de tipo moral y religioso.[272] Tertuliano estableció ya la condena a la tría clásica de las invectivas apologéticas ya que el «circus furens», el «cava saebiens», y la «scaena lasciviens» genera pasiones de crueldad, de odio y de lujuria. Estas condenas establecidas por Tertuliano serán seguidas hasta finales del siglo IV por san Jerónimo sirviéndose de los mismos tópicos en la Vita Hilarionis y en su carta 43.

A pesar de las duras sanciones establecidas, los espectáculos del circo los gladiadores y el teatro seguirían durante mucho tiempo hasta finales del siglo VI ya que el exceso de radicalidad e indiscriminación no fue aceptado por las masas.

En la sociedad romana el circo y las carreras eran las actividades que apasionaban a las masas tardo-romanas. Estas actividades podían tomar significados simbólicos y religiosos por el ambiente supersticioso en que estos espectáculos se envolvían.

El mundo del espectáculo como el teatro, las pantomimas y el mimo, que a su vez incluían espectáculos de bailarines, músicos y saltimbanquis acababa derivando en un teatro de obscenidades de gran gusto del público. También los espectáculos acuáticos presentaban en vivo los baños de las nereidas desnudas y de los tritones.[273]

El concilio de Elvira dictaminó que eran incompatibles algunas de estas profesiones, ser actor de pantomimas o carreras de carro o aurigas. Si se deseaba pertenecer a la comunidad cristiana debía renunciarse al oficio.[274] Conocemos, no obstante, por la epigrafía de Emérita que un auriga llamado Sebastianus, enterrado cerca de Emérita era cristiano y terminó su vida haciendo ambas cosas hacia el año 500.[275] En el medio rural la permanencia de usos y costumbres paganas se mantuvo a lo largo

---

272 Existe una amplia bibliografía sobre este tema: Juan. A. JIMÉNEZ SÁNCHEZ «Ídolos de la antigüedad tardía: algunos aspectos sobre los aurigas en occidente (siglos IV-VI)», *Lúdica, Annali di historia o civilità dil gioco*, (1998) 20-33 – R. T. HAB, *Los juegos de anfiteatro y el cristianismo, coloquio internacional. El Anfiteatro en la Hispania romana*, Mérida 16-18 noviembre 1992 (et al. Badajoz 1994), 67-68

273 G. TRAVERSARI, *Gli Spettacoli in Acqua nel teatro tardo-antico*, Roma: 1960.

274 Canon 62.

275 Javier ARCE, *El último siglo de la España Romana*: Alianza editorial 2009, cita 23, 183

del tiempo como parte de la cultura popular, adoptando en dicho medio formas de superstición y magia.

No deja de causar por otro lado una cierta sorpresa que el concilio de Elvira centre las condenas sobre los actores y los aurigas, protagonistas de los espectáculos, pero no haga ninguna referencia de la asistencia a los mismos de los fieles cristianos. Con el tiempo y debido a la falta de aceptación de estas penas y la costumbre social, las penas se fueron atenuando de manera que a finales del siglo IV, la prohibición de acceso a los espectáculos se limitará a los hijos de los obispos y de los clérigos. Algunos obispos aceptaran la asistencia de sus fieles siempre que no se salten sus responsabilidades en la Iglesia en domingo si juegos y culto son simultáneos.

La radicalidad de condenas que establecen los cánones del concilio de Elvira se va atenuando con el tiempo, aunque el concilio de Arlés del 314 al que asistieron obispos participantes en Elvira mantendría las prohibiciones en términos similares a los de los cánones 4 y 5 del concilio de Arlés.

Conocemos la realidad de esta situación con una inscripción funeraria de la basílica paleocristiana de Casa Herrera cerca de Mérida de finales del siglo IV y V que recuerda a un auriga cristiano.[276] Nos hace notar la incompatibilidad de esta hipografía con el canon 62 de Elvira. Los concilios antiguos tenían un alcance limitado y no poseían una fuerza de alcance universal, podemos ver también que Elvira apunta en el canon 67 a mujeres que se casen con peluqueros o bien las referencias de una manera indirecta a los travestidos en los espectáculos y se opone también a los juegos de azar como son los dados en el canon 79. La dificultad de arrancar este tipo de vicios por parte de la Iglesia que no estaban prohibidos por las leyes romanas excepto en algunos periodos festivos (Saturnalia) demuestran que este tipo de prohibiciones tuvieron muy poco efecto en su época y que estas antiguas tradiciones del juego con apuesta se siguen manteniendo en nuestros días.

La esclavitud, comercio y usura

Se comprueba en los cánones, como la Iglesia Hispana atendió desde el inicio a mitigar y disminuir la costumbre y el efecto de la esclavitud, una situación totalmente habitual en las sociedades antiguas y particularmente en la romana. Son particulares también los cánones que prohíben a los clérigos ejercer la usura y el prestamis-

---

276 L. CABALLERO – Th. ULBERT, *La basílica paleocristiana de Casa Herrera en las cercanías de Mérida*, (Badajoz). Excavaciones Arqueológicas en España (89), Madrid: 1976

mo y solo se les permite el comercio de víveres imponiéndoles la condición de no abandonar sus iglesias o comunidades para negociar.

Cartas de confesión de fe, falsos testimonios, homicidio, absoluciones

Se reguló el uso de las cartas confesarías dadas por los mártires y confesores y la de todos aquellos que estaban obligados a penitencia pública, ya que estas cartas debían ser examinadas por el obispo conforme lo disponía el canon 58, del que no conocemos la razón que justifique su existencia. Seguramente esta disposición obedece a que los obispos deseaban ejercer una vigilancia sobre los testimonios escritos que presentaban algunos fieles procedentes de otras comunidades como garantía de su pertenencia a la comunidad cristiana.

Se castiga a los falsos testigos y a los delatores que acusen a clérigos sin pruebas y que difundían libelos difamatorios contra la Iglesia recogidos en los cánones 73, 74, 75 y 52.

Se hace un eco particular de la penalización a los diáconos, si estos han cometido un homicidio[277] antes de llegar a las órdenes, con cinco años de penitencia. A los que presten su vestimenta en ceremonias profanas y acepten ofrendas de los que están separados de la comunión de los fieles en el canon 28 se impondrán tres años de separación.

En el canon 32, se reserva a los obispos la facultad de imponer y absolver la excomunión siempre que el excomulgado efectúe la penitencia. La norma se complementa con el canon 53 que impide al obispo la comunión al excomulgado por otro obispo.

Catequesis y regulación de sacramentos de iniciación cristiana

Se regula en los cánones la administración de sacramentos en el artículo 38, que concede la facultad a todos los fieles, excepto a los bígamos (casados en segundas nupcias) de poder administrar el sacramento del bautismo en caso de necesidad, regulando a su vez, que si el bautizado sobrevive reciba la imposición en manos del obispo.

---

277 Esta situación es bastante habitual si consideramos cierta participación en batallas de muchos hombres o el ejercicio de una justicia tomada por la mano y aceptada en la sociedad romana.

El canon 38 sugiere a inicios del siglo IV un plan catequético, donde en ausencia de las autoridades competentes religiosas, un fiel de moral intachable que cumpla con ciertos requisitos y siempre con la ayuda de un miembro del clero que pueda administrar los sacramentos, puede sustituirlo y ejecutar el rito pertinente. Los requisitos para este cristiano serán que mantenga intacto su bautismo, es decir que no haya pasado por penitencia pública, que no se haya casado en segundas nupcias o casado con una persona que haya enviudado. Según esta condición se asegura que el bautizado no ha incurrido en ningún pecado grave tras el bautismo y por tanto mantiene la integridad del bautismo.

En conexión con este canon se encuentran los cánones 39 y 42 en la que se plantea que los paganos en situación de enfermedad podrían convertirse en cristianos con la imposición de manos, siempre que hubiesen llevado una vida honrada. El canon 42, dada la gran estima del bautismo por los primeros cristianos, plantea uno de los temas esenciales acerca del mismo: cuándo debe ser administrado a un catecúmeno y la excepción del bautizo en el peligro de muerte. Es importante resaltar este canon ya que es la primera normativa conciliar sobre un tema tan esencial en el cristianismo.

El sacramento del bautismo y la eucaristía son los sacramentos que tienen mayor presencia en las actas conciliares, pues al ser los sacramentos de iniciación de la Iglesia, son el fundamento de los posteriores. Elvira en sus cánones dedica un importante espacio a la forma de administrar estos sacramentos, configurando una estética moral cristiana para evitar las críticas a la forma de actuar de los cristianos por parte de los paganos y los judíos, llevando el cristianismo a todos los ámbitos sociales y a la propia cultura cristiana en formación en aquel momento.

Las sanciones canónicas

Las sanciones estipuladas en los cánones hacen siempre referencia al recibir o dar la comunión y a la obtención del perdón y la remisión de culpas y por orden de graduación de su dureza podemos comprobar que los más rigurosos no la permiten ni al final de la vida con el uso del «nec in finem». Se sancionarán básicamente a la idolatría con homicidio y fornicación con asesinato (cánones 1, 2, 6) la idolatría obstinada, la ruptura del matrimonio, las mujeres que se casan con los que abandonaron a su mujer si esta lo sabe, el quebranto de la virginidad consagrada, el adulterio y el aborto, la adultera empedernida, la fornicación de los obispos sagrados, el clérigo o el marido cómplice del adúlterio con su esposa, la viuda adúltera que no se casa, formarán un conjunto entorno a la sexualidad o al matrimonio en los que se establecen tan duras penas (cánones 7, 8, 10, 13, 18, 63, 64, 65, 70, 72). A dos situaciones particularmente habituales como la pederastia y el incesto se aplican las máximas penas. Finalmente para delatores o atentados contra los ministros de la Iglesia se aplicaran las mismas penas (cánones 73,75). Se les aplicaría también la pena más grave a los flámines fornicadores tras el cumplimiento de una penitencia o los adúlteros reincidentes salvo en caso de enfermedad.

Los herejes retornados, los apostatas, los bautizados que hubiesen participado en espectáculos idolatras, las adúlteras arrepentidas, los bautizados casados con viudas adúlteras (cánones 22, 46, 59, 64, 72) recibirían 10 años de penitencia y serian admitidos de nuevo a la comunión tras este periodo. Siete años de penitencia si una mujer mata a su esclavo queriéndolo hacer (canon 5). Se aplica una penitencia de cinco años para los seglares que no guardan su virginidad; para padres que entreguen a sus hijas en matrimonio a herejes; para viudos que se casan con una cuñada bautizada; para diáconos delatores descubiertos por otro, o para casados adúlteros descubiertos por terceros (cánones, 14, 16, 61, 76, 78). Una penitencia de dos años se aplica por ceder ropajes o para padres que quebranten los esponsales y para diáconos delatores de confesores espontáneos (54,57, 76). Serán sometidos a penitencia de dos años los sacerdotes gentiles que lleven corona, pero no hagan sacrificios y los testigos falsos con pruebas (cánones 55, 74). Otros tipos de sanciones se aplican respecto al bautismo ya que el periodo de confesión variada, depende de la situación de las personas que deban recibirlo. El canon 73 concederá el bautismo después de 5 años a los delatores con causa de muerte si se es catecúmeno, o de tres años a aquellos sacerdotes flámines catecúmenos que no sacrifican (canon 4); o lo concederán después de dos años a los que quieran ser admitidos a la fe y se daría de forma inmediata en los casos de enfermedad grave a catecúmenos (canon 11) a prostitutas arrepentidas (canon 44); al catecúmeno que no vaya a la iglesia si se da fe de el (canon 45); y a los hombres y mujeres abandonados por catecúmenos si contraen matrimonio canon (10).

Otros temas

Existen 31 cánones que afectan a distintos temas de carácter normativo u organizativo y que no representan cuestiones prioritarias del concilio y por tanto, de esos 31 cánones 20 no hacen referencia a ningún tipo de sanción siendo los receptores cualquier persona de las comunidades cristianas y son los cánones, 23, 25, 26, 28, 32, 38, 39, 43, 56, 58, 60, 80; cinco tienen como receptores a un clérigo y son el 19,

24, 27, 48, 77. El canon 29 está dirigido a los energúmenos, el 37 a los energúmenos y las bautizadas y el 81 dirigido a las mujeres.

Las penas impuestas en los cánones

Cuando analizamos las distintas penas impuestas en los distintos grandes apartados que podríamos establecer (anteriormente) para las distintas sanciones aplicadas a los problemas a los que se dedican los distintos cánones, podríamos establecer unas cuantas distinciones que las agruparé siguiendo a la doctora Teresa Berdugo Villena. (Ver anexo I)

El problema de la penitencia: rigorismo penitencial

Las penitencias que impone el sínodo de Elvira son de una gran rigurosidad. Utiliza formulas de una gran dureza, llegando al rigor extremo, como en el caso de la imposición de excomunión perpetua incluso en el momento de la muerte y negando para algunos pecados la reconciliación final. Este rigorismo es también habitual en otros concilios provinciales de la misma época si bien

 muestran un menor rigor al imponer penas más cortas entre siete y veinte años.[278] Este rigor fue progresivamente atenuado con disposiciones como veremos más próximas a una realidad humana y a una visión más misericordiosa. La reincorporación a la comunidad cristiana era solo posible tras una larga penitencia y el perdón del obispo, ocasionalmente por un presbítero o un diácono (canon 32) autorizado por su obispo a llevar la comunión en caso de extrema gravedad. En la iglesia de mediados del siglo III ya coexistían dos tendencias: La rigorista y la benigna. La posición más rigorista tuvo una fuerte proyección en occidente de la mano de Novaciano y algunos obispos rigoristas. La tendencia benigna contó con el apoyo del Primado de Roma y por las iglesias orientales y del norte de África. Con el paso del tiempo la posición rigorista cedió a las posiciones de benignidad.

Un par de cánones podrían ilustrar la pugna penitencial abierta entre ambas posiciones en el seno de las diferentes iglesias. Una posición de penitencia más benigna en el canon 59: "De fidelibus, ne ad capitolium causa sacrificandi ascendant".

---

278 S. GONZÁLEZ RIVAS, *Los castigos penitenciales del concilio de Elvira*, (Gregorianum Vol. 22), 1941, 191-214.

> Prohibendum ne quis Christianus ut gentilis, ad idolum capitolii causa sacrificandi ascendant et uideat. Quod si fecerit, pari crimine teneatur. Si fuerit fidelis, post decem annos acta paenitentia recipiatur.

Sobre los bautizados, que no suban al Capitolio para hacer sacrificios.

Hay que prohibir que ningún cristiano suba al ídolo del Capitolio, como si fuera un gentil para sacrificar y que asista como espectador. Pero si lo hiciere, sea considerado como reo de igual delito. Si se trata de un bautizado, sea recibido al cabo de diez años después de haber cumplido la penitencia.[279]

Los obispos reunidos en el concilio vuelven recurrentemente al tema de la idolatría y las distintas ideas y prohibiciones se van manifestando de diferente forma con el objetivo de atajar este problema y cortar esta acción a los cristianos. El objetivo es mantener la identidad y legado de la fe cristiana transmitida a las nuevas comunidades frente a la práctica de una sociedad pagana que hace fácilmente accesible el culto idolátrico en los templos contaminando al cristianismo. Se trata con este canon, no solo prohibirle una participación activa en el sacrificio, sino que, toda presencia ante estos eventos religiosos está prohibida.

Desde un punto de vista de construcción de la frase indica una fuerza de acción el uso de frases como: hay que prohibir, con un matiz de obligatoriedad que potencia el significado de prohibir. Se expresa en este canon una idea radical para el tema de la idolatría, aunque esta causa sea simplemente la acción de ver.

Otro extremo se muestra en el canon 1. Está redactado con una posición de máxima dureza: «De his qui post baptismum idolis immolaverunt».

> Placuit inter eos qui post fidem baptismi salutaris, adulta aetate ad templum idoli idolaturus accesserit et fecerit, quod est crimen principale quia est summus sceleris, placuit nec in finem eum communionem accipere.

Sobre los que después de bautismo ofrecieron sacrificios a los ídolos. Se acordó entre ellos: el adulto que, después del compromiso del bautismo de salvación se acerque al templo del ídolo para idolatrar y cometa ese delito capital, que es el más alto grado de iniquidad, se acordó que no reciba la comunión ni al final de su vida.[280]

---

279 La traducción de los cánones corresponde a la publicada por M. SOTOMAYOR y T. BERDUGO en *El Concilio de Elvira y su tiempo*, 38-52. Corresponde al texto de Teresa BERDUGO VILLENA *Identidad del Concilio de Elvira*, 203.

280 La traducción de los cánones corresponde a la publicada por M. SOTOMAYOR y T. BERDUGO en *El Concilio de Elvira y su tiempo*, 38-52. Corresponde al texto de Teresa BERDUGO VILLENA *Identidad del concilio de Elvira*, 100.

Las primeras informaciones que encontramos en la iglesia antigua sobre la penitencia canónica aparecen a partir del siglo II. Debemos tener en cuenta que las primeras comunidades no conocían estos tipos de penitencia ni les era precisa, ya que estas comunidades cristianas estaban formadas por gente adulta que conocían la bondad del evangelio y que habían decidido cambiar su forma de vida y su comportamiento posteriormente a su conversión y bautismo, es lo que en griego llamaremos «metanoia».[281]

Por la recepción del sacramento del bautismo estos adultos nacen a una «nueva vida» y pasan a formar parte del pueblo de los «elegidos de Dios, santos y amados»,[282] «nación santa, pueblo adquirido por Dios».[283] El bautismo se entendía que había borrado todo su pasado para surgir a una vida nueva. Por tanto, el renacimiento por el bautismo era: el hombre nuevo. Y la comunidad a la que se pertenecía estaba pendiente del pronto retorno de su Señor. Bajo este ideal de vida se vivía en las comunidades cristianas.

La evolución de ambas posturas del rigor penitencial a la penitencia tarifada

La realidad de lo humano y el ambiente social en que se vivía, planteaba una realidad diversa y un modo de vida susceptible de volver al pasado en algunas prácticas, costumbres o desviaciones morales. Algunos bautizados sucumbían en el ambiente que les rodeaba, volviendo a su pasado, cayendo en acciones graves y que herían a la comunidad cristiana haciéndola oscurecer de la luz del mundo que deseaban. Una vez caído en el «pasado», traicionado el resurgir por el bautismo no tenían otra alternativa que ser excluidos de la comunidad. Las comunidades reaccionaban con las enseñanzas de San Pablo: «Os dije que no os juntarais con uno que se llama cristiano y es libertino, codicioso, idólatra, difamador, borracho o estafador. Con uno así, ni sentarse a la misma mesa»[284] y también con la enseñanza de Pablo debía evitarse a toda costa que «un poco de fermento corrompa toda la masa».[285] Podemos

---

281 Algunos autores cristianos latinos traducen metanoia por paenitentia. P. ROUILLARD, *Historie de la pénitence des origines à nos jours*, (coll. Petits Cer-Histoire), París: 1996, 12, escribe: este término griego que significa literalmente cambio de espíritu es, por tanto, cambio de comportamiento que algunas traducciones se hace por arrepentir, o peor todavía, por penitencia. Juan Bautista no invita a hacer penitencia, sino a cambiar de vida.

282 Col 3, 12.

283 1 Pe 2, 9.

284 1 Cor 5, 11-13.

285 1 Cor 5, 6.

encontrar una misma radicalidad haciendo alusión al del Deuteronomio y a la Carta a los Hebreos, donde se expresa que aquellos que han sido partícipes del Espíritu Santo y de las virtudes del mundo futuro y recaigan es imposible que se renueven para la conversión (metanoia). La dureza de estas enseñanzas nos hace caer en la cuenta de que todas las situaciones mencionadas por San Pablo, el Deuteronomio y Hebreos hace que los padres del concilio establezcan unos cánones que al regular sobre estos hechos aplican grandes penas.

Al ir creciendo con el tiempo las comunidades cristianas, deberá imponerse un primer cambio ya que, al aumentar los infieles a los compromisos tomados en el bautismo, exigía una mayor organización y regulación de las diversas conductas. Se pensó en una «segunda metanoia» para aquellos que habían caído después de su bautismo, dándoles la oportunidad a un nuevo cambio para empezar nuevamente, como un segundo bautismo, pero que debía obtenerse una sola vez y de forma irrepetible como el propio bautismo.[286] Esta segunda oportunidad pretendía reaccionar ante aquellos que no eran fieles al compromiso bautismal y no respondían al ideal evangélico. Esta «metanoia» no nace para ejercer el perdón o la misericordia, sino que en su dureza pretende ser una regulación altamente disuasiva, por ello, la finalidad de su establecimiento explica el gran rigor con que se redactan los cánones.

Volver a la comunidad cristiana después de una caída requería una larga expiación y una dura condena que se alargaba hasta el final de la vida, y podía incluso en el momento de la muerte, hacer imposible la reconciliación y, por tanto, la posibilidad de recibir la eucaristía. Esta situación creaba nuevos problemas ante los infieles ya que no todos los pecadores podían afrontar las duras condiciones de las penas. Si tenemos en cuenta las persecuciones de mediados del siglo III que desafectaron a tantos cristianos, crearon a su vez grandes dificultades para un régimen penitencial tan duro. Esta situación se vio agravada en el siglo IV con la afluencia de nuevos adeptos al cristianismo, que habían nacido ya en el seno de familias cristianas, e incorporados a él, sin una opción personal tan clara como en los primeros tiempos. Se convirtió entonces en una práctica habitual el que el bautismo fuese diferido o, si se había recibido y se pecaba nuevamente, retrasar la penitencia hasta el último momento, era una forma de evitar la desesperanza de no recibir en vida la reconciliación, si recaían una sola vez, al recurso de una única penitencia.[287]

---

286 P. DE CLERK, «Pénitence seconde et conversion quotidienne aux IIIe et IVe siècles», *Studia Patristica* 20 (1989) p. 352-374, ver 357

287 Manel SOTOMAYOR, Los cánones I y 59 del Concilio de Elvira, 146.

Las respuestas a las distintas preguntas que se formulaban no podían ser uniformes, pero poco a poco se irían imponiendo a lo largo de los siglos posteriores en occidente. Entre tanto, con las diferentes posiciones de los obispos que se veían obligados a converger en las condenas y su regulación, pero al tener que enfrentarse a una situación cada vez más abiertas alejada de aquellas minorías cristianas provenientes de las antiguas comunidades, forzaron cada vez más a los obispos a mantener una posición común, que con el tiempo se irá suavizando Esta situación irá decantándose hasta el siglo VII que será sustituida toda la normativa por la «penitencia tarifada» importada a toda Europa por la predicación de los monjes irlandeses ,precediendo a la fórmula de la confesión-absolución, capaz de ser recibida indefinidamente como sigue vigente hasta nuestra práctica actual.

CONCLUSIONES: COLEGIALIDAD Y SINODALIDAD EN ELVIRA

Las actas del concilio de Iliberri nos aportan un muy detallado conocimiento de aquellas comunidades cristianas de finales del siglo III y primeros del IV. A pesar de la rigidez de muchos de sus cánones, muestran cómo se deseaba mantener el vigor y la pureza de las costumbres en medio de una población tan variada como la de la península, con un cristianismo que se iba extendiendo rápidamente, pero que no quedaba inmune a los hábitos del paganismo y expuesto a continuas ocasiones de pecado, de error, de amoralidad, por la convivencia con gentes de diversos cultos o incluso enemigos de los propios cristianos o el retorno a antiguas concepciones sociales . Las penas expuestas en los cánones, de alguna manera nos indican el compromiso de aquellas comunidades de bautizados, que entendían que su conversión exigía una vida ejemplar y ascética y probablemente la gran dureza del concilio, tenía más que ver con aquellos que traicionaban este sentido ascético: los apóstatas y los sacrílegos y diferenciando aquel momento en el que muchos de los miembros de las comunidades perseguidas habían vivido de una forma próxima el martirio o el testimonio.

El eco de las decisiones eclesiásticas, sociales y morales tomadas en los 81 cánones del concilio siguen presentes en la tradición conciliar hispana y ecuménica posterior. Este concilio tan particular muestra los primeros tanteos e intentos de regulación de determinadas actividades de la Iglesia de su momento desde su vertiente social y moral y de regulación del propio culto dentro de la Iglesia hispana de aquel momento, pero la problemática que se planteó es inagotable y será objeto todavía de nuevas investigaciones y estudios. Cabe decir también que existen evidencias que hacen pensar que la normativa del concilio de Elvira debió circunscribirse principalmente en el entorno de la Bética ya que muchos de sus cánones so fueron aplicados en su sentido estricto. Lo podemos ver en las regulaciones para la vida sexual del clero, este siguió casado con hijos hasta bien entrado el siglo X y no siguió las prescripciones de castidad, ya que encontramos en numerosos documentos el amancebamiento y los hijos hasta bien entrado el siglo XV.

Numerosos cristianos debieron seguir participando en los circos y teatros hasta su desaparición en el siglo VI como lo prueban distintas pruebas epigráficas, algunas encontradas en Hispania como muestra este artículo.

Los teatros y los circos romanos tuvieron una larga historia y estuvieron abiertos durante varios siglos.

Los teatros romanos fueron lugares de entretenimiento muy populares en la antigua Roma y se construyeron en muchas ciudades del Imperio Romano. Los teatros de madera y estructuras temporales ya se utilizaban antes del año 55 a.C y continuaron siendo utilizados y construidos durante varios siglos, y su diseño e influencia se extendieron por todo el imperio. Los teatros romanos estuvieron en uso hasta el siglo V d.C., y su popularidad comenzó a declinar en los últimos siglos del imperio.

Los circos romanos eran grandes arenas utilizadas para carreras de carros y otros eventos de entretenimiento. El circo más famoso y emblemático de la antigua Roma fue el Circo Máximo, construido en el siglo VI a.C. Aunque sufrió varias reconstrucciones y ampliaciones a lo largo de los siglos, se mantuvo en uso hasta el siglo VI d.C. Otros circos romanos también se construyeron en diferentes ciudades del imperio y tuvieron una historia similar. Como fue el caso del hipódromo de Constantinopla, que tuvo una larga historia. A medida que el cristianismo se convirtió en la religión dominante y se prohibieron los espectáculos violentos, el interés por los circos disminuyó gradualmente y muchos de ellos cayeron en desuso.

Los teatros y los circos romanos estuvieron abiertos desde el siglo I a.C. hasta el siglo VI d.C., dependiendo del lugar y las circunstancias específicas.

El rigor a la excomunión o a la recepción de sacramentos y la penitencia irían entrando en fases más llevaderas y suavizadas para la vida de los cristianos a partir de finales siglo IV. La desaparición progresiva de los templos paganos alejó definitivamente a los flámines de su doble función. El arte y la pintura se impusieron desde el decreto de Constantino en los templos cristianos, con el solo período iconoclasta especialmente en oriente. El posicionamiento de una Iglesia abiertas y su nuevo poder disolverá en pocos años los temas relativos a comercio y usura y las estrictas regulaciones matrimoniales quedarán disueltos en una sociedad que pasará en pocos años a cristianizarse. En un próximo trabajo desarrollaré con amplitud este tema que suscita interesantes debates.

Cuando revisamos en profundidad las actas disponibles podemos observar que aún quedan líneas de investigación abierta para el futuro. Desde el primer cristianismo hispano a la evolución del rigor extremo de la disciplina canónica y penitencial de Sínodo de Elvira con las posibles influencias futuras. Así mismo los análisis filológicos y gramaticales de las actas nos iluminan en la comprensión del latín de la época para poder disponer de nuevas traducciones más afinadas en sus textos lo que permitirá una mejor interpretación de las mismas.

Desde el propio análisis filológico de las actas se entiende mejor el lenguaje de las comunidades cristianas de la época y permiten por ello una mejor comprensión, tanto del significado litúrgico, ético y dogmático específico del cristianismo, demostrando la importante evolución que se encuentra en alguno de los cánones y el efecto y transcendencia de los mismos a lo largo de los siglos.

La amplia participación de obispos con sede en distintos lugares de Hispania, así como de numerosos presbíteros y algunos diáconos de los que no tenemos constancia nominal, nos dan a entender la amplia participación de los distintos estamentos representantes de las comunidades cristianas, y por tanto, el concepto de sinodalidad de las diversas iglesias locales que a su vez se reconocen como expresiones de una única Iglesia. Esta situación que el Concilio de Elvira nos muestra al disponer por primera vez de unas actas conciliares son signo y expresión de la sinodalidad de la Iglesia antigua y de colegialidad de los obispos en la toma de decisión. Esta situación es fruto de la tradición de sucesión de la doctrina apostólica bajo la guía del obispo sucesor de los apóstoles, así como la corresponsabilidad ejercida por los diversos ministerios y que ya también desde Cipriano de Cartago a mediados del siglo III formula claramente la forma de regir la vida y la misión de la Iglesia como principio episcopal y de sinodalidad entre todos los miembros que la forman: obispos, presbíteros, diáconos.

El inicio del siglo IV con este concilio en el cual figura de manera eminente el obispo Osio de Córdoba dará desde su participación en el mismo una impronta a los sucesivos concilios. En primer lugar, el concilio I de Arlés que se celebró en año 314, en el concilio de Nicea del año 325 y el concilio de Sárdica en el año 343, se va produciendo una influencia en los cánones de estos concilios posteriores al de Elvira, de manera que es a mediados del siglo IV que empiezan a tener influencia estos cánones de manera universal, empieza a desarrollarse el concepto de diócesis metropolitanas al frente de las cuales se nombran obispos metropolitas y el reconocimiento a partir de Nicea las sedes con una preeminencia y primacía como son Roma, Alejandría y Antioquia, añadiéndose posteriormente en el año 381 la sede de Constantinopla reconociendo al obispo de esta ciudad una preeminencia honorífica tras el obispo de Roma. Será a través de esta pentarquía el reconocimiento y la garantía de comunión y sinodalidad entre estas sedes apostólicas. Y será a lo largo del siglo IV como el papel del patriarcado, la sede metropolitana empezará a convocar y presidir los sínodos a distintos niveles para hacer frente a las cuestiones comunes y publicar las resoluciones colegiadas en virtud de la autoridad de los obispos reunidos sinodalmente.

Los documentos conciliares no están organizados de una forma sistemática clasificando los distintos temas tratados. No pretenden tampoco exponer la vida de las comunidades cristianas, solo a través de la regulación que contienen, podemos atisbar la complejidad de estas comunidades y a su vez los problemas comunes de ellas aún en las distintas zonas donde se hallan ubicadas. Los participantes en el sínodo no trataron cuestiones dogmáticas y se centraron en las necesidades prácticas del momento sin ningún tipo de triunfalismo, pero con una necesidad de enmarcar a las propias comunidades cristianas dentro de un mundo con una cultura tradicional de la que emergía el cristianismo con el objeto de dar un valor a la fe cristiana subordinado a todo lo demás.

El primer momento de acción ya viene orientado al límite de la acción de los flámines y protegiendo de la idolatría, no solo en los momentos de celebración oficial, sino también en los ambientes de las casas cristianas preservándolos de los ídolos familiares, si bien se toman ciertas precauciones para evitar conflictos entre dueños cristianos y esclavos que adoraban a los dioses. La dinámica propia del momento hace ver la dinámica de la comunidad cristiana, que si bien forma parte de ella tan solo una minoría, se atisba ya una nueva sociedad que hace estas comunidades una presencia más activa en la vida pública, por las conversiones del momento que afectan también a las clases gobernantes que pasan de los gobiernos públicos al gobierno de la Iglesia.

La integración del cristianismo se irá fomentando a través de la integración en el grupo de creyentes por el bautismo. Será la liturgia la justificación de la vida del grupo. Es por ello que los cánones de Elvira tomarán en cuenta esta situación para hacer que las celebraciones litúrgicas hagan desaparecer desigualdades sociales en contraste con el mundo en el que se vivía.

La influencia del concilio en la celebración del matrimonio cristiano, la preparación del catecumenado y el bautismo, así como las distintas penas impuestas y su gravedad intentarán presionar para cumplir las exigencias de una vida propia en las comunidades cristianas.

El tema de la castidad será particularmente tratado en extensión regulando las situaciones con las hermanastras, el incesto o la viudedad, así como los matrimonios en segundas nupcias con lo que los cánones reguladores aportarán algunas innovaciones con respecto a la ley romana.

El Concilio de Elvira pondrá una especial atención en la regulación para obispos y clérigos con la idea de que éstos viviesen de una forma tal que pudiesen mantener su integridad de tipo monacal si bien esta situación no pudo mantenerse de una forma general en muchos siglos.

El Concilio de Elvira dejará a través de sus cánones algunas improntas que durarán hasta nuestros días.

Bibliografía primaria y fuentes

Atanasio DE ALEJANDRÍA, (CF), *Carta encíclica a los obispos de Egipto y Líbia 8 –*, *Historia de los Arrianos* 28, 2]; 42, [1].

Aurelio PRUDENCIO CF., *Peristephanon*, 4. CASIODORO. Tripart Lib. Dieste Ultim

CIPRIANO, (Epístola 67), *Actas Primer Congreso Internacional de Astorga Romana*, Astorga 1986.

CIPRIANO, *De catholicae ecclesiae unitat*, 5 (CSEL III, p. 214.)

CIPRIANO, *Epistula* 14,4 (CSEL III, 2; p.512)

Eusebio DE CESAREA CF., *Dia de Constantino* II, 63.

Granius CELESTINUS, V. C. *Consularis Baeticae* C. TC. 9.

HILARIO DE PÓITIERS, *Epistolas XIV, XVII, XIV y VII y VIII*.

Ignacio DE ANTIOQUIA, *Ad Ephesios*, IX, 2. –, *Ad Trallianos*, IX, 1.

INOCENCIO I, *Exuperio de Toulouse*, (col. 20), 498.

IRENEO, Adv. Haer., 1, 10 (PG, 7, 554)

Isidoro DE SEVILLA, *De viris illustribus* 7, PL 83, 10 86,

Lactancio DE MÓRTIBUS, 25, 1-5.

Menologio del emperador BASILIO, CF. 117, 608-609.

OPTATO DE MILEVIT. Lib. 1 *Contra los paganos*

PRUDENCIO, *Peristephanon 4*

SAN AGUSTÍN, (Libro I *Contra la Epístola de Parmén*. Capítulo 4

SAN AGUSTÍN. Lib. 3 *Contra Cresconio*

SANT CEBRIÀ, *Epistolari, Escriptors Cristians*, (II), Barcelona: Fundació Bernat Metge 1931, 81- 89.

SOZOMENO CF., *Historia Eclesiástica* (I), 10, 1; I; 16, 5.

Sulpicio SEVERO, *Crónica II*, 40, [2].

Teodoreto DE CIRO CF., *Historia Eclesiástica* (II), 15, 5

TERTULIANO, Adv. Iud., 7 (PL, 2, 650)

V Concilio de Toledo, Canon III

Bibliografía secundaria

ALBERTINI, *Les divisions administratives de l'Espagne Romaine*, París 1923.

ARCE, *Javier, El último siglo de la España romana*: Alianza Editorial 2009.

–, *Un relieve triunfal de Maximiano hercúleo de Augusta Emérita*: Madrider Mitteilungen 1982.

ARIÑO E. –DÍAZ P. C., *La economía agraria de la España romana, colonización y territorio: Estudios de Economía Antigua de la Península Ibérica*, (17): Nuevas aportaciones SHHA 1999, 153-192.

AYÁN, Juan José – CRESPO, Manuel –POLO Jesús –GONZÁLEZ Pilar, *Osio de Cordoba. Un siglo de la historia del cristianismo*, Madrid: BAC 2013.

BADIL, *Estado actual del estudio de la Musivaria romana en España* 1967, 28.

BARCALA MUÑOZ, *Biblioteca antijudaica de los escritores eclesiásticos hispánicos.* (Volumen primero: Siglos IV y V), Madrid: Aben Ezra Ediciones 2003, 129.

BASTIEN, P., *Le monnayage de Magnence. – Constantine and Eusebius*, Harvard 1971, 27-29.

BATTISTA DE ROSSI, Giovanni, *Roma sotterranea cristiana*, (3), Roma 1864-77, 475.

BEARD, Mary, *Pompeya, Historia y leyenda de una ciudad romana*, Barcelona: Crítica 2009.

BENDALA GALÁN, M. *La génesis de la estructura urbana de la España antigua*, (16): CUPAUAM 1989, 127 y ss.

BERDUGO VILLENA, Teresa, *Identidad del Concilio de Elvira*, Eug, Granada 2019.

– *Granada y el Concilio de Elvira en Fernando de Mendoza*, Eug, Granada 2016.

– *Valoración de las actas*: Universidad de Granada 2005.

BLÁZQUEZ, *La romanización*, (Estructura, 22), Madrid 1974

BONIFATIUS GAMS, Pius, *Historia de la Iglesia en España*, (volumen II), 38.

BORGES, J. G., *Les villes hispano-romaines. Inventaire e problematique archeologicques*– M. A. MEZQUIRIZ, *La producción de vino en época romana a través de los hallazgos en territorio navarro. Trabajos de arqueología navarra 1995-1996*, – A CHABARRÍA, *Novedades bibliográficas sobre villaes romanas en Hispania durante la antigüedad tardía 1990-1999*, Association pour l'Antiquité tardive. (Bulletin, 8) 1999.

BUTLER, Alban, *The Lives of the Fathers, Martyrs, and other principal Saints* – Rev. F. C. HUSENBETH (ed.), 1928.

CABALLERO L. –ULBERT, TH. *La basílica paleocristiana de Casa Herrera en las cercanías de Mérida, (Badajoz)*: Excavaciones Arqueológicas en España (89), Madrid 1976

CALLSEN J. - LAW CALSHTON (editor), *Terre*: Propietari, 47-49.

CAMPOS CARRASCO Juan M. - BERMEJO MENÉNDEZ, Javier, *El corpus de ciudades romanas de la Bética: Antecedentes, hipótesis de partida y fundamentos metodológicos*, Universidad de Huelva: Onova Monografías 2018

CAMPOS J. M. - VIDAL N. O., *El urbanismo de las ciudades romanas del territorio onubense. El caso de Itucci, actas del segundo congreso de arqueologia peninsular*, (tomo IV), Zamora 1996 - 1999, 229-236.

CAPOX R. - MAC ELDERLY, *Vespasian reconstruction in Spain*: J. R. S, 8 1918, 53-102 – J.R.S, 9 1919, - J. ARCE

CASTILLO MALDONADO, P., *Los mártires hispanoromanos y su culto en la Hispania de la antigüedad tardía*, Granada 1999, 411.

CHASTAGNOL, *Les Espagnols dans l'aristocratie gouvernementale à l'époque de Théodose. Les empereurs romains d'Espagne*, Madrid-Itálica 1964 – París 1965: C.N.R.S, 269 y ss.

–, Prefecture, 4.

COMISIÓN TEOLÓGICA INTERNACIONAL, *La sinodalidad en la vida y en la misión de la Iglesia*, Roma 2 de marzo 2018.

CORRALES AGUILAR, M. P., *Salazones en la provincia de Málaga: Una aproximación a su estudio*: Mainake 1993-1994, 15-16.

CORTIJO CEREZO, María L., *Algunos aspectos sobre el medio rural en la Bética romana*, (Hant 17): Pagi y Vici 1993.

DALE, Alfred William W., *The Synod of Elvira and Christian life in the fourth century*: Editorial Macmillan and Company 1882

DE CLERCQ, Víctor C., *Ossius of Córdoba, A contribution the history of the constantinan period*: Universidad Católica de América, Washington 1954

DELMAIRE, R. *La législation*, cit. 331.

DÍAZ Y DÍAZ, M. *En torno a los orígenes del Cristianismo hispánico*, Madrid: Raíces de España 1967, 432 y ss. – FÀBREGA, A. *Pasionario hispánico*, en Monumenta Hispaniae Sacra, (VI), Madrid-Barcelona: C.S.I.C 1953.

DÍAZ, P. C., *City and territory in Hispania in late antiquity* – G. P. BROGGIOLLO, N. GAUTIER Y N. CHRISTINE (eds.), *Towns and their Territories between Late Antiquity and Early Middle Ages* – J LAIDEN-BOSTON-KÖLN 2003.

DION, R., *Aspects politiques de la géographie antiche*, París 1977, 277.ss.

DUCHESNE, L., *Le concile d'Elvire et les flamines chrétiens*; Mélanges RENIER, París: Bibliotèque de l'École des Hautes Études, Sciences Philologiques et Historiques 1887, 73.

EADIE, J. *The breviarium of Festus*, Londres 1969, 167-168. FÁBREGA GRAU, Pasionario hispánico, (I), Madrid-Barcelona 1953

FÀBREGA GRAU, *Pasionario hispánico*, (I), Madrid-Barcelona 1953

FERNÁNDEZ ALONSO, J., *La cura pastoral en la España romano visigoda* (Roma 1955)

FERNÁNDEZ UBIÑA, José, *La crisis del siglo III en la Bética*, Granada: Estudios de Historia Antigua IV 1881.

FLOREZ, E., *Theatro geophráfico histórico de la Iglesia de España* (Tomo 12), Madrid 1754

GALISTEO LEIVA, Jesús, *El Concilio de Elvira*, Granada: Almuzara 2019.

GARCÍA BELLIDO, *Les religions orientales dans l'Espagne romaine*: Brill Academic 1967.

GARCÍA DE CORTAZAR, J. A., *La época medieval, historia de España*, (2), Madrid: Alfaguara 1973.

GARCÍA IGLESIAS, L., *Los judíos en la España antigua*: Ediciones cristiandad, Madrid 1978

GARCÍA MORENO, Luis, *El Cristianismo en las Españas*: Los orígenes, en M. SOTOMAYOR y M. FERNÁNDEZ UBIÑA, *El Concilio de Elvira y su tiempo*, Granada 2005

GÓMEZ-MORENO, M., *De Iliberri a Granada*, en M. SOTOMAYOR, La *Iglesia en la España romana y visigoda (ss. I- VIII)*

GONZÁLEZ BLANCO, Antonio, *Osio y el concilio de Elvira, el siglo de Osio de Córdoba, Actas del congreso internacional* – Antonio J. REYES.

–, *Clero y espiritualidad. Transformaciones y novedades en el Concilio de Elvira*, en M. SOTOMAYOR – J. FERNÁNDEZ UBIÑA (coord.), *El Concilio de Elvira y su tiempo*.

GONZÁLEZ FERNÁNDEZ, Julián – RUIZ GUTIÉRREZ, A. *Síntesis epigráfica del Conventus Hispalensis*, Universidad de Sevilla – Universidad de Cantabria: Onoba monografías 2018.

GONZÁLEZ RIVAS, S., *Los castigos penitenciales del concilio de Elvira*, (Gregorianum Vol. 22), 1941.

GONZALO Y TARIN, 1881.

GRYSON, R., *Les Origines du célibat ecclésiastique*.

GUTIÉRREZ SOLER, L. M., BELLÓN RUIZ, J. P., TORRES ESCOBAR, C. ARIAS DE HARO, F. *El Centenillo. Proyecto de musealización de un paisaje minero en la provincia de Jaén. Anales de Arqueología Cordobesa*, (11) Córdoba 2001.

HEFELE CH. J. - LECLERCQ, H. *Histoire des Conciles*, (1), París 1907

HIDALGO PIETRO, Rafael, *Clases sociales en el Conventus Astigianus durante el alto imperio romano, memoria de licenciatura*, Conventus 39, Granada 1973.

–, *Las villas romanas de la Bética*, (Vol. I y II): EUS, Sevilla 2016.

HINRICHS, LEIPZIG, J. C. (ed.), *Die Chronologie der altchristlichen Litteratur*, II, 1904, 451-452.

JIMÉNEZ SALVADOR J. L. – ORFILA PONS M., *La estructura de la ciudad: su funcionamiento*: Granada Romana: Florentia Illiberritanta, Museo Arqueológico y Etnológico de Granada abril 2009

LAVARENNE M. (Ed.), *Peristephanon*, París 1943.

LECLERQ, V. C., *Ossius of Cordova*, Washington 1954

LOMAS, F. J., *Comunidades judeocristianas granadinas. Consideraciones sobre la homilética de Gregorio de Elvira*, en C. GONZÁLEZ ROMÁN (ed.), *La Sociedad de la Bética. Contribuciones para su estudio*, Granada 1994.

MACIAS SOLÉ, Josep Maria, *La Tarragona de Fructuós: Una visió retrospectiva*, 227-235.

MARÍA BLÁZQUEZ, J. *Religiones de la España Antigua*, Madrid 1991, 361-442, M. SOTOMAYOR, *Reflexiones histórico-arqueológicas sobre el supuesto origen africano del cristianismo hispano*

MARX, K., *Formaciones económicas precapitalistas*, (139 CF), Madrid 1967.

MARTÍ BONET, J.M., *História de las dócesis españolas*, vol. II: *Barcelona...*, Madrid, Biblioteca a Autores Cristianos 2006

MATHISEN Ralph W., *Ecclesiastical Factionalism and Religious Controversy in Fifth-Century Gaul*, Washington DC 1989

MENÉNDEZ PELAYO, Marcelino, *Historia de los heterodoxos españoles* (vol. 1), Madrid: Bibliotheca Homo Legens 2007, 77-80.

MESLIN M., *La fête des kalendes de janvier dans l'empire romain*, Bruselas 1970, 53-90.

Milagros GUARDIA PONS, *Mosaicos de la antigüedad tardia en hispania: estudios iconografia*, Barcelona 1992

MOCHI ONORY, S., *Vescovi e Citta (sec. IV-VI)*, Bologna 1933

MORENO PÉREZ, Santiago, *Fragmentos escultoricos de Florentia Illiberritana de las excavaciones del siglo XVIII en la Alcazaba* – ORFILIA PONS, M. (ed.), *Florentia Illiberritana*.

NAVARRO SÁEZ, R., *El territori i el món rural*, en P. PALOL (dir.), *Del romà al romànic. Història, art i cultura de la Tarraconense mediterrània entre els segles IV i X*, Barcelona 1999, 151-154.

OGUILBIE, R. M., *The library of lactantius*, Oxford 1978. – J. MOREAU, *Sources Cretiennes*, París 1954, 34.ss; – Lactancio DE MORTIBUS, 8, 3 *Nam cum ipsam imperii sedem teneret italiam subiacerentque opulentissimae provinciae vel Africa, vel Hispania.*

ORFILA PONS, Margarita, *Florentia Iliberritana*: Universidad de Granada 2011

–, *La arqueología en Granada hoy: Análisis de los datos de la época romana*, Granada 2002

–, *Iliberri-Elvira (Granada), ciudad romana y cristiana*, en M. SOTOMAYOR y M. FERNÁNDEZ UBIÑA, *El Concilio de Elvira y su tiempo*, Granada 2005

ORLANDIS J. – RAMOS-LISSÓN, D., *Historia de los concilios de España romana y visigoda*, Pamplona: Universidad de Navarra 1986, 25-31.

PALOL, P. *Los monumentos de Hispania en la arqueología paleocristiana, en Actas del VIII Congreso Internacional de Arq. Cristiana*, Barcelona 5-11 de octubre 1969, Ed. Città del Vaticano- Barcelona 1972, 167 y ss.

–, *Romanos en la Meseta, El Bajo Imperio y la aristocracia agrícola, Segovia y la Arqueología romana*, Barcelona 1977, 297 y ss.

PANZRAM, Sabine, *Descifrar para contarla. La vida urbana en el conventus astigitanus a través de la epigrafía*, Universidad de Hamburg: Onoba monografías 2018.

PAOLI, Ugo Enrico, *Urbs, La vida en la Roma antigua*: Iberia 2000.

PASTOR Y MENDOZA, *Corpus e inscripciones latinas de Andalucía*, (volumen IV), Granada: Consejería de cultura Sevilla, 2002

–, *La diosa romana Stata Mater en Iliberris. Único testimonio epigráfico en Hispania. Cuadernos de prehistoria de Granada*: Universidad de Granada

PEREIRA MENAUT, Gerardo. *La esclavitud y el mundo libre en las principales ciudades de Hispania Romana: análisis estadístico según las inscripciones*: Papeles del Laboratorio de Arqueología de Valencia, 1974, Nº. 10.

PÉREZ URBEL, Justo, criticado por V. C. DE CLERCQ, *Osius Of Córdoba*, 113-114.

PICARD, G. C. *Les conciliabula en Gaule*: BSNAF 1970, 66-69 – J. F. RODRÍGUEZ NEILA, *Consideraciones sobre el concepto de Vicus en la Hispania romana. Los Vici de Córduba*, Córduba, (2) 1976, 102-108.

PRIETO, *Pervivencia indígena en la Bética: VI congreso internacional de estudios clásicos*, Madrid 1974.

PUIG I TÀRRECH, *Les probabilitats d'una missió de Pau a Tarragona. Actes del congrés de Tarragona*, (Josep Maria GABALDÀ RIBOT, Andreu MUÑOZ MELGAR, A. PUIG I TÀRRECH Eds. 19- 21 de juny de 2008), Tarragona: Fundación Privada Líber 2010.

R. THOUVENOT, *Essai sur la province romaine de Betique*: Biblioteque de l'Ecole française d'Athènes et Roma 1149, París 1973.

RAMOS - LISSÓN, *Historiam Prescrutari Miscellanea di Studi Offerti*

RODRÍGUEZ BARBERO F. - MARTÍNEZ DÍEZ, G., *La colección canónica hispana*, Madrid: CSIC 1984. RODRÍGUEZ, F., *Colección Canónica Hispana: Concilios Galos y primeros Hispanos*, Madrid: CSI 2012.

ROUGE, J., *Les institutions romaines*, París 1969.

ROUILLARD, P., *Historie de la pénitence des origines à nos jours*, (coll. Petits Cer-Histoire), París: 1996

RUDOPLH, Conrad, *Communal Identity and the Earliest Christian Legislation on Art: Canon 36 of the Synod of Elvira* – Terryl N. KINDER, (ed.), *Perspectives for an Architecture of Solitude*: Brepols Cîteaux, 1-7.

SÁENZ DE AGUIRRE, J., *Collectio màxima conciliorum omnium Hispaniae et novi orbis I*, Roma: 1693, J. TEJADA Y RAMIRO, *Colección de cánones y de todos los concilios de Iglesia de España y América II*, Madrid: 1850. A. C. VEGA, *España Sagrada* 55, Madrid: 1957; J. VIVES, *Concilios visigóticos e hispano - romanos*, Barcelona-Madrid: 1963; F.DE MENDOZA, *De confirmando concilio illiberriano*.

SÁNCHEZ HERNANDO, Luis Javier, *Paleopaisajes y ecosistemas en el mundo bético*, Universidad de Huelva, *Ciudades romanas de la provincia Bética* – J. M. CAMPOS CARRASCO – J. BERMEJO MENÉNDEZ (eds.), 29-49.

SÁNCHEZ-LEÓN, M. L., E*conomía de la Andalucía Romana durante la dinastía de los Antoninos*, Salamanca 1974.

SÁNCHEZ-PALENCIA RAMOS, F. J. –PÉREZ GARCÍA, L.C., *Los yacimientos auríferos de la Península Ibérica*: Oro Orfebrería Antigua en Hispania 1999, Madrid, 18-25.

SESTON, W., *Dioclétien et la tétrarchie*, París 1946.

SILLIÈRES, P., *Les voies de communication de l'Hispanie meridionale*, París 1990, 275 y ss.

SMALL BOOTH, M., *The jews under roman rule*: Layden 1976, 122.

SOTOMAYOR MURO, Manuel – FERNÁNDEZ UBIÑA, José (coords.), *El concilio de Elvira y su tiempo*, Granada: Universidad de Granada 2005.

SOTOMAYOR MURO, Manuel, *La Iglesia en la España romana y visigoda (ss. I- VIII). Historia de la Iglesia en España* 1979.

–, *Dónde estuvo Iliberri? Granada en época romana, Florentia Iliberritana*: Museo Arqueológico y Etnológico de Granada, diciembre de 2008.

–, *Testimonios arqueológicos cristianos en la Andalucía cristiana y visigótica*, (Historia de Andalucía II), Andalucía en la antigüedad tardía: De Diocleciano a Don Rodrigo, Sevilla 2006.

–, *Historia del cristianismo I. El mundo antiguo*, Madrid 2006.

–, *Reflexión histórico-arqueológica sobre el supuesto origen africano del cristianismo hispano*, Granada 2002.

SOTOMAYOR, M. 1984, *y en el lienzo NE del solar en la calle Espaldas de San Nicolás (actual mezquita)* (et al. ROCA 1988, et al. CASADO 1999)

SOTOMAYOR, Manuel, *El concilio de Granada*, En: Ricardo GARCÍA-VILLOSLADA (coord.). *Historia de la Iglesia de España*.

SUTHERLAND, C.H.V., *Aspects of imperialisme in Roman Spain*, JRS, XXIV 1934, 31-42.

TEJA, Ramón, *Emperadores, obispos, monjes y mujeres. Protagonistas del cristianismo antiguo*: Editorial Trotta 1999

—, *Exterae Gentes, Relaciones con paganos, judíos y herejes en los cánones de Elvira* En M. SOTOMAYOR - J.F. UBIÑA (coord.) *El Concilio de Elvira y su tiempo*, Granada: Universidad de Granada 2005

THOUVENOT, Robert, *Chrétiens et juives à Grénade au IV siècle après J.C., Hesperis* 1943, 201- 211, - EL HOUSIN HELAL OURIACHEN

TRAVERSARI, Gli *Spettacoli in Acqua nel teatro tardo-antico*, Roma: 1960.

VALLEJO GIRBÉS, M., *Elbora, antiguo nombre de Talavera de la Reina*: Anales toledanos, 28 1991, 25-32.

VERA, D., *Simmaco e le sue proprietà. Struttura e funzionamento di un patrimonio aristocratico del quarto secolo d.C.*, 258-252.

VIGIL, M, *Edad antigua. Historia de España*, (1), Madrid: Alfaguara 1973.

VILELLA MASSANA, Josep, *Biografia de Osio de Córdoba*, (Col·lecció Instrumenta n.70): Universitat de Barcelona.

VILLARONGA L. –HERRERO José A. (ed.), *Corpus nummum Hispaniae ante Augusti aetatem*, Madrid 1994

VIVES, J. *Concilios visigóticos hispanoromanos*, Barcelona 1963 – M. SOTOMAYOR, Historia de la Iglesia en España, I, *La España romana y visigoda*, Madrid 1979.

VOSERUB, E., *Las condiciones del desarrollo de la agricultura. La economía del cambio agrario bajo la presión demográfica*, Madrid 1967.

YABEN, Hilario *Osio obispo de Córdoba* 1945.

Artículos de revista

«Transormacion et conflicts au IV sciècle», A. P. J. C. Antiquitas I BD. 29, Bon (1978).

BALIL, «Liberalidades privadas en la España romana», *AEA*, XXXVII, (1964).

BRAVO, G. «Hagiografía y método prosopográfico. A propósito de las Acta Martyrum», *Antigüedad y Cristianismo*, 7, (1990).

CASTILLO MALDONADO, Pedro «El cristianismo y las Iglesias del sur peninsular en la antigüedad tardía, balance histórico», *Revista HABIS*, 44, Universidad de Sevilla, (2013).

CUMON, F. «Les Syriens en Espagne et les Adonies à Séville», *Revista Syria* 8 (1927) 330.

DE CLERK, P. «Pénitence seconde et conversion quotidienne aux IIIe et IVe siècles», *Studia Patristica* 20 (1989) .

DE GAIFFIER, B. (Cf.) «Sub Daciano Praeside. Etude de quelques passions espagnoles», *AnBoll*, 72 (1954).

EL HOUSIN HELAL OURIACHEN, «Antes, durante y después de la Granada tardoantigua», *Publicación digital de Historia y Ciencias Sociales*, 218, (15 de septiembre de 2011).

FERNÁNDEZ UBIÑA, José «Le concile d'Elvire et l'spirit du paganisme», *Dialogues d'Histoire Ancienne*, 19, nº 1, (1993)

— «Los orígenes del cristianismo hispánico. Algunas claves sociológicas»: *Hispania Sacra*, (Julio- diciembre 2007).

JIMÉNEZ SÁNCHEZ Juan. A., «Ídolos de la antigüedad tardía: algunos aspectos sobre los aurigas en occidente (siglos IV-VI)», *Lúdica, Annali di historia o civilitá dil gioco*, (1998) – R. T. HAB, *Los juegos de anfiteatro y el cristianismo, coloquio internacional. El Anfiteatro en la Hispania romana*, Mérida 16-18 noviembre 1992 (et al. Badajoz 1994)

ORFILA PONS M. - RIPOLLÈS P. P., «La emisión con leyenda florentina y el tesoro de Albaicín», *Florentia Iliberritana*, 15, (2004)

RAMOS - LISSÓN, «Osio de Córdoba, la fecha del concilio de Elvira y los posibles influjos de otros concilios contemporáneos», en *Historiam Prescrutari Miscellanea di Studi Offerti* al prof. OTORRINO PASCUATO, Roma: L. A. C. 2002

SÁNCHEZ HERNANDO, «Las actividades productivas de la Florentia Iliberritana, ciudad y campo», *Revista del CEHGR*, 25, (2013).

SÁNCHEZ HERNANDO, «Las actividades productivas de la Florentia Iliberritana, ciudad y campo», 46

SOTOMAYOR M. – ORFILA M., «Un paso decisivo en el conocimiento de la Granada romana (Municipium Florentina Iliberritanum)», (Madrid), *Archivo Español de Arqueología*, 77, (2004)

VILELLA - P.-E. BARREDA, «¿Cánones del concilio de Elvira o cánones pseudoiliberritanos?», *Augustinianum*, 46, 2006

SOTOMAYOR, Manuel, «Romanos, pero cristianos. A propósito de algunos cánones del concilio de Elvira, cristianismo y aculturación en tiempos del imperio romano», Murcia, *Antigüedad y cristianismo*, 7, (1990).

VENTURA FRANCISCO, Salvador, «El poblamiento de la provincia de Granada durante los s. VI y VII», *Antigüedad y Cristianismo*, 5 (1988)

VILELLA - P.-E. BARREDA, «Los cánones de la Hispana atribuidos a un concilio iliberritano: estudio filológico», en I concili della cristianit á occidentale. Secoli III-IV, XXX Incontro di studiosi dell'antichitá cristiana. Roma, 3-5 maggio 2001 [*Studia Ephemeridis Augustinianum* 78] Roma 2002

ANEXO I: CÁNONES DE ELVIRA

c	LATÍN*	TRADUCCIÓN MENDOZA*	TRADUCIÓN COLECCIÓN CANÓNICA HISPANA[288]
1	*Placuit inter eos qui post fidem baptismi salutaris, adulta aetate ad templum idoli idolaturus accesserit et fecerit, quod est crimen principale quia est summus sceleris, placuit nec in finem eum communionem accipere.*	Se acordó que todo adulto que después del compromiso del bautismo de salvación, se acerque al templo del ídolo para idolatrar y de hecho lo hiciere, por tratarse de un delito capital, no reciba la comunión ni al final de su vida.	(Se decidió entre ellos que) quien en edad adulta, después del compromiso de fidelidad del bautismo salvífico, se haya acercado al templo de un ídolo para darle culto y haya cometido la falta más grave, dado que es el mayor de los crímenes, se decidio que no reciba la comunión ni siquiera al final de la vida.
2	*Flamines qui post jidem lauacri et regenerationis sacrificauerunt, eo quod geminauerint scelera accedente homicidio, uel triplicauerint facinus cohaerente moechia, placuit eos nec in finem accipere communionem.*	Los flamines que después del compromiso del bautismo y de la regeneración han ofrecido sacrificios, por haber duplicado suiniquidad añadiendo el homicidio, o triplicado su prevaricación, agregando la fornicación, se acordó que no reciban la comunión ni al fmal de su vida.	Se decidió que los flámines que, después del compromiso de fidelidad del bautismo y de la regeneración, hayan realizado sacrificios, dado que han duplicado su crimen al haberse añadido el homicidio o han triplicado su iniquidad por la fornicación, no reciban la comunión ni siquiera al final de la vida.
3	*Item flamines qui non immolauerint sed munus tantum dederint, eo quod se a fanestis abstinuerint sacrificiis, placuit in finem eis praestare communionem, acta tamen legitima paenitentia. Item ipsi si post paenitentiam faerint moechati, placuit ulterius his non esse dandam communionem, ne lusisse de Dominica communione uideantur.*	Así mismo, los flámines que no hayan hecho inmolaciones, sino que solo hayan ofrecido espectáculos, puesto que se han abstenido de funestos sacrificios, se acordó concederles la comunión al final de su vida, una vez cumplida la penitencia establecida. De igual modo, si estos mismos cometen fornicación después de haber cumplido la penitencia, se acordó que no ha de dárseles la comunión en lo sucesivo, para que no parezca que se han tomado a juego la comunión del Señor.	Asimismo se decidió que a los flámines que no hayan inmolado sino que tan sólo hayan ofrecido espectáculos, dado que se han abstenido de funestos sacrificios, se les conceda la comunión al final de la vida, pero una vez realizada la penitencia prescrita. Asimismo en el caso de que éstos forniquen, después de la penitencia, se decidió que en adelante no se les ha de dar la comunión, para que no parezca que se han burlado de la comunión del Señor.

SANCIÓN	TEMA	DIRIGIDO A	TRADUCCIÓN SANCIÓN
..nec in finem eum communionem accipere.	Idolatría	Bautizados	no reciba la comunión ni al final de su vida.
... nec in finem accipere communionem.	Idolatría	Flámines	no reciban la comunión ni al fmal de su vida.
... acta tamen legfrima paenitentia.	Idolatría	Flámines	una vez cumplida la penitencia establecida

288 Teresa Berdugo Villena, *Granada y el Concilio de Elvira en Fernando de Mendoza*, Granada: Eug 2016 / F. Rodríguez Barbero - G. Martínez Díez, *La colección canónica hispana*, Madrid: CSIC 1984 / Dale, Alfred William W., *The Synod of Elvira and Christian life in the fourth century*: Editorial Macmillan and Company 1882

c	LATÍN	TRADUCCIÓN MENDOZA	TRADUCIÓN COLECCIÓN CANÓNICA HISPANA
4	*Item flamines, si faerint catecumini et se a sacrificiis abstinuerint, post triennii tempora, placuit ad baptismum admitti debere.*	De igual modo, los flámines, si durante el tiempo de su catecumenado se abstienen de ofrecer sacrificios, se acordó que sean admitidos al bautismo al cabo de tres años.	Asimismo se decidió que, si los flámines son catecúmenos y se abstienen de los sacrificios, deben ser admitidos al bautismo después de un período de tres años.
5	*Si qua femina fa.rore zeli accensa, fiagrís uerberauerit ancillam suam, ita ut intra tertiumdiem animan cum cruciatu effimdat, eo quod incertum sit uoluntate an casu, occiderit, si uoluntate, post septem annos; si casu, post quinquenníi tempora acta legitima paenitentia, ad communionern placuit admitti. Quod si infra tempora constituta faerit injirmata, accipiat communionem.*	Si una mujer enardecida por elbfuror de los celos, azota a su esclava hasta el punto de que en el término de tres días exhala su alma entre grandes dolores, si no existe seguridad de que la muerte haya sido intencionada o ha sido casual, se acordó que se le admita a la comunión después de haber cumplido la penitencia establecida: si fue intencionada, a los siete años, si fue casual, por un período de cinco años. No obstante, si durante el tiempo fijado llega a enfermar, reciba la comunión.	Si una mujer, encendida por el ardor de la ira, azota a su esclava de manera que en el plazo de los tres días siguientes exhala su alma entre tormentos, dado que no existe certeza si la mató voluntaria o fortuitamente, se decidió que sea admitida a la comunión una vez realizada la penitencia prescrita: si la mató voluntariamente, después de siete años; si fortuitamente, después de cinco años. Si durante este tiempo cae enferma, reciba la comunión.
6	*Si quis uero maleficio inte,fi. ciat alterum, eo quod sine idolatría perftcere scelus non potuit, nec in finem impartiendam esse illi communionem.*	Sin embargo, si alguien mata a otro en el transcurso de un maleficio, puesto que no ha podido perpetrar su iniquidad sin idolatría, no ha de concedérsele la comunión ni al final de su vida.	Pero si alguien mata a otro por medio de un maleficio, dado que no ha podido cometer el crimen sin idolatría, (se decidió) que no se le ha de conceder la comunión ni siquiera al final de la vida.
7	*Si quis farte fidelis post lapsum moechiae, post tempora constituta acta paenitentia denuo fuerit fornicatus, píacuit nec in finem habere eum communionem.*	Si por ventura algún bautizado, tras haber caído en la fornicación, se entrega de nuevo a ella, después de haber cumplido la penitencia durante el tiempo establecido, se acordó que no obtenga la comunión ni al final de su vida.	Si un bautizado, después de haber caído en fornicación y haber realizado la penitencia durante el tiempo prescrito, de nuevo fornica, se decidió que no consiga la comunión ni siquiera al final de la vida.

SANCIÓN	TEMA	DIRIGIDO A	TRADUCCIÓN SANCIÓN
ad baptismum admitti debere.	Idolatría	Flámines	sean admitidos al bautismo al cabo de tres años.
....si uoluntate, post septem annos; si casu, post quinquennii tempora... si foerit infirmata, accipiat communionem.	Homicidio	Mujeres	si fue intencionada, a los siete años, si fue casual, por un período de cinco años. No obstante, si durante el tiempo fijado llega a enfermar, reciba la comunión.
... nec in finem impartiendam esse illi communionem.	Idolatría	Cualquiera	no ha de concedérsele la comunión ni al final de su vida.
...acta tamen legitima paenitentia.	Moral sexual	Bautizados	después de haber cumplido la penitencia durante el tiempo establecido

c	LATÍN*	TRADUCCIÓN MENDOZA*	TRADUCIÓN COLECCIÓN CANÓNICA HISPANA···
8	*Item, fiminae quae nulla praecedente causa reliquerint uiros suos et alteris se copuhuerint, nec in finem accipiant communionem.*	Igualmente, las mujeres que sin causa precedente alguna, han dejado a sus maridos y se han juntado con otros, no reciban la comunión ni al final de su vida	De igual manera, las mujeres que, sin ninguna causa precedente, han abandonado a sus maridos y se han unido a otros, no reciban la comunión ni siquiera al final de la vida.
9	*Item, femina fidelis, quae adulterum maritum reliquerit fidelem et alterum ducit, prohibeatur ne ducat; si duxerit, non prius accipiat communionem nisi quem reliquit de saeculo exierit, nisi farte necessitas infinnitatis dare compulerit.*	Igualmente, a la mujer bautizada que abandone a su marido adúltero y también bautizado y se case con otro, prolubasele contraer matrimonio. Con todo, si llegara a casarse, no sea admitida a la comunión antes de que deje el mundo aquel al que ella abandonó, a no ser que la urgencia de una enfermedad obligue a concedérsela.	De igual manera, una mujer bautizada que haya abandodo a su marido adúltero y bautizado, y esté en proceso de namar (como esposo) a otro, prohfüasele que lo tome. Si acaba tomándolo, no reciba la communion antes de que haya dejado este mundo (el marido) abandonado, salvo que la urgencia de una enfermedad obligue a dársela
10	*Si ea quam catecuminus reliquit duxerit maritum, potest ad fontem lauacri admitti. Hoc et circa ftminas catecuminas erit obseruandum. Quod si foerit jidelis quae ducitur ab eo qui uxorem inculpatam reliquit et cum scierit illum habere uxorem quam sine causa reliquit, placuit huic nec in finem dandam esse communionem.*	Si la mujer a la que abandona un catecúmeno contrae matrimonio, puede ser admitida a la fuente del bautismo. Esto mismo ha de observarse también respecto a las mujeres catecúmenas. No obstante, en caso de que esté bautizada, la que se casa con aquel que abandonó a su esposa siendo inocente, incluso si "es conocido" que aquel (?) de su esposa, a la que abandonó sin causa, se acordó del mismo modo, que se le dé la comunión al final de su vida (?).	Si aquella a la que ha abandonado un catecúmeno toma marido, puede ser adnútida a la fuente del bautismo. Esto ha de observarse también a propósito de las mujeres catecúmenas. Pero si la que es tomada (como esposa) por el que abandonó a su esposa inocente está bautizada y sabe que él tenía una esposa a la que abandonó sin causa, se decidió que no se le ha de dar la comunión ni siquiera al final de la vida.
11	*Intra quinquennii autem tempora catecumina, si grauiter fuerit infirmata, dandum ei baptismum placuit, non denegari.*	Ahora bien, si en el transcurso de un quinquenio, una catecúmena enferma gravemente, se acordó que debe administrársele el bautismo, que no se le deniegue.	Pero si una catecúmena enferma gravemente dentro del plazo de cinco años, se decidió no impedir que se le deba dar el bautismo.

SANCIÓN	TEMA	DIRIGIDO A	TRADUCCIÓN SANCIÓN
nec in finem accipiant communionem.	Moral sexual	Mujeres	no reciban la comunión ni al final de su vida
non prius accipiat communionem nisi quem reliquit de saeculo exierit,	Moral sexual	Mujeres	no sea admitida a la comunión antes de que deje el mundo aquel al que ella abandonó
...nec in finem dandam esse communionem.	Moral sexual	Mujeres	que se le dé la comunión al final de su vida
...dandum ei baptismum placuit, non denegari.	Otros: Administrar el bautismo a la catecúmena enferma	Mujeres	debe administrársele el bautismo, que no se le deniegue.

c	LATÍN*	TRADUCCIÓN MENDOZA*	TRADUCIÓN COLECCIÓN CANÓNICA HISPANA***
12	*Mater, uel parens uel quaelibet jidelis, si lenocinium exercuerit, eo quod alienum uendiderit corpus, uel potius suum, placuit eam nec in finem accipere communionem.*	La madre o los padres, o cualquier bautizada que ejerza el lenocinio, por estar vendiendo un cuerpo ajeno, o más bien, el suyo, se acordó que no reciba la comunión ni al final de su vida.	Se decidió que la madre o el padre o cualquier bautizada, en el caso de que ejerza el lenocinio, dado que ha vendido un cuerpo ajeno, o mejor dicho, el suyo, no reciba la comunión ni siquiera al final de la vida.
13	*Virgines quae se Deo dicauerint, si pactum perdiderint uirginitatis, atque eidem libidini seruierint, non intelligentes quid amiserint, placuit nec in finem eis dandam esse communionem. Quod si semel persuassae, aut injirmi corporis lapsu uitiatae, omni tempore uitae suae huiusmodi feminae egerint paenitentiam, ut abstineant se a coitu, eo quod lapsae potius uideantur, placuit eas in finem communionem accipere debere.*	Las vírgenes que se han consagrado a Dios, si quebrantan su pacto de virginidad y se entreguen al ardor mismo de la lujuria sin tomar conciencia de lo que han asumido, se acordó que no se les conceda la comunión ni al final de su vida. Pero si se arrepienten por sí mismas y durante todo el tiempo de su vida tales mujeres hacen penitencia de este modo y se abstienen del coito, se acordó que deben recibir la comunión al final de su vida, puesto que parece más bien, que han caído seducidas por la debilidad de la carne.	Se decidió que las vírgenes consagradas a Dios, en el caso de que echen perder el pacto de virginidad y se hagan esclavas de la lujuria sin comprender lo que han perdido, no se les ha de dar la comunión ni siquiera al final de la vida. Pero si, seducidas o deshonradas una sola vez por una caída del débil cuerpo, estas mujeres hacen penitencia durante todo el tiempo de su vida de modo que se abstienen del coito, se decidió que, dado que parece más bien que han dado un traspié, han de recibir la comunión al final de la vida
14	*Virgines quae uirginitatem suam non custodierint, si eosdem qui eas uiolauerint, duxerint et tenuerint maritos, eo quod solas nuptias uiolauerint, post annum sine paenitentia reconciliari debebunt. Vel si alias cognouerint uiros, eo quod moechatae sint, placuit per quinquennii tempora, acta legitima paenitentia, admitti eas ad*	Las vírgenes que no han guardado su virginidad, si contraen matrimonio con los mismos que las han violado y los mantienen como maridos, puesto que sólo han quebrantado unas nupcias, deberán ser reconciliadas sin penitencia después de un año. Pero si han tenido relaciones con otros varones, se acordó, que por haberse entregado a la lujuria, no sean admitidas a la comunión hasta haber cumplido la penitencia establecida por un período de tiempo de cinco años.	Las vírgenes que no hayan custodiado su virginidad si toman (como esposo) a aquellos con los que han perdido la virginidad y los mantienen como maridos, dado que sólo han violado las nupcias, deben ser reconciliadas sin penitencia pasado un año. Ahora bien, si han tenido relaciones con otros varones, se decidió que, dado que han fornicado, es conveniente admitirlas a la comunión después de que hayan realizado la penitencia prescrita durante un período de cinco años.

SANCIÓN	TEMA	DIRIGIDO A	TRADUCCIÓN SANCIÓN
... placuit eam nec in finem accipere communionem.	Moral sexual	Mujeres	se acordó que no reciba la comunión ni al final de su vida.
...si pactum perdiderint uirginitatis.. nec infinem eis dandam esse communionem. Quod si... egerint paenitentian... infinem communionem accipere debere.	Moral sexual	Vírgenes	si quebrantan su pacto de virginidad... se acordó que no se les conceda la comunión ni al final de su vida. Pero si...hacen penitencia...deben recibir la comunión al final de su vida
...per quinquennii tempora, acta legitima paenitentia, admitti eas ad communionem oportere.	Moral sexual	Vírgenes	no sean admitidas a la comunión hasta haber cumplido la penitencia establecida por un período de tiempo de cinco años.

c	LATÍN*	TRADUCCIÓN MENDOZA*	TRADUCIÓN COLECCIÓN CANÓNICA HISPANA***
15	*Propter copiam puellarum, gentilibus minime in matrimonium dandae sunt uirgínes Christianae, ne aetas in flore tumem in adulterio anímae resoluatur.*	A causa de la abundancia de doncellas, no deben ser entregadas en matrimonio a los gentiles, las vírgenes cristianas bajo ningún concepto, no sea que, al inflamarse la edad en flor, termine en adulterio del alma.	Dada la abundancia de muchachas, las vírgenes cristianas de ningún modo deben ser dadas en matrimonio a los gentiles, no vaya a ser que la flor de la edad se inflame y acabe en adulterio del alma.
16	*Haeretici si se transferre noluerínt ad ecclesiam catholicam, nec ípsis catholicas dandas esse puellas; sed neque Iudaeis, neque haereticis dare placuit, eo quod null.a possit esse societas jideli cum injidele. Si contra interdictum Jecerint parentes, abstineri per quinquennium placet.*	A los herejes que se apartan de la Iglesia católica, ni a ellos mismos han de concedérseles jóvenes católicas en matrimonio; se acordó que no se les entreguen ni a judíos ni a herejes, porque no puede existir consorcio alguno entre fiel e infiel. Si los padres actúan contra esta prohibición, se acuerda que se abstengan de la comunión durante cinco años.	Si los herejes no quieren pasar a la Iglesia catolica, (se decidió) que no se les han de dar (en matrimonio) muchachas católicas. Pero se decidió no darlas (en matrimonio) ni a judíos ni herejes porque no puede haber ninguna comunión entre un bautizado y un infiel. Si los padres actúan contra esta prohibición, se decide que sean apartados (de la comunión) durante cinco anos.
17	*Si quis forte sacerdotibus ídolorum filias suas iunxerint, placuit nec in finem eis dandam esse communionem.*	Si por ventura alguien une en matrimonio a sus hijas con los sacerdotes de los ídolos, se acordó que no ha de concedérsele la comunión ni al final de su vida.	Si algunos unen (en matrimonio) a sus hijas con los sacerdotes de los ídolos, se decidió que no se les ha de dar la comunión ni siquiera al final de la vida.
18	*Episcop presbyteres et diacones, si in ministerio positi detecti fuerint quod sint moechati, placuit et propter scandalum et propter profonum crimen, nec in finem eos communionem accipere debere.*	Los Obispos presbíteros o diáconos que en el desempeño de su ministerio hayan sido convictosde adulterio, se acordó que no deben recibir la comunión ni al final de su vida, no sólo por el escándalo causado, sino por tratarse de un pecado nefando.	Se decidió que , si se descubre que los obispos, los presbíteros y los diáconos, una vez establecidos en el ministerio, han fornicado, no deben recibir la comunión ni siquiera al final de la vida, no sólo por causa d escándalo sino también de la falta sacrílega.

SANCIÓN	TEMA	DIRIGIDO A	TRADUCCIÓN SANCIÓN
Normativo. Disciplinar.	Pureza de la religión	Sin determinar (a quien corresponda)	
...abstineri per quinquennium.	Pureza de la religión	Sin determinar	se abstengan de la comunión durante cinco años.
... nec in finem eis dandam esse communíonem.	Pureza de la religión	Sin determinar	no ha de concedérsele la comunión ni al final de su vida.
... nec in finem eos communionem accipere debere.	Moral sexual	Clérigos	no deben recibir la comunión ni al final de su vida

c	LATÍN*	TRADUCCIÓN MENDOZA*	TRADUCIÓN COLECCIÓN CANÓNICA HISPANA···
19	*Episcopi, presbyteres et diacones, de locis suis negotiandi causa non discedant, nec circumeuntes prouincias quaestuosas nundinas sectentur; Sane ad uictum sibi conquirendum aut filium, aut libertum, aut mercennarium, aut amicum, aut quemlibet mittant, et si uoluerint negotiari intra prouinciam negocientur.*	Los Obispos, presbíteros y diáconos, no se alejen de sus lugares de residencia para hacer negocios, ni anden recorriendo las provincias a la caza de mercados lucrativos. Para proveer a su sustento envíen más bien a un hijo, a un liberto, a un asalariado, a un amigo, o a cualquier otra persona; y si quieren negociar, negocien dentro de su provincia.	Los obispos, los presbíteros y los diáconos no se aparten de sus lugares de residencia para hacer negocios, ni vayan de provincia en provincia en pos de pingües mercadeos. Para procurarse razonablemente el sustento, envíen a un hijo o a un liberto o a un asalariado o a un amigo o a cualquier otro. Y si quieren hacer negocios, negocien dentro de la provincia.
20	*Si quis clericorum detectus Juerit usuras accipere, placuit eum degradari et abstineri. Si quis etiam laicus accípere probatur usuras et promiserit correptus, iam se cesaturum nec ulterius exacturum, placuit ei ueniam tribuí; si uero in ea iniquitate durauerit, ab ecclesia esse proiiciendum.*	Si se descubre que algún clérigo recibe intereses por el dinero prestado, se acordó que sea degradado de su ministerio y separado de la comunión. Si se demuestra que también algún laico ha recibido intereses y, una vez advertido, promete que dejará de hacerlo y que en lo sucesivo cobrará lo exacto, se acuerda concederle el perdón. Pero si persiste en semejante iniquidad, sepa que será expulsado de la Iglesia.	Si se descubre que un clérigo recibe intereses, se decidió que sea degradado y apartado (de la comunión). Si se prueba también que un laico recibe intereses y, una vez corregido, promete dejar de hacerlo y no exigirlos en adelante, se decidió otorgarle el perdón. Pero si se obstina en esa iniquidad, hay expulsarlo de la Iglesia.
21	*Si quis in ciuitate positus, tres Dominicas ad ecclesiam non accesserit, pauco tempore abstineatur, ut correptus esse uideatur.*	Si alguien establecido en una ciudad, no acude a la iglesia durante tres domingos, absténgase por un poco de tiempo, hasta que se vea que se ha corregido.	Si quien reside en una ciudad no va a la iglesia durante tres domingos, sea apartado (de la comunión) durante un poco de tiempo para que se vea que ha sido corregido.

SANCIÓN	TEMA	DIRIGIDO A	TRADUCCIÓN SANCIÓN
Normativo. Disciplinar.	Otros: Que el clero procure su sustento sin salir fuera, para no desatender a la iglesia.	Clérigos	
Si quis clericorum... degradari et abstineri... laicus (si) promiserit correptus.. ueniam tribui; ab ecclesia esse proiiciendum.	Otros: Se prohibe la usura a clérigos y laicos.	Clérigos	Si se descubre que algún clérigo... degradado de su ministerio y separado de la comunión... algún laico ha recibido intereses y promete que dejará de hacerlo... se acuerda concederle el perdón. Pero si persiste en semejante iniquidad, sepa que será expulsado de la Iglesia.
...*pauco tempore abstineatur,*	Otros: Falta de asistencia a la celebración dominical	Sin determinar	absténgase por un poco de tiempo

c	LATÍN*	TRADUCCIÓN MENDOZA*	TRADUCIÓN COLECCIÓN CANÓNICA HISPANA[288]
22	*Si quis de catholica ecclesia ad haeresem transitum ftcerit, rurssusque recurrerit, placuit huic paenitentiam non esse denegandam, eo quod cognouerit peccatum suum; qui etiam decem annis agat paenitentiam; cui post decem annos praestari communio debet. Si uero infantes fuerint transducti, quod non suo uitio peccauerint, incunctanter recipi debent.*	Si alguien desde la Iglesia Católica se pasa a una herejía y retorna nuevamente a la Iglesia, se acordó que no se le debe negar la penitencia, puesto que ha reconocido su propio pecado. Haga él también una penitencia de diez años; después de los diez años se le debe admitir a la comunión. Pero si fueron llevados a la herejía cuando ellos eran aún niños, han de ser recibidos sin demora, puesto que ellos no han pecado por su propia culpa.	Si alguno pasa de la Iglesia católica a la herejía y regresa de nuevo, se decidió que no se le ha de negar la penitencia, dado que ha reconocido su pecado. Haga penitencia incluso durante diez años; después de los diez años debe dársele la comunión. Pero si fueron conducidos (a la herejía) cuando todavía eran niños, dado que no han pecado por culpa propia, deben ser recibidos sin dilación alguna
23	*leiunii superpositiones per singulos menses placuit celebrari, exceptís diebus duorum mensuum Julio et Augusto ob quorundam infirmitatem.*	Se acordó que los ayunos o abstinencias se observen cada mes, exceptuados los días de los dos meses de Julio y Agosto, a causa del agotamiento que ellos producen	Se decidió que, a causa de la debilidad de algunos, las prolongaciones del ayuno se celebren cada mes excepto en los días de los dos meses de julio y agosto.
24	*Omnes qui ín peregre fuerint baptizati, eo quod eorum minime sit cognita uita, placuit ad clerum non esse promouendos in alienis prouinciis.*	Se acordó que todos aquellos que han sido bautizados fuera de su territorio, no sean promovidos al clero en provincias ajenas a la suya, puesto que su vida es totalmente desconocida.	Se decidió que todos los que hayan sido bautizados fuera de su lugar de residencia, dado que su vida no ha sido conocida en modo alguno, no han de ser promovidos al clero en provincias ajenas.
25	*Omnis qui attulerit litteras confessorias sublato nomine confessoris, eo quod omnes sub hac nominis gloria passim concutiant simplices, communicatoriae ei dandae sunt litterae.*	A todo el que presente cartas de confesores, han de dársele cartas de comunión después de haber suprimido el nombre del confesor, puesto que con la fama de este nombre perturban en parte a los sencillos.	A todo el que haya presentado la carta de un confesor, dado que todos turban por todas partes a los sencillos aprovechándose de la gloria de este título, ha de dársele una carta de comunión de modo que no aparezca el nombre del confesor.

SANCIÓN	TEMA	DIRIGIDO A	TRADUCCIÓN SANCIÓN
...huic paenitentiam non esse denegandam, eo quod cognouerit peccatum suum... post decem annos praestari communio debet... quod non suo uitio peccauerint, incunctanter recipi debent.	Pureza de la religión	Sin determinar	no se le debe negar la penitencia, puesto que ha reconocido su propio pecado... después de los diez años se le debe admitir a la comunión... han de ser recibidos sin demora, puesto que ellos no han pecado por su propia culpa.
Normativo. Disciplinar.	Otros: Prescripción del ayuno mensual excepto en julio y agosto.	Sin determinar	
Normativo. Disciplinar.	Otros: No ordenar a los bautizados procedentes de otras tierras.	Sin determinar	
Normativo. Disciplinar.	Otros: Precaución ante las cartas confesorias	Sin determinar	

c	LATÍN*	TRADUCCIÓN MENDOZA*	TRADUCIÓN COLECCIÓN CANÓNICA HISPANA[288]
26	*Errorem placuit corrigi, ut omni sabbati die superpositiones celebremus.*	Se acordó que se corrija el error, de manera que cada sábado celebremos la superposición de los ayunos	Se decidió que sea corregido el error para que celebremos las prolongaciones del ayuno todos los sábados.
27	*Episcopus uel quilibet alius clericus, aut sororem, aut filiam uirginem dicatam Deo tantum secum habeat; extraneam nequaquam habere placuit*	El obispo o cualquier otro clérigo, tenga consigo solamente a una hermana o a su hija virgen consagrada a Dios; en ningún caso, tenga consigo a una extraña.	El obispo o cualquier otro clérigo sólo tenga consigo o una hermana o una hija virgen consagrada a Dios; se decidió que en modo alguno tenga una extraña.
28	*Episcopum placuit ab eo qui non communicat, munera accipere non debere.*	Se acordó que el obispo no debe recibir las ofrendas de aquel que no comulga.	Se decidió que el obispo no debe recibir ofrendas de quien no tiene parte en la comunión.
29	*Inerguminus qui ab erratico spiritu exagitatur, huius nomen neque ad altare cum oblatione recitandum nec permittendum ut sua manu in eclessia ministret.*	El nombre del energúmeno que es agitado por un espíritu errático, no debe recitarse ante el altar con la ofrenda, ni se le debe permitir que preste servicio en la Iglesia, con su propia mano.	En cuanto al poseído que es agitado por un espíritu errático, su nombre no debe ser pronunciado en el altar con la oblación ni debe permitirse que sirva con su mano en la iglesia.
30	*Subdiaconos eos ordinari non debere, qui in adulescentia sua foerint moechati, eo quod postmodum per subreptionem ad altiorem gradum promoueantur. Vel si qui sunt in praeteritum ordinati, amoueantur.*	No debe ser ordenado como subdiácono el que en su adolescencia haya cometido fornicación, no sea que después vaya a ser promovido subrepticiamente a un grado más alto. En caso de que algunos hayan sido ordenados en el pasado, sean destituidos.	Quienes en su adolescencia hayan fornicado no deben ser ordenados subdiáconos porque luego son promovidos de manera engañosa a un grado supeiior; y si en el pasado algunos han sido ordenados, sean destituido

SANCIÓN	TEMA	DIRIGIDO A	TRADUCCIÓN SANCIÓN
Normativo. Disciplinar.	Otros; El ayuno en sábado.	Sin determinar	
Normativo. Disciplinar.	Otros: Que el clérigo no tenga mujeres extrañas en su casa.	Clérigos	
Normativo. Disciplinar.	Otros: Que el obispo no acepte la ofrenda del que no comulga	Clérigos	
Normativo. Disciplinar.	Otros; Que los energúmen os no presten servicios a la iglesia.	Energúmenos	
Subdiaconos (qui fuerint moechati) ordinari non debere... si qui sunt in praeteritum ordinatí, amoueantur.	Moral sexual	Clérigos	No debe ser ordenado como subdiácono (haya cometido fornicación)... En caso de que algunos hayan sido ordenados en el pasado, sean destituidos.

c	LATÍN*	TRADUCCIÓN MENDOZA*	TRADUCIÓN COLECCIÓN CANÓNICA HISPANA[288]
31	*Adulescentes qui post fidem lauacri salutaris faerint moechati, cum duxerint uxores, acta legitima paenitentia, placuit ad communionem eos admitti.*	Se acordó que los adolescentes que después del compromiso del bautismo de salvación hayan cometido fornicación, si contraen matrimonio, deben ser admitidos a la comunión después de haber cumplido la penitencia establecida.	Se decidió que los adolescentes que, después del compromiso de fidelidad del bautismo salvífico, hayan fornicado, sean admitidos a la comunión cuando tomen esposa, una vez que hayan realizado la penitencia prescrita
32	*Apud presbyterem, si quis graui lapsu in ruinam mortis inciderit, placuit agere paenitentiam non debere, sed potius apud episcopum. Cogente tamen infirmitate necesse est presbyterem communionem praestare debere, et diaconum si ei iusserit sacerdos.*	Si alguien, por grave desliz, cae en la ruina mortal, se acordó que no debe hacer la penitencia ante un presbítero, sino ante el obispo. No obstante., si se le presenta una enfermedad acuciante, es necesario que el presbítero le conceda la comunión, e incluso un diácono, si se lo ordena el obispo.	Si alguien por una grave caída se precipita en la ruina mortal, se decidió que no ha de hacer penitencia ante un presbítero sino más bien ante el obispo. Pero en caso de enfermedad grave, el presbítero tiene necesariamente que conceder la comunión, y asimismo el diácono si se lo ordena el sacerdote.
33	*Placuit in totum prohiberí episcopis, presbyteris et diaconibus positis in ministerio abstinere se a coniugibus suis et non generare filios. Quicunque uero ftcerit, ab honore clericatus exterminetur.*	Se acordó prohibir terminantemente a los Obispos, presbíteros, diáconos y subdiáconos que se encuentran en el ejercicio de su ministerio, que tengan relación con sus esposas, y que engendren hijos. El que a pesar de ello lo hiciere, sea apartado totalmente del honor del clericado.	Se decidió prohibir totalmente a los obispos, los presbíteros y los diáconos, establecidos en el ministerio, que mantengan relaciones con sus esposas y que engendren hijos. El que, sin ernbargo, lo haga, será apartado del honor de la clericatura.
34	*Cereos per diem placuit in cimiterio non incendi; Inquietandi enim sanctorum spiritus non sunt. Qui haec non obseruauerint, arceantur ab Ecclesiae communione.*	Se acordó que no se enciendan cirios en los cementerios durante el día, porque no deben ser perturbados los espíritus de los santos. Quienes no guarden esta observancia, sean apartados de la comunión de la Iglesia.	Se decidió que durante el día no se enciendan cirios en el cementerio pues no se debe inquietar a los espíritus de los santos. Quienes no hayan observado esto, sean apartados de la comunión de la Iglesia.

SANCIÓN	TEMA	DIRIGIDO A	TRADUCCIÓN SANCIÓN
... acta legitima paenitentia, placuit ad communionem eos admitti.	Moral sexual	Bautizados	deben ser admitidos a la comunión despúes de haber cumplido la penitencia establecida.
Normativo discuiplinar	Otros: En peligro de muerte puede dar la comunion un presbítero o un diácono.	Clérigos	
...ab honore elericatus extenninetur.	Otros: Prohibe al clero tener relación con sus emposas y engendrar hijos.	Clérigos	sea apartado totalmente del honor del clericado.
... arceantur ab Ecclesíae communione.	Pureza de la religión	Sin determinar	sean apartados de la comunión de la Iglesia.

c	LATÍN*	TRADUCCIÓN MENDOZA*	TRADUCIÓN COLECCIÓN CANÓNICA HISPANA[288]
35	*Placuit prohiberi, ne ftminae in cimiterio peruigilent, eo quod saepe sub obtentu orationis, latenter scelera committant.*	Se acordó prohibir que las mujeres pasen la noche velando en el cementerio, porque a menudo, bajo pretexto de oración, cometen acciones inicuas a escondidas	Se decidió prohibir que las mujeres pasen la noche en vela en el cementerio porque, con frecuencia, con la excusa de la oración, cometen crímenes de manera oculta.
36	*Placuit picturas in eccl. esía esse non debere, ne quod colitur et adoratur, in parietibus depingatur.*	Se acordó que no haya pinturas en las Iglesias, para que no se dé culto, o se adore, a lo que está pintado en las paredes.	Se decidió que no debe haber pinturas en la iglesia; y que no se pinte en las paredes aquello a lo que se da culto y se adora.
37	*Eos qui a immundis spiritibus uexantur, si in finem mortis fuerint constituti, baptizari placet. Si fideles fuerint dandam esse communionem. Prohibendum etiam ne lucernas ii publice accendant. Si facere contra interdictum uoluerint abstineantur a communione.*	Se acuerda que los que son atormentados por estíritus inmundos reciban el bautismo si están en peligro de muerte. En caso dre que estén ya bautizados, ha de concedérseles la comunión. Pero debe prohibírseles que enciendan lámparas en público. Si se empeñan en actuar contra esta prohibición, sean apartados de la comunión.	Se decide que los atormentados por espíritus inmundos, si se encuentran en el momento final de la muerte, sean bautizados; si ya son bautizados, (se decide) que se les ha de dar la comunión. Debe prohibírseles incluso que enciendan lámparas en público. Si quieren actuar en contra de esta norma, sean apartados de la comunión.
38	*Loco peregre nauigantes aut si ecclesia proximo non faerit, posse fidelem qui lauacrum suum integrum habet nec sit bigamus, baptizare in necessitate infinnitatis positum catecuminum, ita ut si superuixerit, ad episcopum eum perducat, ut per manus impositionem perfici possit.*	En cuanto a los que se encuentran navegando fuera de su propio territorio, o en caso de que no hubiera ninguna Iglesia en las proxin)idades, un bautizado (que tiene completo su bautismo y que no es bígamo), puede bautizar a un catecúmeno que se encuentra gravemente enfermo, a condición de que, si sobrevive, lo conduzca al obispo para que por la iruposición de las manos quede ratificado.	En el caso de quienes navegan fuera de su lugar de residencia o si no hay una iglesia cerca, un bautizado que mantenga íntegro su bautismo y no sea bígamo puede bautizar a un catecúmeno gravemente enfermo, con tal de que, si sobrevive, lo lleve al obispo para que pueda ser perfeccionado por la imposición de manos.

SANCIÓN	TEMA	DIRIGIDO A	TRADUCCIÓN SANCIÓN
Normativo. Disciplinar.	Moral sexual	Mujeres	
Normativo. Disciplinar.	Idolatría	Sin determinar	
abstineantur a communione.	Otros: Bautizar en peligro de muerte a los poseídos, darles la comunion si están bautizamos.	Sin determinar	sean apartados de la comunión.
Normativo. Disciplinar.	Otros: Un bautizado que no sea bígamo puede bautizar a un catecúmeno enfermo en caso de navegación o si no hay iglesia cerca.	Sin determinar	

c	LATÍN*	TRADUCCIÓN MENDOZA*	TRADUCIÓN COLECCIÓN CANÓNICA HISPANA[288]
39	*Gentiles, si in infirmitate desiderauerint sibi manum imponi, si faerit eorum ex aliqua parte honesta uita, placuit eis manum imponi et fieri Christianos.*	A los paganos que encontrándose enfermos deseen que se les impongan las manos, si se sabe por algún conducto que llevan una vida honrada, se acordó que se les irupongan las manos y queden convertidos en cristianos.	Se decidió que, si los gentiles desean que les sea impuesta la mano en la enfermedad, con tal de que su vida haya sido honesta de alguna manera, les sea impuesta la mano y sean hechos cristianos.
40	*Prohiberi placuit ut, cum rationes suas accipiunt possessores, quicquid ad idolum datum faerit, accepto non ferant; si post interdictum fecerint, per quinquennit' spatia temporum a communíone esse arcendos.*	Se acordó prohibir a los propietarios que, al ajustar sus cuentas, incluyan en lo recibido algo de lo ofrecido a los ídolos. Si después de esta prohibición lo hicieren, sean apartados de la comunión por un período de tiempo de cinco años.	Se decidió que, cuando los propietarios reciban sus gananancias no consientan aceptar lo que haya sido ofrecido a un ídolo. Si lo hacen después de esta prohibición, (se decidió) que han de ser separados de la comunión por un tiempo de cinco años.
41	*Admoneri placuit jideles ut, in quantum possunt prohibeant ne idola in domibus suis habeant. Si uero uim metuunt seruorum uel seipsos puros conseruent; Si non ftcerint, alieni ab ecclesia habeantur.*	Se acordó advertir a los bautizados que, en cuanto les sea posible, proh.fban que haya ídolos en sus casas. No obstante, si temen la violencia de sus eschvos, que ellos, por su parte, se mantengan puros. Si no lo hicieren, sean considerados como ajenos a la Iglesia.	Se decidió que los bautizados sean advertidos de que, en cuanto puedan, prohiban tener ídolos en sus casas. Pero si tienen miedo a la violencia de los esclavos, al menos ellos consérvense puros. Si no lo hacen, sean considerados extraños a la Iglesia.
42	*Eos qui ad primam jidem credulitatis accedunt, si bonae fuerint conuersationis, íntra biennium temporum placuit ad baptismi gratiam admitti debere, nisi infirmitate compellente coegerit ratio uelocius subuenire periclitanti uelgratiam postulanti.*	Aquellos que se acercan al umbral de la fe, si son de buenas costumbres, se acordó que deben ser admitidos a la gracia del bautismo en un período de tiempo de dos años, a no ser que, por la urgencia de una enfermedad, la razón obligue a acudir en ayuda de un compañero que se encuentra en peligro, o que solicita esta gracia.	Se decidió que los que acceden al compromiso inicial de la fe, en el caso de que tengan una buena conducta, han de ser admitidos a la gracia del bautismo en el plazo de dos años a no ser que, por una enfermedad grave, la razón obligue a socorrer más rápidamente a quien está en peligro o pide la gracia.

SANCIÓN	TEMA	DIRIGIDO A	TRADUCCIÓN SANCIÓN
Normativo. Disciplinar.	Otros: Si un pagano enfermo desea ser bautizado, impónganse le las manos	Sin determinar	
...per quinquennii spatia temporum a communione esse arcendos.	Pureza de la religión.	Bautizados	sean apartados de la comunión por un período de tiempo de cinco años.
...alieni ab eccfesia habeantur.	Idolatría	Bautizados	sean considerados como ajenos a la Iglesia.
...intra biennium temporum... ad baptismi gratiam admitti debere..	Otros: Sean admitidos al cabo de dos años aquellos que quieran acceder a 1a fe	Sin determinar	deben ser admitidos a la gracia del bautismo en un período de tiempo de dos años

c	LATÍN*	TRADUCCIÓN MENDOZA*	TRADUCIÓN COLECCIÓN CANÓNICA HISPANA[288]
43	*Prauam institutionem emendari placuit, iuxta auctoritatem Scripturarum ut cuncti diem pentecosten post pascha celebremus non quadragesimam nisi quinquagesimam. Qui non Jecerit, nouam haeresem induxisse notetur.*	Se acordó que, en conformidad con la autoridad de las Escrituras, se corrija una disposición viciada, para que todos celebremos conjuntamente el día de Pentecostés. El que no se atenga a ello, quede señalado como inductor de una nueva herejía.	Se decidió que, de acuerdo con la autoridad de las Escrituras, sea corregida una mala costumbre, para que todos juntos celebremos el día de Pentecostés no a los cuarenta sino a los cincuenta días después de la Pascua. Quien no lo haga, sea señalado por haber impulsado una nueva herejía.
44	*Meretrix quae aliquando foerit et postea habuerit maritum si postmodum ad credulitatem uenerit, incunctanter placuit esse recipiendam.*	La que alguna vez haya sido prostituta y después se haya casado, si después se acerca a la fe, se acordó que debe ser recibida sin vacilación alguna.	Se decidió que 1a que fue meretriz en otro tiempo y 1uego ha tenido marido, si viene después a la fe, ha de ser recibida sin dilación alguna .
45	*Qui aliquando foerit catecuminus et per infinita tempora nunquam ad ecclesiam accesserit, si eum de clero quisque cognouerit esse Christianum aut testes aliqui extiterint jideles, placuit ei baptismum non negari, eo quod in ueterem homine deliquisse uideatur.*	Al que en alguna ocasión fue catecúmeno por tiempo indefinido y no accedió nunca a la Iglesia, si alguien del clero sabe que él ha querido ser cristiano, o se presentan como testigos algunos bautizados, se acordó que no le sea negado el bautismo, puesto que parece que él ha delinquido en el hombre viejo.	Se decidió que el que haya sido catecúmeno en algún momento y durante muchísimo tiempo no haya acudido nunca a la iglesia, si algún clérigo reconoce que es cristiano o existen algunos testigos bautizados, no se le niegue el bautismo dado que al parecer faltó según el hombre viejo.
46	*Si quis fidelis apostata per infinita tempora ad ecclesiam non accesserit, si tamen aliquando fuerit reuersus nec fuerit idolator, post decem annos placuit communionem accipere.*	Si algún bautizado apóstata no se ha acercado a la Iglesia durante tiempo indefinido, pero se da el caso de que retorna, finalmente, sin haber sido idólatra, se acordó que reciba la comunión al cabo de diez años.	Si algún bautizado apóstata no ha ido a la iglesia durantemuchísimo tiempo, en el caso de que haya vuelto en algún momento y no haya sido idólatra, se decidió que reciba la comunión después de diez años.

SANCIÓN	TEMA	DIRIGIDO A	TRADUCCIÓN SANCIÓN
Normativo. Disciplinar.	Otros: Que celebremos todos juntos el pentecostés	Sin determinar	
...incunctanter placuit esse recipiendam.	Moral sexual	Mujeres	debe ser recibida sin vacilación alguna.
...placuit ei baptismum non negari..	Otros: No negar el bautismo al catecúmrno no que ha abandonado la iglesia si alguien del clero o un bautizado responde por él.	Catecúmenos	no le sea negado el bautismo
...post decem annos placuit communionem accipere.	Pureza de la religión	Bautizados	que reciba la comunión al cabo de diez años.

c	LATÍN*	TRADUCCIÓN MENDOZA*	TRADUCIÓN COLECCIÓN CANÓNICA HISPANA[288]
47	*Si quis fidelis habens uxorem non semel, sed saepe faerit moechatus, in finem mortis est conueniendus. Quod si se promlsen't cessaturum, detur ei communio. Si resuscitatus rursus faerit moechatus, placuit ulterius non ludere eum de communíone pacis.*	Si algún bautizado teniendo esposa comete adulterio, no una sola una vez, sino a menudo, debe ser reconvenido a la hora de la muerte. Si promete que dejará de hacerlo, désele la comunión. Pero si una vez recuperado comete adulterio nuevamente, se acordó que no tome en adelante la comunión de la paz.	Si algún bautizado, teniendo esposa, ha cometido adulterio no una vez sino a menudo, debe sér amonestado hasta el momento final de la muerte. Y si promete dejar de hacerlo, désele la comunión. Si, restablecido, vuelve de nuevo a cometer adulterio, se decidió que en adelante no se burle de la comunión de la paz.
48	*Emendari placuit ut íi qui baptizantur, ut fieri sol. ebat, nummos in conca non mittant, ne sacerdos quod gratis accepit, pretio distrahere uideatur; neque pedes eorum lauandi sunt a sacerdotibus uel a clerícis.*	Se acordó que se corrija la costumbre de que, los que se bautizan, dejen dinero en la pila bautismal, para que no parezca que el sacerdote pone precio a lo que recibió gratis. Pero tampoco deben lavárseles los pies, por parte de los sacerdotes o de los clérigos.	Se decidió corregir que los que son bautizados, como solía ocurrir, echen monedas en la pila bautismal para que no parezca que el sacerdote vende lo que ha recibido gratis; tampoco deben lavar los pies de aquéllos los sacerdotes o los clérigos
49	*Admoneri placuit possessores ut non patiantur fructus suos quos a Déo percipiunt cum gratiarum actione, a Judaeis benedici ne nostram irritam et infirmam faciant benedictionem; si quis post interdictum facere usurpauerit, penitus ab ecclesia abiciatur.*	Se acordó advertir a los propietarios, que no consientan que los frutos que ellos reciben de Dios con acción de gracias, sean bendecidos por los judíos, para que no hagan nula y sin efecto nuestra bendición. Si alguno se atreve a hacerlo después de estan prohibición, sea expulsado definitivamente de la Iglesia.	Se decidió amonestar a los propietarios para que no toleren que sus frutos, recibidos de Dios con acción de gracias, sean beneficios por los judíos para que nuestra bendición no resulte vana y nula. Si alguno, despues de la prohibición, se empeña en hacerlo, sea totalmente separado de la Iglesia.
50	*Si uero quis clericus uel fidelis cum Judaeis cibum sumpserit, placuit eum a communione abstinere, ut debeat emendari*	Ahora bien, si algún clérigo, o bautizado participa en la comida con los judíos, se acordó que se abstenga de la comunión, para que se enmiende.	Pero si un clérigo o un bautizado come con judíos, se decidió que sea apartado de la comunión para que se corrija.

SANCIÓN	TEMA	DIRIGIDO A	TRADUCCIÓN SANCIÓN
...non ludere eumde communione pacis.	Moral sexual	Bautizados	no tome en adelante la comunión de la paz.
Normativo, Disciplinar.	Otros: No admitir pagos por la administrción del bautismo	Clérigos	
... penitus ab ecclesia abiciatur	Pureza de la religión	Sin determinar	sea expulsado definitivamente de la Iglesia.
...a communione abstinere, ut debeat emendari.	Pureza de la religión	Clérigos	que se abstenga de la comunión, para que se enmiende.

c	LATÍN*	TRADUCCIÓN MENDOZA*	TRADUCIÓN COLECCIÓN CANÓNICA HISPANA[288]
51	*Ex omni haerese fidelis si uenerit, minime estad clerum promouendus. Vel si qui sunt in praeteritum ordinati, sine dubio deponantur*	Quien viniere hasta nosotros procedente de cualquier clase de herejía, ya bautizado, no ha de ser promovido al clero bajo ningún concepto. Y si algunos han sido ordenados en el pasado, sean depuestos sin vacilación.	Si un bautizado proviene de cualquier herejía, no ha de ser en modo alguno promovido al clero. Y si algunos han sido ordenados en el pasado, sean depuestos sin dudarlo.
52	*Ji qui inuenti fuerint famosas in ecclesia ponere, anathematizentur.*	Si se descubre a los que ponen en la Iglesia panfletos injuriosos, sean anatematizados.	Quienes hayan sido descubiertos exponiendo en la iglesia libelos difamatorios, sean anatematizados.
53	*Placuit cunctis ut ab eo episcopo quis recípiat communionem, a quo abstentus in crimine aliquo quis faerit. Quod si alius Episcopus praesumpserit eum admitti, illo adhuc minime fa.ciente uel onsentiente a quo fuerat communione priuatus, sciat se huiusmodi causas inter ftatres esse cum status sui periculo praestaturum.*	Se acordó por unanimidad, que el que reciba la comunión, sea admitido por aquel obispo que le privó de ella, por haber cometido algún delito. Por tanto, si otro obispo se toma la atribución de admitirlo sin la más mínima intervención o consentimiento de aquel por el que había sido privado de la comunión, sepa que de este modo, se hará responsable de las causas entre hermanos, con peligro de su estado.	Se decidió por unanimidad que cualquiera sea admitido (a la comunión) por el obispo que lo apartó como consecuencia de alguna falta. Pero si otro obispo pretendiese admitirlo sin que haya participado en absoluto ni lo haya consentido quien lo privó de la comunión, sepa que tendrá que dar cuentas de este asunto entre sus hermanos con peligro de su propio estado.
54	*Si qui parentes Jidem ftegerint sponsaliorum, triennii tempore abstineantur. Si tamen idem sponsus uel sponsa in graui crimine faerint deprehensi, excusati erunt parentes. Si in eisdem fuerint uitium et polluerint se, superiori sententia seruetur.*	Si los padres quebrantan la promesa de los esponsales, sean apartados de la comunión por un período de tres años. Pero si ellos mismos, el prometido o la prometida, fuesen sorprendidos en aquel grave delito, quedarán excusados los padres. Pero si incurren en el mismo pecado y se mancillan mutuamente consintiéndolo, obsérvese la prescripción anterior.	Si los padres rompen el compromiso de fidelidad de los esponsales, sean apartados (de la comunión) por un tiempo de tres años. Pero si el mismo esposo o la esposa son sorprendidos en una grave falta, los padres quedarán exonerados. Si la culpa ha estado en ellos y se han mancillado, manténgase la decisión anterior.

SANCIÓN	TEMA	DIRIGIDO A	TRADUCCIÓN SANCIÓN
...minime est ad clerum promouendus. ...si qui sunt in praeteritum ordinati, sine dubio deponantur.	Pureza de la religión	Sin determinar	no ha de ser promovido al clero bajo ningún concepto. ... si algunos han sido ordenados en el pasado, sean depuestos sin vacilación.
Normativo. Disciplinar.	Otros: Excomunión para los que reparten libelos en las iglesias	Sin determinar	
Normativo. Disciplinar.	Otros: Que el excomulgado sea readmitido sólo por el obispo que lo ordenó	Sin determinar	
...tríenníi tempore abstineantur	Moral Sexual	Bautizados	sean apartados de la comunión por un período de tres años.

c	LATÍN*	TRADUCCIÓN MENDOZA*	TRADUCIÓN COLECCIÓN CANÓNICA HISPANA[288]
55	*Sacerdotes qui tantum coronam portant nec sacrificant nec de suis sumptibus aliquid ad idola praestant, placuit post biennium accipere communionem.*	Los sacerdotes que se limitan a llevar la corona de los sacrificadores, pero no sacrifican ni aportan nada a los ídolos para sus gastos, se acordó que al cabo de dos años, reciban la comunión.	Se decidió que los sacerdotes que sólo llevan coronas pero no sacrifican ni apoyan con sus bienes a los ídolos reciban la comunión después de dos años.
56	*Magfrtratus uero uno anno quo agi.t duumuiratum, prohibendum placet ut se ab ecclesia cohibeat.*	En cuanto al que ostenta un cargo de magistrado, se acuerda prohibirle que asista a la Iglesia durante el año en que ejerce su duunvirato.	Se decidide que se aparte de la Iglesia el magistrado durante el año en que ejerce el duumvirato
57	*Matronae uel earum mariti ut uestímenta sua ad ornandam saeculariter pompam non dent. Et si fecerint, triennio temporis abstineantur.*	Las matronas o sus maridos, no cedan sus ropajes para que sirvan de adorno en las celebraciones profanas. Y si lo hicieren, absténgase por un período de tres años.	La matronas o sus maridos no ofrezcan sus vestidos para adornar una procesión mundana. Y si lo hacen sean apartados (de la comunión) por un período de tres años.
58	*Placuit quoniam ubique, et maxime in eo loco in quo prima cathedra constituta est episcopatus, ut interrogentur ii qui communicatorias litteras tradunt, an omnia recte habeant suo testimonio comprobati.*	Se acordó que, en cualquier lugar y sobre todo, allí donde está constituido el obispo de la sede principal, sean interrogados los que entregan cartas de comunión y se compruebe, por su propio testimonio, si está o, no está todo correcto.	Se decidió que, en todas partes y, sobre todo, en el lugar donde esté la primera cátedra del episcopado, quienes presentan cartas de comunión sean examinados para comprobar si, acreditados por su propio testimonio, tienen todo en regla.
59	*Prohibendum ne quis Christianus ut gentilis, ad idolum capitolii causa, sacrificandi ascendat et uideat. Quod si fecerit, parí crimine teneatur. Si fuerit fidelis, post decem annos acta paenitentia recipiatur.*	Queda prohibido que un cristiano, o 1 un gentil suba hasta el ídolo del Capitolio para sacrificar y asista como espectador; si llegara a hacerlo, sea tenido como reo de igual delito. Si se trata de un bautizado, sea recibido al cabo de diez años, después de haber cumplido la penitencia.	Se ha de prohibir que un cristiano, como si fuese un gentil, suba al ídolo del Capitolio para sacrificar y que lo vea. Si lo hace, sea considerado con un delito igual. Si es un bautizado, sea recibido después de diez años, tras haber realizado la penitencia.

SANCIÓN	TEMA	DIRIGIDO A	TRADUCCIÓN SANCIÓN
...post biennium accipere communíonem.	Idolatría	Flámines	que al cabo de dos años, reciban la comunión.
Normativo. Disciplinar.	Otros: Que el magistrado no vaya a la iglesia durante el año de su magistratura	Magistrados	
. ..triennio temporis abstineantur.	Pureza de la religión	Mujeres	absténgase por un período de tres años.
Normativo. Disciplinar.	Otros: Que el obispo compruebe la autenticidad de las carcas comunicatorias	Sin determinar	
...post decem annos acta paenitentia recipiatur.	Idolatría	Bautizados	sea recibido al cabo de diez años, después de haber cumplido la penitencia.

c	LATÍN*	TRADUCCIÓN MENDOZA*	TRADUCIÓN COLECCIÓN CANÓNICA HISPANA[288]
60	*Si quis idola fregerit et ibldem fuerit occisus, quatenus in Euangelio scriptum non est nec inuenietur sub apostolis unquam factum, placuit in numerum eum non recipi martyrum.*	Si alguno destroza los ídolos y es ejecutado allí mismo, se acordó que no se le incluya en el número de los mártires, puesto que no está escrito en el Evangelio, ni hay constancia de que en tiempo de los Apóstoles, se haya actuado así, alguna vez.	Si alguien destruye ídolos y allí mismo se le da muerte, se decidió que no sea acogido en el número de los mártires, dado que en el Evangelio no está escrito, ni se hallará que se hizo algo así en tiempos de los Apóstoles.
61	*Si quis post obitum uxorís suae sororem eius duxerit, et ipsa fuerit fidelis, quinquennium a communione placuit abstineri, nisi forte uelocius dari pacem necessitas coegerit infirmitatis.*	Si alguno al morir su esposa se casa con su hermana y ésta bautizada, se acordó que se abstenga de la comunión durante cinco años, a no ser que casualmente, la urgencia de una enfermedad obligue a concederle más rápidamente la paz	Si alguien, después de la muerte de su esposa, toma (como esposa) a su hermana y ésta es una bautizada, se decidió que sea aspartado de la comunión durante cinco años a no ser que una enfermedad grave obligue a darle más rápidamente la paz.
62	*Si auriga aut pantomimus credere uoluerint, placuit ut prius artibus suis renuncient et tune demum suscipiantur, ita ut ulterius ad ea non reuertantur; qui silacere contra interdictum tentauerint, proiciantur ab ecclesia.*	Si algún adivino o pantomimo quiere abrazar la fe, se acordó que renuncien previamente a su oficio, de tal modo que, nunca más vuelvan a él y sólo entonces, sean finalmente admitidos. Pero si intentan actuar contra esta prohibición, sean expulsados de laIglesia.	Si un auriga o un pantomimo quieren acceder a la fe, se decidió que renuncien antes a sus oficios y sólo entonces sean acogidos con tal de que no vuelvan en adelante a ejercerlos. Si intentan hacerlo en contra de la prohibición, sean expulsados de la Iglesia.
63	*Si qua per adulterium absente marito suo conceperit idque post facinus occíderit, placuit nec in finem dandam esse communionem, eo quod geminauerit scelus.*	Si alguna mujer estando ausente su marido llega a concebir por adulterio y mata lo concebido tras su mala acción, se acordó que no ha de concedérsele la comunión ni al final de su vida, puesto que ha duplicado su delito.	Si alguna, estando ausente su marido, concibe mediante adulterio y, despues de esta inquinidad, mata lo concebido, se decidió que no se le ha de dar la comunión ni siquiera al final de la vida, porque ha cometido un doble crimen.
64	*Si qua usque in finem mortis suae cum alieno uiro faerit moechata, placuit nec in finem dandam ei esse communionem. Si uero eum reliquerit, post decem annos accipiat communionem, acta legitima paenitentia.*	Si una mujer comete adulterio durante toda su vida con un marido ajeno, se acordó que ni al final ha de dársele la comunión. Pero si lo abandona, reciba la comunión al cabo de diez años, una vez realizada la penitencia establecida.	Si alguna comete adulterio hasta el momento final de la muerte con un varón ajeno, se decidió que no se le ha de dar la comunión ni siquiera al final de la vida. Pero si lo deja, reciba la comunión después de diez años, una vez hecha la penitencia prescrita.

SANCIÓN	TEMA	DIRIGIDO A	TRADUCCIÓN SANCIÓN
Normativo. Disciplinar.	Otros: No considerar mártir al que matan destruyendo los ídolos	Sin determinar	
...quinque- nnium a communione placuit abstineri,	Moral sexual	Bautizados	se abstenga de la comunión durante cinco años,
..proiciantur ab ecclesia.	Pureza de la religión	Sin determinar	sean expulsados de la Iglesia.
... nec in ftnem dandam esse communionem,	Homicidio	Mujeres	no ha de concedérsele la comunión ni al final de su vida
... nec in finem dandam ei esse communionem.	Moral sexual	Mujeres	ni al final ha de dársele la comunión

c	LATÍN*	TRADUCCIÓN MENDOZA*	TRADUCIÓN COLECCIÓN CANÓNICA HISPANA[288]
65	*Si cuius clerici uxor fuerit moechata et scierit eam maritus suus moechari et non eam statim proiecerit, nec in finem accipiat communionem, ne ab his qui exemplum bonae conuersationis esse debent, ab eis uideantur scelerum magisteria procedere.*	Si la esposa de un clérigo comete adulterio y su marido sabe que ella es adúltera y no la expulsa inmediatamente, no reciba la comunión ni al final de su vida, para que no parezca que lasenseñanzas de iniquidades provienen de aquellos que deben ser ejemplo de buena conducta.	Si la esposa de un clérigo comete adulterio, su marido sabe que ella comete adulterio y no la expulsa inmediatamente, no reciba éste la comunión ni siquiera al final de la vida para que no parezca que la enseñanza de los crímenes procede de quienes deben ser ejemplo de buena conducta.
66	*Si quis priuignam suam duxerit uxorem, eo quod si incestus, placuit nec in finem dandam esse communionem.*	Si alguno toma por esposa a una hijastra suya, se acordó que, por tratarse de un incesto, no se le conceda la comunión ni al fmal de su vida.	Si alguno toma como esposa a su hijastra, dado que se trata de un incesto, se decidió que no se le ha de dar la comunión ni siquiera al final de la vida.
67	*Proht"bendum ne qua fidelis uel catecumina, aut commatos, aut uiros cinerarios habeant. Quaecumque hocJecerint, a communione arceantur*	Queda prohibido que cualquier mujer bautizada, o catecúmena, tenga por marido a un actor cómico, o de teatro; cualquiera que esto hiciere, sea apartada de la comunión.	Debe prohibirse que una bautizada o una catecúmena tengan varones melenudos o peluqueros. Las que lo hagan, sean apartadas de la comunión.
68	*Catecumina si per adulteríum conceperít et praefocauerit, placuit eam in finem baptizari.*	Si una catecúmena llega a concebir por adulterio y mata lo concebido, se acordó que no sea bautizada ni al final de su vida.	Si una catecúmena concibe por medio de adulterio y asfixia lo concebido, se decidió que sea bautizada al final de la vida.

SANCIÓN	TEMA	DIRIGIDO A	TRADUCCIÓN SANCIÓN
..nec in finem accipiat communionem,	Moral sexual	Mujeres	no reciba la comunión ni al final de su vida
. .. nec in finem dandam esse communionem.	Moral sexual	Sin determinar	no se le conceda la comunión ni al fmal de su vida.
...a communione arceantur.	Pureza de la religión	Mujeres	sea apartada de la comunión.
...in finem baptízari.	Moral sexual	Mujeres	no sea bautizada ni al final de su vida.

c	LATÍN*	TRADUCCIÓN MENDOZA*	TRADUCIÓN COLECCIÓN CANÓNICA HISPANA[288]
69	*Si quis forte habens uxorem semel fuerit lapsus, placuit eum quinquennium agere debere paenitentíam et sic reconciliari, nisi necessitas infirmitatis coegerit, ante tempus dare communionem. Hoc et circa feminas obseruandum.*	Si por ventura, alguien teniendo esposa, comete un desliz una sola vez, se acordó que debe hacer penitencia durante cinco años y ser así reconciliado, a no ser que la urgencia de una enfermedad, obligue a darle la comunión antes de este tiempo. Esta misma prescripción ha de observarse también respecto a las mujeres.	Si alguno, teniendo esposa, cae una sola vez, se decidió que debe hacer penitencia durante cinco años y, así, conseguir la reconciliación, a no ser que una enfermedad grave obligue a darle la comunión antes de tiempo. Esto ha de observarse también a propósito de las mujeres.
70	*Si cum conscientia mariti uxor fuen't moechata, placuit nec in finem dandam ei esse communionem. Si uero eam reliquerit, post decem annos accipiat communionem.*	Si una esposa comete adulterio a sabiendas de su marido, se acordó que a él no ha de dársele la comunión a él, ni al final de su vida. Pero si la deja, reciba la comunión después de diez años por el hecho de haberla mantenido en su casa durante algún tiempo, sabiendo que ella era adúltera.	Si una esposa comete adulterio con conocimiento de su marido, se decidió que no se le ha de dar la comunión ni siquiera al final de la vida. Pero si la deja, reciba la comunión después de diez años.
71	*Stupratoribus puerorum nec in finem dandam esse communionem.*	A los pederastas, no se les ha de conceder la comunión ni al final de su vida.	(Se decidió) que a los corruptores de niños no se les ha de dar la comunión ni siquiera al final de la vida.

SANCIÓN	TEMA	DIRIGIDO A	TRADUCCIÓN SANCIÓN
...quinque- nnium agere debere paenitentiam et sic reconciliari, nisi necessitas injirmitatis coegerit, ante tempus dare communionem .	Moral sexual	Sin determinar	
... nec in finem dandam eí esse communionem Si uero eam reliquerit, post decem annos accípiat communionem.	Moral sexual	Mujeres	que a él no ha de dársele la comunión a él, ni al final de su vida. Pero si la deja, reciba la comunión después de diez años
...nec in finem dandam esse communionem.	Moral sexual	Sin determinar	no se les ha de conceder la comunión ni al final de su vida.

c	LATÍN*	TRADUCCIÓN MENDOZA*	TRADUCIÓN COLECCIÓN CANÓNICA HISPANA[288]
72	*Si qua uidua fuerit moechata et eundem postea habuerit maritum, post quinquennii tempus acta legitima paenitentia, placuit eam communioni reconciliari. Si alium duxerit relicto íllo, nec in finem dandam esse communionem. Vel si fuerit ille fidelis quem accepit, communionem non accipiet nisi post decem annos acta legitima paenitentia, nisi infinnitas coegerit uelocius dari communionem.*	Si una viuda comete fornicación y después se casa con ese mismo marido, se acordó que sea reintegrada a la comunión después de cinco años, una vez cumplida la penitencia establecida. Si abandonado el primero, se casa con otro, no ha de dársele la comunión ni al fmal de su vida. Y si al que toma por esposo, está bautizado, no reciba la comunión hasta pasados diez años, después de haber cumplido la penitencia establecida, a no ser que la enfermedad obligue a darle la comunión más rápidamente.	Si una viuda fornica y toma luego como marido al mismo, se decidió que sea reconciliada con la comunión después de cinco años tras haber realizado la penitencia prescrita. Si toma (como esposo) a otro después de haber dejado a aquél, (se decidió) que no se le ha de dar la comunión ni siquiera al final de la vida. Ahora bien, si el que toma como marido es un bautizado, éste no recibirá la comunión sino después de diez años tras haber realizado la penitencia prescrita, a no ser que una enfermedad obligue a darle la comunión más rápidamente
73	*Delator si quis extiterit fidelis et per delationem eius aliquis fuerit praescriptus uel interfectus, placuit eum nec in finem accipere communionem. Si leuior causa fuerit, intra quinquennium accipere poterit communionem. Si catecuminus fuerit, post quinquennii tempora admittetur ad baptismum.*	Si un delator resulta que es bautizado, y por su delación alguien es desterrado o ejecutado, se acordó que no reciba la comunión ni al final de su vida. Si se trata de una causa más leve, podrá recibir la comunión a los cinco años. Si es catecúmeno, será admitido al bautismo tras un período de cinco años.	Si un bautizado se hace delator y alguien es proscrito o ejecutado por su delación, se decidió que no reciba la comunión ni siquiera al final de la vida. Si la causa es más liviana, podrá recibir la comunión antes de que finalice un quinquenio. Si es catecúmeno, será admitido al bautismo tras un período de cinco años.

SANCIÓN	TEMA	DIRIGIDO A	TRADUCCIÓN SANCIÓN
...*post quinquennii tempus acta legitima paenitentia... Si alium duxerit relicto illo, nec infinem dandam esse communionem. si... faerit... fiddis communionem non accipiet... post decem annos... nisiinfinnitas... darí communionem*	Moral sexual	Mujeres	después de cinco años, una vez cumplida la penitencia establecida... Si abandonado el primero, se casa con otro, no ha de dársele la comunión ni al fmal de su vida si al que toma por esposo, está bautizado, no reciba la comunión hasta pasados diez años, después de haber cumplido la penitencia establecida, a no ser que la enfermedad obligue a darle la comunión más rápidamente.
nec in finem accipere communionem. Si leuior causa fuerit, intra quinquennium accipere... communionem. Si catecuminus fuerit, post quinquennii tempora admittetur ad baptismum.	Homicidio	Bautizados	no reciba la comunión ni al final de su vida. Si se trata de una causa más leve, podrá recibir la comunión a los cinco años. Si es catecúmeno, será admitido al bautismo tras un período de cinco años.

c	LATÍN*	TRADUCCIÓN MENDOZA*	TRADUCIÓN COLECCIÓN CANÓNICA HISPANA[288]
74	*Falsus testis prout est crimen, abstinebitur. Si tamen non foerit mortale quod obicit, et probauerit, quod non tacuerit, biennii tempore abstinebitur. Si autem non probauerít, conuento clero, placuit per quinquennium abstineri.*	El que testifique en falso se abstendrá de la comumon durante un tiempo proporcional a su delito, en caso de que lo que alegue no suponga causa de muerte. Si presenta pruebas de por qué permaneció callado durante largo tiempo, se abstendrá de la comunión por un período de dos años. Pero si ante el clero reunido no llega a probarlo, se acordó que se abstenga por un quinquenio.	El testigo falso será apartado (de la comunión) dependiendo de la falta; Pero si lo que expone no es causa de muerte y justifica por qué no ha callado, serà alejado por un período de dos años. Pero si no lo justifica, se decidió que, una vez reunido el clero, sea apartado (de la comunión) durante cinco años
75	*Si quis autem episcopum, uel presbyterem uel diaconum falsis criminibus appetierit, et probare non potuerit, nec in finem dandam ei esse communionem.*	Pero si alguien atenta contra un obispo, un presbítero, o un diácono con falsas acusaciones y no puede probarlas, no se le ha de conceder la comunión ni al final de su vida.	Si alguien ataca a un obispo o a un presbítero o a un diácono acusándolo de delitos falsos y no lo puede probar, (se decidió) que no se le ha de dar la comunión ni siquiera al final de la vida
76	*Si quis diaconum se permiserit ordinari et postea fuerit detectus in crimine mortis quod aliquando commiserit, si sponte faerit confessus, placuit eum acta legi.tima paenitentía, post triennium accipere communionem.* *Quod si alius eum detexerit, post quinquennium acta paenitentia, accipere communionem laicam debere.*	Si algún diácono permite que se le ordene y a la larga se descubre que cometió en alguna ocasión un delito de muerte, si confesó espontáneamente, se acordó que reciba la comunión a los tres años, una vez cumplida la penitencia establecida. Pero si fuese descubierto por otro, debe recibir la comunión laical a los cinco años, después de haber cumplido la penitencia.	Si alguien permite ser ordenado de diácono y luego se descubre que en algún momento había cometido un delito mortal, en el caso de que lo confiese voluntariamente, se decidió que reciba la comunión después de tres años tras haber realizado la penitencia prescrita. Pero si es otro el que lo descubre, debe recibir la comunión laica después de cinco años tras haber realizado la penitencia.

SANCIÓN	TEMA	DIRIGIDO A	TRADUCCIÓN SANCIÓN
...biennii tempore abstinebítur. Si autem non probauerit,.. per quinquennium abstineri.	Otros: Testigos falsos	Sin determinar	se abstendrá de la comunión por un período de dos años. Pero si ante el clero reunido no llega a probarlo, se acordó que se abstenga por un quinquenio.
nec in finem dandam ei esse communionem.	Otros: Acusar en falso al clero	Sin determinar	no se le ha de conceder la comunión ni al final de su vida.
...post triennium acdpere communionem. Quod si alius eum detexerit, post quinquennium acta paenitentia, accipere communionem laicam debere.	Otros: Sobre la ordenación de un diácono con acusasiones de muerte	Clérigos	se acordó que reciba la comunión a los tres años, una vez cumplida la penitencia establecida. Pero si fuese descubierto por otro, debe recibir la comunión laical a los cinco años, después de haber cumplido la penitencia.

c	LATÍN*	TRADUCCIÓN MENDOZA*	TRADUCIÓN COLECCIÓN CANÓNICA HISPANA[288]
77	*Si quis diaconus regens plebem sine Episcopo uel presbytero aliquos baptizaueriot, episcopus eos per benedictionem perficere debebit. Quod si ante de saeculo recesserint, sub fide qua quis credidit poterit esse iustus.*	Si un diácono que está al frente de un grupo de fieles sin obispo ni presbítero, bautiza a algunos, deberá confirmarlos el obispo con la bendición. Pero si fallecen antes, podrán ser justificados en la virtud de la fe con la que cada uno creyó.	Si un diácono que está al frente del pueblo, sin obispo ni presbítero, bautiza a algunos, el obispo deberá perfeccionarlos mediante la bendición. Pero si dejan el mundo antes, podrán ser justos gracias a la fe con la que creyó cada uno.
78	*Si quis fidelis habens uxorem cum ludaea uel gentile foerit moechatus, a communione arceatur. Quod si alius eum detexerit, post quinquennium acta legitima paenitentia poterit Dominicae sociari communioni*	Si algún bautizado, teniendo esposa, comete adulterio con una judía o una gentil, sea apartado de la comunión. Pero si es otro el que lo descubre, podrá ser asociado a la comunión del Señor tras un quinquenio, una vez cumplida la penitencia establecida.	Si un bautizado, teniendo esposa, comete adulterio con una judía o con una gentil, sea apartado de la comunión. Pero si es otro el que lo descubre, podrá unirse a la comunión del Señor después de cinco años tras haber realizado la penitencia prescrita.
79	*Si quis fidelis aleam, id est tabulam luserit nummis, placuit eum abstineri. Et si emendatus cessauerit, post annum poterit communioni reconciliari.*	Si algún bautizado juega con dinero a los dados, es decir, a los juegos de azar, se acordó que se abstenga. Pero si después de advertido deja de hacerlo, podrá ser readmitido al cabo de un año.	Si un bautizado juega por dinero a los dados, es decir, al tablero, pareció bien que sea apartado; y si, una vez corregido, lo deja, podrá ser reconciliado con la comunión después de un año.
80	*Prohibendum ut liberti quorum patroni in saeculo faerint, ad clerum*	Se prolube que sean promovidos al clero, los libertos cuyos patronos estén aún vivos.	Ha de prohibirse que los libertos, cuyos patronos estén aún vivos, sean promovidos al clero.
81	*Ne feminae suo potius absque maritorum nominibus laicis scribere audeant quae ji.deles sunt, uel litteras alicuius pacificas ad suum solum nomen scriptas accipiant.*	No se atrevan las mujeres bautizadas a escribir a laicos en su nombre, más bien que en el de sus maridos; ni tampoco reciban cartas de amistad de hombre alguno, escritas solamente a su nombre.	Las mujeres bautizadas no se atrevan a escribir a laicos en nombre propio, o mejor, sin el nombre de sus maridos, ni reciban cartas de amistad de alguno si están dirigidas sólo a su nombre.

SANCIÓN	TEMA	DIRIGIDO A	TRADUCCIÓN SANCIÓN
Normativo Disciplinar	Otro: El bautismo administrad o por un diácono debe ser confirmado por el obispo	Clérigos	
...a communione arceatur. si alius eum detexerit, post quinquennium acta legitima paenitentia poterit...sociari communioni.	Moral sexual	Bautizados	sea apartado de la comunión. Pero si es otro el que lo descubre, podrá ser asociado a la comunión del Señor tras un quinquenio, una vez cumplida la penitencia establecida.
..post annum poterit communioni reconciliari.	Pureza de la religión	Bautizados	podrá ser readmitido al cabo de un año
Normativo Disciplinar	Otros: No ordenar alliberto cuyo patrón está vivo	Sin determinar	
Normativo Disciplinar	Otros: Que las mujeres no escriban cartas a laicos en su propio nombre	Mujeres	

ANEXO II: GEOGRAFÍA / TOPOLOGÍA

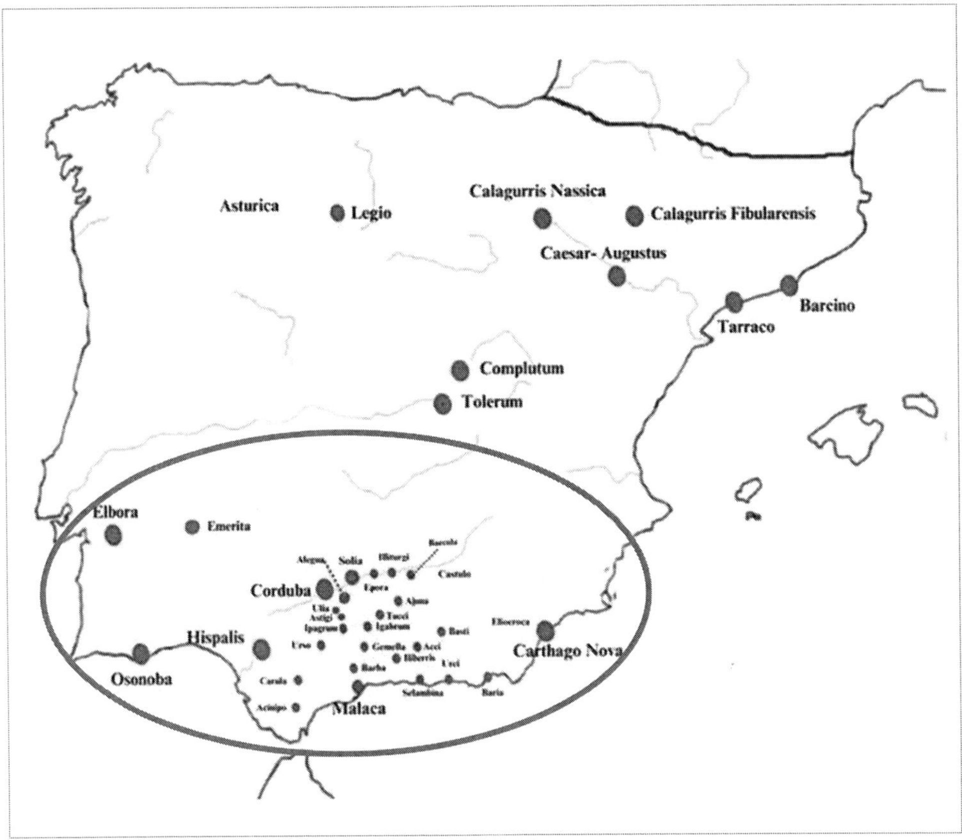

Figura 1

Hispania / Lusitania

Lugares de procedencia de los participantes en el Sínodo de Iliberris

JGA y ROR

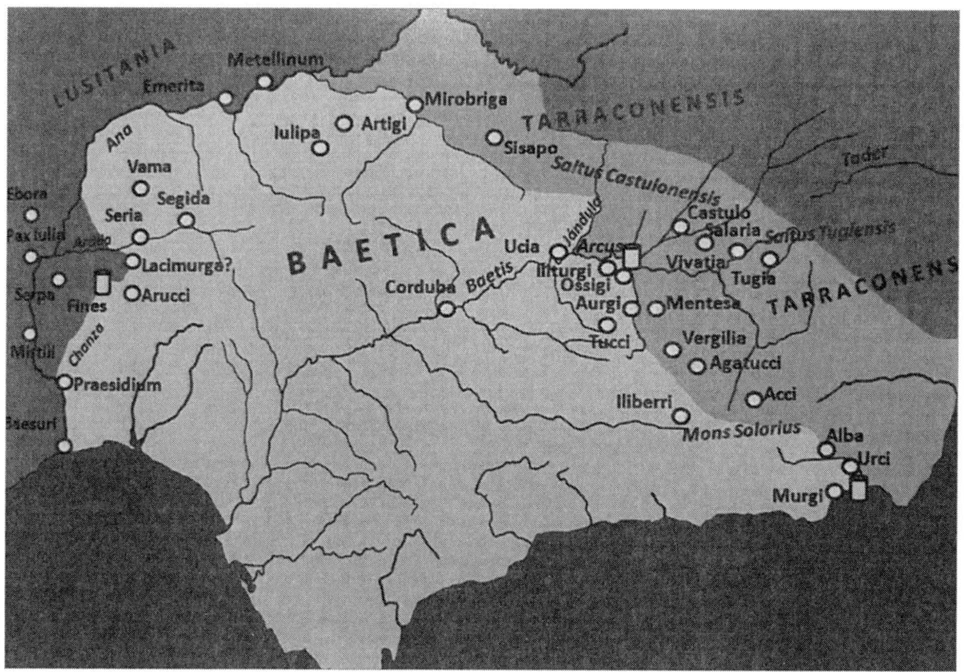

Figura 2

Límites de la Bética

Tucci e Iliberri son las ciudades saturadas más al sur de la Bética, mientras que Alba y Urci se encuentran con el límite de la ciudad

Página 65 ONOBA MONOGRAFÍAS Nº 2, 2018

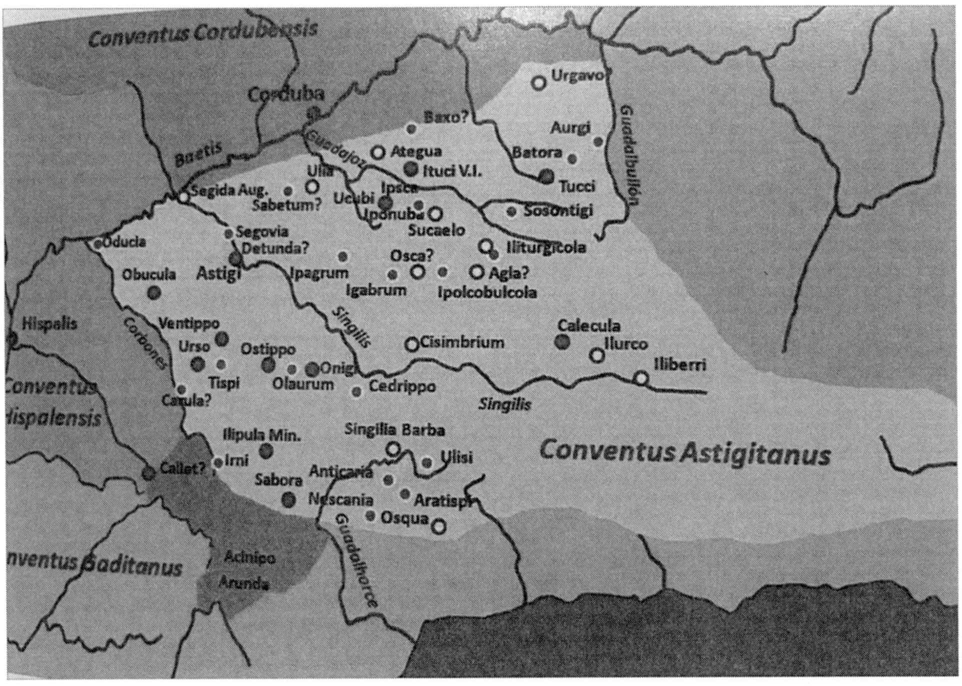

Figura 3

⬤ *Conventus Astigiano mencionado por Plimio (3,12)*

◯ *Ciudades mencionadas por Plimio (3,10)*

⬤ *Epigrafías disponibles de otras ciudades conocidas y no mencionadas por Plimio.*

ANEXO III: ARQUEOLOGÍA

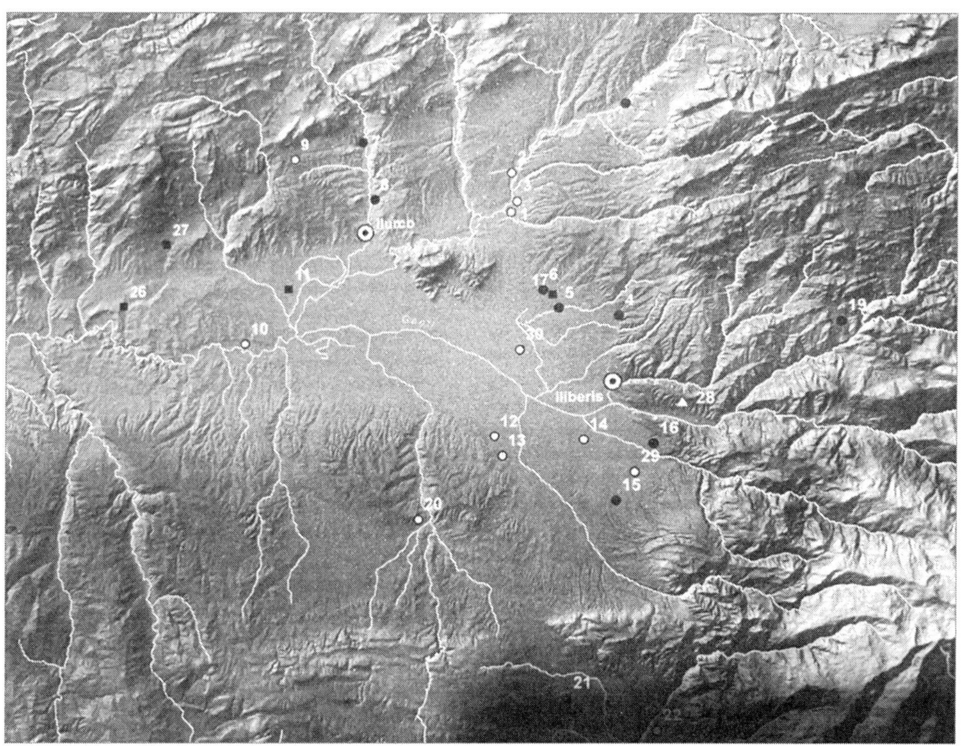

Figura 4   **La vega de Granada. Yacimientos romanos**

●   *Villas documentadas*

●   *Villas excavadas*

■   *Necrópolis*

*Pueden comprobarse que las villas alrededor de Iliberri (14, 15, 29, 16, 4, 5, 6, 17, 30, 12 y 13) y
la mina de oro el Hoyo de la Campana (28)*

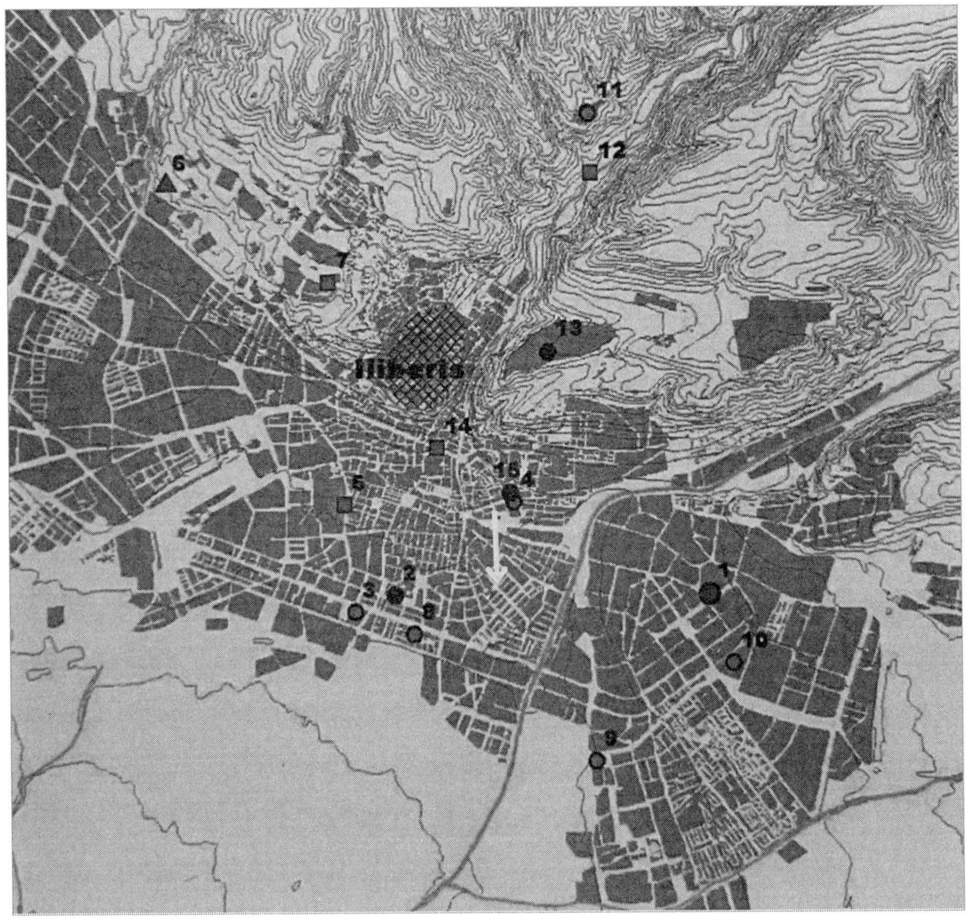

Figura 5

*Plano de dispersión de los hallazgos romanos más relevantes de Iliberri
(Sánchez, Orfila, Montero, 2008, 10J). Plano de Granada mostrando
la zona que ocupó Iliberri*

Página 532 ONOBA MONOGRAFÍAS Nº 2, 2018

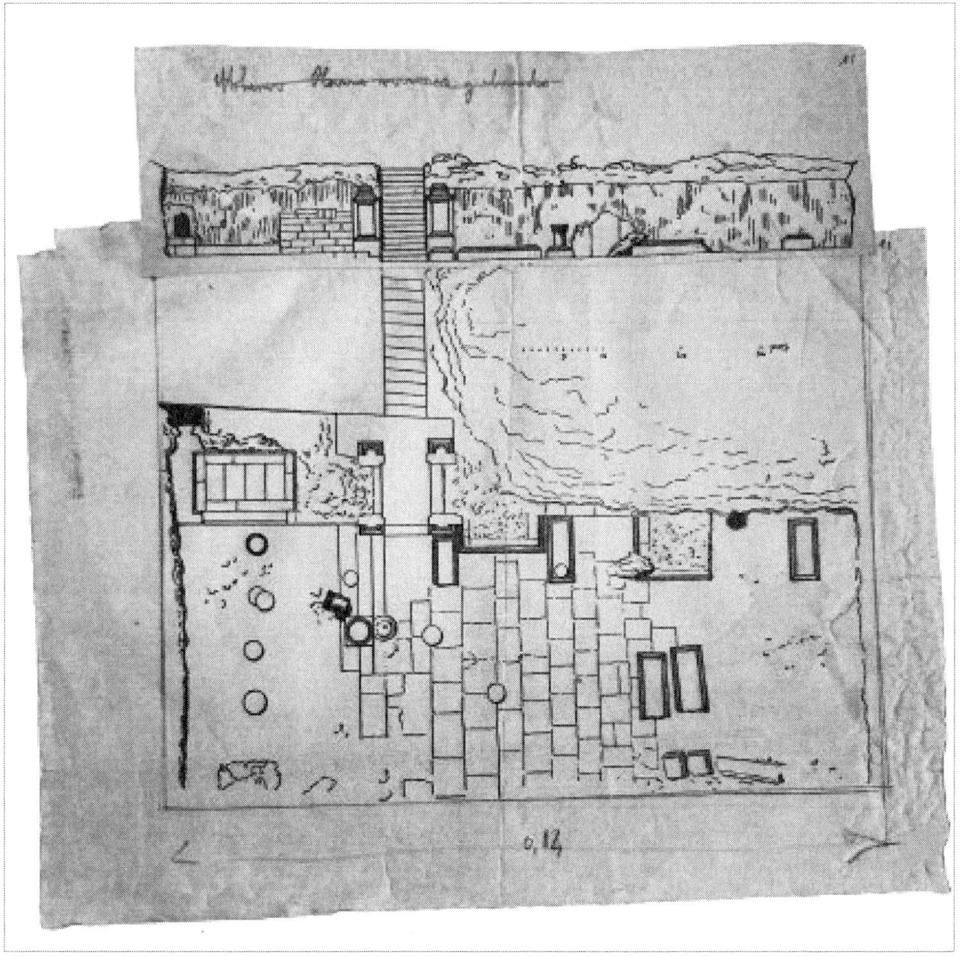

Figura 6

Plano y alzado de los restos hallados por Filores Dibujo de Diego Sánchez Sarabia (1769)
Medidas 245x264mm.
Planta y alzado excavación de la calle del Tesoro en la zona del Carmen de la Concepción

Catálogo Florentia Iliberritana pág. 187
Junta de Andalucía 2008 / 2009

Figura 7

Estátua icónica masculina destinada en muralla hallada en el foro de Iliberri

Figura 8

Pedestal cilíndico con campo epigráfico
Alcazaba granadina. Algíbe del rey 1540
Fotografía del autor

P·MANILIO·P·GII
VRBANO·D·D·A
MANILIA·P·F·FERI
LLA·SOROR·HO
NORE·VSA·II
PENSA·M·REDII

Figura 8.1

Figura 9

Fragmento de pedestal romano hallado en la calle María de la Miel, 11 Granada
Fotografía del autor

Figura 10

Inscripción honoraria: 131 x 58 de diámetro
Hallado en la Alacazaba de Granada
Contiene texto epigráfico con la inscripción ILIBERRI
Fotografía del autor

Figura 11

Cipo de Cornelia Severina - fragmento. Puede leerse la inscripcion
Florentini Iliberri D. D.
Fotografía del autor

España Sagrada, Tomo 53 y 54. Iglesia de Iliberri (Granada) - Fray
Ángel Custodio Vega. Guadarrama, 2012

Figura 12

Cipo de Cornelia Severina
Fotografía del autor

España Sagrada, Tomo 53 y 54. Iglesia de Iliberri (Granada) - Fray
Ángel Custodio Vega. Guadarrama, 2012

ANEXO IV: SEMEJANZAS ENTRE LOS CÁNONES DE ELVIRA, ANCIRA, NICEA Y SÁRDICA

CONCILIO DE ELVIRA	CONCILIO DE ARLÉS (314)[290]
9. De feminis quae adulteros maritos relinquunt et aliis nubunt. Item femina fidelis quae adulterum maritum reliquerit fidelem et alterum ducit, prohibeatur ne ducat; si duxerit, non prius accipiat communionem nisi quem reliquit, de saeculo exierit; nisi forte necessitas infirmitatis dare compulerit.	11 (10). De his qui coniuges suas in adulterio depraehendunt, et idem sunt adulescentes fideles et prohibentur nubere, placuit ut, quantum possit, consilium eis detur ne alias uxores, uiuentibus etiam uxoribus suis licet adulteris, accipiant.
15. De coniugio eorum qui ex gentilitate ueniunt. Propter copiam puellarum gentilibus minime in matrimonio dandae sunt uirgines Christianae, ne aetas in flore tumens m adulterio animae resoluatur.	12 (11). De puellis fidelibus quae gentilibus iunguntur, placuit ut aliquanto tempore a communione separentur.
20. De clericis et laicis usurariis. Si quis clericorum detectus fuerit usuras accipere, placuit eum degradari et abstineri. Si quis etiam laicus accipere probatur usuras et promiserit correptus iam se cessaturum nec ulterius exacturum, placuit ei ueniam tribui; si uero in ea iniquitate durauerit, ab ecclesia esse proiciendum.	13 (12). De ministris qui fenerant, placuit eos iuxta formam diuinitus datam a communione abstineri.
25. De epistolis communicatoriis confessorum. Omnis qui attulerit litteras confessorias sublato nomine confessoris, eo quod omnes sub hac nominis gloria passim concutiant, simplices communicatoriae ei dandae sunt litterae.	10 (9). De his qui confessorum litteras afferunt, placuit ut, sublatis eis litteris, alias accipiant communicatorias.

290 Concilia Galliae, CorpChr. S.L. 148, pp. 9-22.

CONCILIO DE ELVIRA	CONCILIO DE ARLÉS (314)
39. De gentilibus, si in discrimine baptizari expetunt. Gentiles si in infirmitate desiderauerint sibi manum imponi, si fuerit eorum ex aliqua parte honesta uita, placuit eis manum imponi et fieri Christianos.	6. De his qui in infirmitate credere uolunt, placuit eis debere manum imponi.
46. De fidelibus si apostatauerint, quamdiu paeniteant. Si quis fidelis apostata per infinita tempora ad ecclesiam non accesserit si tamén aliquando fuerit reuersus ne fuerit idolator, post decem annos placuit communionem accipere.	22. De his qui apostatant et nunquam se ad ecclesiam repraesentant, ne quidem paenitentiam agere quaerunt et postea, infirmitate arrepti, petunt communionem, placuit eis non dandam communionem nisi reualuerint et egerint dignos fructu paenitentiae.
53. De episcopis qui excommunicato alieno communicant. Placuit cunctis ut ab eo episcopo quis recipiat communionem a quo abstentus in crimine aliquo quis fuerit. Quod si alius episcopus praesumpserit eum admitti, illo adhuc minime faciente uel consentiente a quo fuerat communione priuatus, sciat se huiusmodi causas inter fratres esse cum status sui periculo praestaturum.	17 (16). De his qui pro delicto suo a communione separantur, ita placuit ut, in quibuscumque locis fuerint exclusi, eodem loco communionem consequantur (17), ut nullus episcopus alium episcopum inculcet.
56. De magistratibus et dumuiratis. Magistratus uero uno anno quo agit dumuiratum, prohibendum placet ut se ab ecclesia cohibeat.	De praesidibus qui fideles ad praesidatum prosiliunt, ita placuit ut, cum promoti fuerint, litteras accipiant ecclesiasticas communicatorias , ita tamen ut, in qui buscumque locis gesserint, ab episcopo eiusdem loci cura illis agatur, et cum coeperint contra disciplinam agere, tune demum a communione excludantur.

CONCILIO DE ELVIRA	CONCILIO DE ARLÉS (314)
62. De aurigis et pantomimis si conuertantur. Si auriga aut pantomimus credere uoluerint, placuit ut prius artibus suis renuntient et tune demum suscipiantur, ita ut ulterius ad ea non reuertantur; qui si facere contra interdictum temptauerint , proiciantur ab ecclesia.	iSimiliter et de his qui rem publicam agere uolunt. De agitatoribus qui fideles sunt, placuit eos, quamdiu agitant a communione separari. De theatricis, et ipsos placuit, quamdiu agunt, a communione separari.
73. De delatoribus. Delator si quis exstiterit fidelis et per delationem eius aliquis fuerit praescriptus uel interfectus, placuit eum nec in finem accipere communionem. Si leuior causa fuerit, intra quinquennium accipere poterit communionem. Si catecuminus fuerit, post quinquennn tempora admittetur ad baptismum.	15 (14). De his qui falso accusant fratres suos, placuit eos usque ad exitum non communicare.
De falsis testibus. Falsus testis, prout est crimen, abstl- nebitur. Si tamen non fuerit mortale quod obicit, et probauerit, quod non tacuent, biennii tempore abstinebitur. Si autem non probauerit, conuento clero placuit per quinquennium abstineri.	
De his qui sacerdotes uel ministros accusant nec probant. Si quis autem episcopum uel pres- Byterem uel diaconum falsis cr.iminibs appetierit et probare non potuent, nec m finem dandam ei esse commumonem.	

CONCILIO DE ELVIRA	CONCILIO DE ANCIRA (314)[291]
13. De uirginibus Deo sacratis si adulterauerint. Virgines quae se Deo dicauerint, si pactum perdiderint uirginitatis atque eidem libidini seruierint non intellegentes quid amiserint, placuit nec in finem eis dandam esse communionem . Quod si semel persuasae, aut infirmi corporis lapsu uitiatae, omni tempore uitae suae huiusmodi feminae egerint paenitentiam ut abstineant se a coitu, eo quod lapsae potius uideantur, placuit eas in finem communionem accipere debere.	18 [19]. De his qui uirginitatem professi sunt et de his quae sub sororis habitu cum aliquibus commorantur. Quodquod uirginitatem promittentes irritam faciunt sponsionem, inter bígamos censeantur. Virgines autem quae conueniunt cum aliquibus tamquam sorores habitare prohibemus.
63. De uxoribus quae filios ex adulterio necant. Si qua per adulterium absente marito suo conceperit idque post facinus occiderit, placuit nec in finem dandam esse communionem, eo quod geminauerit scelus. 68. De catecumina adultera quae filium necat. Catecumina si per adulterium conceperit et praefocauerit, placuit eam in finem baptizari.	20 [21]. De his qui partus suos ex fornicatione diuersis modis interimunt. De mulieribus quae fornicantur et partus suos necant uel quae agunt secum ut utero conceptos excutiant, antiqua quidem definitio usque ad exitum u.itae eas ab ecclesia remouet: humanius autem nunc definimus, ut eis decem annorum tempus secundum praefixos gradus paenitentiae largiamur.

CONCILIO DE ELVIRA	CONCILIO DE NEOCESAREA (314/325)
61. De his qui duabus sororibus copu lantur. Si quis post obitum uxoris suae sororem eius duxerit et ipsa fuerit fidelis, quinquennium a communione placuit abstineri, nisi forte uelocius dari pacem necessitas coegerit infirmitatis.	De bis quae duobus fratribus nupserint uel qui duas sorores uxores acceperint. Mulier si duobus fratribus nupserit, abiciatur usque ad mortero: uerumtamen in exitum propter misericordiam, si promiserit quod facta incolomis buius coniunctionis uincla dissoluat, fructum paenitentiae con sequatur. Quod si defecerit mulier aut uir in talibus nuptiis, difficilis erit paenitentia in uita permanenti.

---

291 H. TURNER, *Ecclesiae Occidentalis Monumenta Iuris Antiquisssima. Canonum et Conciliorum Graecorum Interpretationes Latinae*, II, Oxford 1907, pp. 55-115. Interpretación II de Dionisio el Exiguo

CONCILIO DE ELVIRA	CONCILIO DE NEOCESAREA (314/325)
66. De his qui priuignas suas ducunt. Si quis priuignam suam duxerit uxorem, eo quod sit incestus, placuit nec in finem dandam esse communionem.[292]	

CONCILIO DE ELVIRA	CONCILIO DE NICEA (325) [293]
27. De clericis, ut extraneas feminas in domo non habeant. Episcopus uel quilibet alius clericus aut sororem aut filiam uirginem dicatam Deo tantum secum babeat; extraneam nequaquam babere placuit.	De commanentibus cum mulieribus. Interdixit omnimodo sanctum conci lium neque episcopum neque praesbiterum neque diaconum neque ex toto eum qui in clero est babere secum subintroductam, nisi forte matrero aut sororem aut tiam aut eas solas personas quae refugiunt omnem suspicionem.
32. De excommunicatis presbyteris, ut in necessitate communionem dent. Apud presbyterem, si quis graui lapsu in ruinam mortis inciderit, placuit agere paenitentiam non debere, sed potius apud episcopum. Cogente tamen infirmitate necesse est presbyterem communionem praestare debere, et diaconum si ei iusserit sacerdos.	13. De his qui in exitu communionem requirunt. De exeuntibus de corpore uetus et canonica lex custodietur et nunc, ut is qui mori speratur nouissimo iuuamine non priuetur. Sin uero desperatus communione sumpta et oblatione percepta iterum conualiscat, sit inter eos qui orationibus tantum communicant. Omnino autem omni morituro petenti dari sibi gratiam, episcopus probabiliter oblationem ei contradat.

---

292 H. TURNER, *Ecclesiae Occidentalis Monumenta Iuris Antiquisssima. Canonum et Conciliorum Graecorum Interpretationes Latinae*, II, Oxford 1907, pp. 55-115. Interpretación II de Dionisio el Exiguo.

293 [H. TURNER, Ecclesiae Occidentalis Mo numenta Iuris Antiquisssima. Canonum et Conciliorum Graecorum Interpretationes Latinae, I, Oxford 1899, págs. 112-142].

CONCILIO DE ELVIRA	**CONCILIO DE NICEA (325)** [293]
53. De episcopis qui excommunicato alieno communicant. Placuit cunctis ut ab eo episcopo quis recipiat communionem a quo abstentus in crimine aliquo quis fuerit. Quod si alius episcopus praesumpserit eum admitti, illo adbuc minime faciente uel consentiente a quo fuerat communione priuatus, sciat se buiusmodi causas ínter fratres esse cum status sui periculo praestaturum.	**5. De excommunicatis.** De his qui excommunicantur, siue de clero sint siue de laico agmine, ab episcopis per singulas prouincias, obtineat sententia iuxta canonem eos qui ab aliis abiciuntur ab aliis non recipiendos. Requiratur autem ne pusillanimitate aut pertinacia aut aliqua alia episcopi molestia excommunicati sunt. Ut ergo boc decentius inquiratur, bene haberi placuit singulis annis per singulas prouincias bis in anuo oncilia fieri: ut omnibus simul episcopis m unum congregatis tales questiones in quirantur, et ita qui rnanifeste offenderunt episcopurn rationabiliter excornrnunicati apud ornnes esse putentur, quamdiu aut in communi aut episcopo placeat bumaniorem pro bis ferre sententiarn. Concilia autem fiant, unurn quidem ante quadragesimarn ut omni pusillanimitate sublata munus mundum offeratur Deo, secundum autem circa ternpus autumni.
76. De diaconibus si ante bonorem peccasse probantur. Si quis diaconum se permiserit ordinari et postea fuerit detectus in crimine mortis quod aliquando commiserit si sponte fuerit confessus, placuit eum acta legitima paenitentia post triennium accipere communionem. Quod si alius eum detexerit, post quinquennium acta paenitentia accipere communionem laicam debere.	De his qui ex ethnicis post baptisma statirn ad clerurn adplicantur. Quia multa aut ex necessitate aut aliter festinantibus horninibus facta sunt contra canonern aecclesiasticum, ut hornines ex gentili uita nuper accedentes ad fidem et in paruo tempore cathecizati statim ad spiritale lauacrum ducantur, et sirnul cum baptizati fuerint prornoueantur ad epis copaturn aut praesbiteriurn; bene haberi placuit de cetero nihil tale fieri. Nam et tempore opus est ei qui cathecizatur et post baptisrna adprobatio arnplior: rnanifesta etenirn est apostolica scriptura quae dicit non neoffitum ne forte stupore ductus in iudiciurn incidat et laqueurn diabuli. Si autern procedente ternpore aliquod anirnae peccaturn inueniatur circa huiusmodi personarn et conuincatur a duobus aut tribus testibus, iste cesset a clero. Si quis autem praeter haec facit, quasi aduersus magnum concilium superbiens, ipse periclitabitur de clero.

CONCILIO DE ELVIRA	CONCILIO DE NICEA (325) [293]
	9. De his qui ad sacerdotium sine exami natione promoti sunt. Si qui inexaminati promote sunt praesbiteri aut episcopi et cum discutiuntur confessi sunt quae peccauerunt uel si ab aliis euincantur, et praeterea confitent1bus contra canonem moti bomines manus eis inposuerunt; tales canon non suscipit sed abicit; hoc enim quod inrepraehensibile est defendit catholica aecclesia.
	10. De his qui negauerunt in persecutione et postea ad clericatum promoti sunt. Quicumque ordinati sunt per ignorantiam aut dissimulationem ordmantmm bi qui lapsi sunt, hoc non praeiudicat canoni aecclesiastico; cogniti etenim deponuntur.

CONCILIO DE ELVIRA	CONCILIO DE ANTIOQUIA (341) [294]
53. De episcopis qui excommunicato alieno communicant. .Placuit cunctis ut ab eo episcopo qms recipiat communionem a quo abstentus_ in crimine aliquo quis fuerit. Quod s1 _ahus episcopus praesumpserit euro adm1tt1, illo adbuc minime faciente uel consent1ente a quo fuerat communione priuatus, sciat se buiusmodi causas inter fratres esse cum status sui periculo praes- taturum.	6. De clericis excommunicatis et laicis. Si quis a proprio episcopo commu nione priuatus est, non ante susc1piatur ab aliis quam suo reconcilietur ep1scopo, aut certe ad synodum quae congregatur occurrens pro se satisfaciat et persuadens concilio sententiam suscipiat alteram. Haec autem definitio maneat circa laicos et presbyteros et diacones omnesque qui sub regula esse monstrantur.

294 [H. TURNER, Ecclesiae Occidentalis Monumenta Iuris Antiquisssima. Canonum et Conciliorum Graecorum Interpretationes Latinae, II, Oxford 1907, pág. 253 . Interpretación JI de Dionisio el Exiguo].

CONCILIO DE ELVIRA	CONCILIO DE SÁRDICA (343)[295]
21. De bis qui tardius ad ecclesiam ac cedunt. Si quis in ciuitate positus tres Domi nicas ad ecclesiam non accesserit, pauco tempere abstineatur, ut correptus esse uideatur.	9 (11 gr. 14 lat.) Memini autem superiore tempore fratres nostros constituisse ut, si qui laicus in ea commorans civitate tres dominicas dies per tres septimanas non celebrasse [conventum], communione pri varetur. Si ergo baec circa laicos constituta sunt, nec licet nec decet ut episcopus, si nullam taro gravem babet necessitatem nec tam difficilem rationem, diutius absit et populum contristet.
53. De episcopis qui excommunicato alieno communicant. Placuit cunctis ut ab eo episcopo quis recipiat communionem a quo abstentus in crimine aliquo quis fuerit. Quod si alius episcopus praesumpserit eum admitti, illo adbuc minime faciente uel consentiente a quo fuerat communione priuatus, sciat se buiusmodi causas inter fratres esse cum status sui periculo praestaturum.	11 (13 gr. 16 lat.) Hoc quoque omnibus placebit, ut sive diaconus sive praes byter sive quis clericorum ab episcopo suo communione fuerit privatus [et] ad alterum perrexerit episcopum, et scierit ille ad quem confugerit eum ab episcopo suo fuisse abiectum, non oportet ut ei communionem indulgeat. Quod si fecerit, sciat se convocatis episcopis causas esse dicturum.

CONCILIO DE ELVIRA	CONCILIO DE ZARAGOZA (h. 379)
53. De episcopis qui excommunicato alieno communicant. Placuit cunctis ut ab eo episcopo quis recipiat communionem a quo abstentus in crimine aliquot quis fuerit. Quod si alius episcopus praesumpserit eum admitti, illo adhuc minime faciente uel consentiente a quo fuerat communion priuatus, sciat se huiusmodi causas inter fratres esse cum status sui periculo praestaturum.	5 . Vt qui a suis episcopis priuantur, ab aliis non recipiantur. Item lectum est: Vt ii qui per d1sc1 plinam aut sententiam ep.iscopi ab ecclesia fuerint separati, ab alns p1scop1 non sint recipiendi. Quod si sciente.s ep1scop1 fecerint, non habeant commumonem . Ab uniuersis episcopis dictum est: Qui hoc commiserit episcoporum, non habeat communionem.

295 [C. H. TURNER, Ecclesiae Occidentalis Monumenta Iuris Antiquissima 1, Oxford 1899, págs. 452-486].

CONCILIO DE ELVIRA	CONCILIO DE CARTA?? (397)[296]
16. De puellis fidelibus, ne infidelibus coniungantur. Haeretici si se transferre noluennt ad ecclesiam catholicam, nec ipsis cathohcas <landas esse puellas; sed neque Iudaels neque haereticis dare placu.it eo qu?d nulla possit esse societas fideh c.um mfidele. Si contra interdictum fecermt parentes, abstineri per quinquennium placet.	12. Ut gentilibus uel haereticis et schismaticis filii episcoporum uel quo rumlibet clericorum matrimonio non coniungantur.

CONCILIO DE ELVIRA	CÁNONES APOSTÓLICOS (h. 380)[297]
18. De sacerdotibus et min istris si moechauerint. Episcopi, presbyteres et diacones si in ministerio positi detecti fuerint quod sint moechati, placuit et propter scandalum et propter profanum crimen nec in finem eos communionem accipere debere.	Episcopus aut presbyter aut diaconus, qui in fornicatione aut periurio aut furto captus est, deponatur, nec vero segregetur; dicit enim scriptura: Non vindicabis bis in idipsum; similiter et reliqui clerici.
De inerguminis, qualiter habeantur in ecclesia. Inerguminus qui ab erratico spiritu exagitatur, huius nomen neque ad altare cum oblatione recitandum nec permittendum ut sua manu in ecclesia ministret.	79. Si quis daemonem habeat, ne fiat cle ricus, sed neque cum fidelibus oret; cum autem emundatus fuerit, recipiatur, et si dignus exstiterit, clericus fiat.
De his qui post lauacrum moechauerint, ne subdiacones fiant. Subdiaconos eos ordinari non debere qui in adulescentia sua fuerint moechati, eo quod postrnodum per subreptionem ad altiorem gradum promoueantur; uel si qui sunt in praeteritum ordinati amoueantur.	25. Episcopus aut presbyter aut diaconus, qui in fornicatione aut periurio aut furto captus est, deponautr, nec vero segregetur; dicit enim scriptura: Non vindicabis bis in idipsum; similiter et reliqui clerici.

296 [Concilia Africae, Breviarium Hipponense, CorpChr. S.L. 149, pág. 37].

297 [F. X. Funk, Didascalia et Constitutiones Apostolorum I, Paderborn 1905, pp. 565-593]. [N. B. En su mayor parte, los Cánones Apostólicos no hacen más que copiar las decisiones de los concilios de Antioquía del 341 y de Laodicea (entre el 343 y 381)].

CONCILIO DE ELVIRA	CÁNONES APOSTÓLICOS (h. 380)[*]
'33 . De episcopis et ministris, ut ab uxo ribus abstineant. Placuit in totum prohiberi episcopis, presbyteris et diaconibus positis in minis terio abstinere se a coniugibus suis et non generare filios. Quicumque uero fecerit, ab honore clericatus exterminetur.	51. Si quis episcopus aut presbyter aut diaconus aut quilibet e numero clericorum nuptiis et carnibus et vino se abstinet, non propter excercitationem, sed propter detestationem, oblitus quod omnia valde bona et quod masculum et feminam fecit Deus hominem, sed blasphemans accusat creationem, aut corrigatur aut deponatur et ex ecclesia eiciatur; similiter et laicus.
	5. Episcopus aut prebyter aut diaconus uxorem suam praetextu religionis ne eiciat; si vero eiecerit, segregetur; quod si perseverat, deponatur.
	53. Si quis episcopus aut presbyter aut diaconus in diebus festis non sumit carnem et vinum, deponatur, ut qui cauteriatam habet conscientiam multisque causa sit scandali.
comunicant. Placuit cunctis ut ab eo episcopo quis recipiat communionem a quo abstentus in crimine aliquo quis fuerit. Quod si alius episcopus praesumpserit eum admitti, illo adhuc minime faciente uel consentiente a quo fuerat communione priuatus, sciat se huiusmodi causas inter fratres esse cum status sui periculo praestaturum.	vel communicans, abiens in aliam civitatem receptus fuerit sine litteris commenda ticiis, segregentur qui receperunt et qui receptus est. 13. Sin autem segregatus fuerit, proroge tur et segregatio, ut qui mentitus sit ac deceperit ecclesiam Dei.
	32. Si quis presbyter aut diaconus ab episcopo segregatus sit, hunc non licere ab alio recipi atque ab ipso qui eum se gregavit, nisi forsitan obierit episcopus qui eum sequestravit.

CONCILIO DE ELVIRA	CÁNONES APOSTÓLICOS (h. 380)[297]
61. De his qui duabus sororibus copu Jantur. Si quis post obitum uxoris suae so rorem eius duxerit et ipsa fuerit fidelis, quinquennium a communione placuit abstineri, nisi forte uelocius dari pacem necessitas coegerit infirmitatis .	Qui viduam accepit aut eicctam aut meretricem aut ancillam aut aliquam e· numero scenicarum, non potest esse episco pus aut presbyter aut diaconus aut ornnino e catalogo ordinis ecclesiastici.
75. De his qui sacerdotes uel ministros accusant nec probant. Si quis autem episcopum uel pres byterem uel diaconum falsis criminibus appetierit et probare non potuerit, nec in finem dandam ei esse communionem	74. Episcopum ab omnibus fide dignis ac fidelibus de crimine accusatum in ius vocari oportet ab episcopis; si quidem occurrerit ac responderit fueritque convictus, pocna decernatur; si vero vocatus non paruerit, missis ad eum duobus episcopis iterum vocetur; si nec sic quidem paruerit, etiam tertio vocetur duobus iterum episcopis ad eum missis; sin autem hanc quoque mis sionem aspernatus non occurrerit, synodus contra eum pronuntiet quae vidcbuntur, ne ex iudicii detrectationc lucrum facere videatur.
76. De diaconibus si ante honorem pec casse probantur. . Si. quis diaconum se permiscrit or.dman et. postea fuerit detectus in cri mme mortis quod aliquando commiserit s1 sponte fuerit confessus, placuit e ac a eg1t1ma paenitentia post triennium acc1pere communionem · Quod . aj· eum . detexerit, post quinquennium acta	61. Si qua fiat accusatio contra fid 1 fi · ·. e em ormcat1o.n1s vel adulter1·1·vel alm· s cum. s dam fact1 prohibiti et convictus fuerit ad clerum non provehatur.
De his qui tabulam ludunt. .si quis fidelis aleam, id est tabulam lusent nummis, placuit eum abstineri; et si emendatus cessauerit, post annum poterit commumom reconciliari.	42. Episcopus aut presbyter aut diaconus aleae vacans et ebrietati aut desinat aut deponatur. 4_3 ..Subdiconus vel lector vel cantor s1m1la fac1ens aut desinat aut segregetur; s1m11Jter et la1cus.

CONCILIO DE ELVIRA	CÁNONES APOSTÓLICOS (h. 380)[297]
De libertis. Prohibendum ut liberti quorum pa troni in saeculo fuen·nt, ad clerum non promoueantur.	82. Serv?s invitis dominis ad clerum promoven non permittimus, ne molestia possssonbus fiat; hoc namque domorum eers10nm efficit. Si quando autem servus d1gnus v1deatur qui in gradu ecclesiasti co con.st1tuatur, qualis Onesimus noster apparu1t, et permittunt domini ac libertate donant et e domo sua emittunt, fiat.